# 天生我才

## 冯骥才传

杜仲华　著

中国言实出版社

## 图书在版编目(CIP)数据

天生我才：冯骥才传 / 杜仲华著. -- 北京：中国
言实出版社，2024.10. -- ISBN 978-7-5171-4957-6

Ⅰ. K825.6

中国国家版本馆CIP数据核字第202438BM86号

**天生我才：冯骥才传**

责任编辑：宫媛媛
责任校对：张国旗

出版发行：中国言实出版社

地　　址：北京市朝阳区北苑路180号加利大厦5号楼105室
邮　　编：100101
编辑部：北京市海淀区花园北路35号院9号楼302室
邮　　编：100083
电　　话：010-64924853（总编室）　　010-64924716（发行部）
网　　址：www.zgyscbs.cn　　电子邮箱：zgyscbs@263.net

经　　销：新华书店
印　　刷：北京中科印刷有限公司
版　　次：2024年10月第1版　　2024年10月第1次印刷
规　　格：880毫米×1230毫米　　1/32　　11.25印张
字　　数：368千字

定　　价：89.00元
书　　号：ISBN 978-7-5171-4957-6

世上总有一些人，走在时代最前沿，以其非凡的勇气、才能与智慧，引领科技与文化发展的潮流，从而推动人类社会的进步，改变人们的思想观念和生活方式。

在文化界，有一匹老马——冯骥才。"冯"乃二马，"骥"乃日行千里之马，引喻为"贤能之才"。

冯骥才，由于其1.92米的伟岸身材，博学多才的头脑和对社会的突出贡献，而被人尊称为"大冯"。

他是著名作家、画家、文化学者；

他是中国非遗保护的领军人物；

他驾驭着文学、绘画、文化保护和艺术教育领域的"四驾马车"，在艺术与学术的原野上一路奔腾；

他的人生道路曲折跌宕，充满传奇色彩……

他的人生故事，不仅属于他个人，更属于一个时代；他的命运、他的思考和他的情怀，不仅与时代息息相关，而且深刻地影响和改变了时代。

真可谓——

"天生我材必有用！"

# 目录

# 序篇

公元 1399 年，即明朝建文元年，朱元璋的四子燕王朱棣，因父亲将皇位传给皇太孙朱允炆，敢怒不敢言。孰料，新君上任三把火，竟将削藩这把火烧到自己头上，顿时火冒三丈，决心以"清君侧"之名，发动一场"靖难之役"。明建文四年（1402），朱棣亲率大军，渡过"九河下梢"的南运河，一路南下，直逼南京，成功夺取了政权。明永乐二年十一月二十一日（1404 年 12 月 23 日），登上皇位的朱棣，认为他渡河南下的地方是块风水宝地，于是将此地赐名"天津"，意即"天子的渡口"，并开始筑城设卫。这是中国古代唯一具有准确建城日期的城市。

朱棣的这个决策，自有他的英明之处。古今中外，世界名城，多是临水而居、择水而栖，由一条大江大河滋养兴盛起来；何况"九河下梢"的天津卫，汇集了南运、北运、子牙、大清、永定五条大河，浩浩荡荡注入渤海，既是联结外部世界的一个出海口，又成为拱卫京城的重要门户。

怎奈，历史的风云变幻无常，到了十九世纪中叶，由于清政府的腐败和鸦片战争的爆发，西方的坚船利炮从东南沿海北上大沽口，敲开了中国的大门，迫使清政府签订了一系列不平等条约。而天津，也就成了中西方文化碰撞的要冲，九国租界、华洋杂处的局面逐渐形成，天津作为北方金融和商贸中心的地位也确定下来。

二十世纪初叶，随着"移民潮"的兴起，一个名叫冯家峋的青年，离开家乡浙江慈溪，乘船经大运河来到天津，在宁波人开办的隆昌海货店做工。这个"隆昌号"在当时很有些实力，从其牌匾的题写人是享誉津门的大书法家华世奎，便可略知一二。十余年后，他生下儿子冯吉甫。冯吉甫成年后，成为一位十分敬业的成功商人。1935 年，冯吉甫与一位名叫戈长复的山东姑娘结婚。

说起来，这慈溪冯家绝非等闲之辈，其历史源头，可追溯到周朝时代。查阅冯氏家谱便可发现，第一位祖先是齐宣公的少子季达，因受封于冯城，子孙便都姓冯。至东汉建安六年（201），冯氏六世孙忠贞公冯冕，官至大夫，因厌恶董卓专权，请求外职，被派到浙东句章任县令。该地至唐代开元年间改称慈溪。所以浙江慈溪冯氏一族，称忠贞公为"始祖"。被冯氏族人尊为"精神领袖"的，还有一位"大树将军"冯异。东汉时期，冯异为刘秀平定关中有功，每逢论功行赏时，便躲到一棵大树下独坐，人称"大树将军"，以褒扬其为人谦让，从不居功自傲的品格。

本书的主人公，便是在这样一个家国背景下，走上他曲折跌宕又精彩纷呈的人生舞台的。

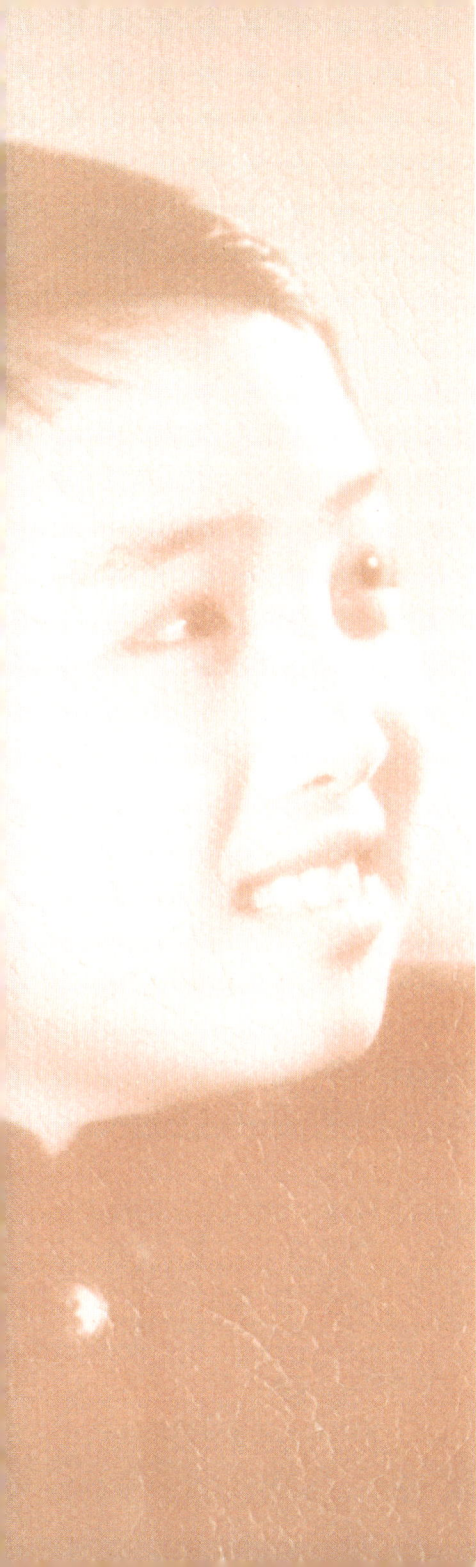

# 第一章

## 梦想起飞的年代

人有两个永恒的问号：一个是宇宙；一个是自己。因此，首先要追寻自己生命基因的构成——家族、祖先和父母。

## 1. 一匹"小马"在风雨中降生

"孩子出生了，恭喜您，是个儿子！"

随着一声清脆的啼哭声，女医生兴冲冲推开房门，向焦急等候在楼道里的新生儿的父亲冯吉甫报喜。冯吉甫如获至宝，拊掌大笑道："啊，太好了，辛苦您了，邓大夫！"他的惊喜是有道理的：他的前两个孩子都是女儿，现在终于有了儿子。

与此同时，产房里的母亲，正与狂暴的大自然进行勇敢的抗争。窗外，电闪雷鸣，狂风大作，只听哐啷一声，窗子被吹开了，一阵冷风挟着豆大的雨点冲进屋内，而新生儿的摇篮就放置在窗前。刚刚分娩后身体还十分虚弱的母亲毫不犹豫地起身，扶着墙移步窗前，将随时可能被震碎玻璃的窗子关上。

世界上可能只有母亲，才有这种舐犊情深的本能。

"怎么样，没事吧？"冯吉甫闻声赶来，看看沉浸在幸福中的妻子，又俯身亲吻了刚刚问世的小生命。也许是为了庆祝这个喜庆的日子，他将头发梳得平整光亮，一身浅灰色西装，配上一条漂亮领带，与他的商人身份十分贴合。性格缄默而理性的他，此时却表现出一种少有的温情与欢愉。他走到妻子床前，轻轻撩开她被汗水粘在脸颊上的发丝。灯光下的妻子显得愈发美丽温婉，从形象到气质，都是典型的民国淑女范儿。

"给儿子取个名字吧！"她拉拉丈夫的手说。

"我早已想好了，如果是男孩，我们就叫他骥才。我查了字典，'骥'是良马，日行千里的马，期待他将来能成为对社会有用的人才。你看可以吗？"

"好好，这个名字好，男孩子就要取个雄壮的名字！"

这一天是 1942 年 3 月 11 日，位于天津河北路庆丰里胡同口的三层小楼，这是一家私人医院——邓志恩医院。

这一年恰好是农历马年。一匹"小马"在风雨中降生了。

他在天津居住的第一个地方，是和平区兆丰路 4 号，一座漂亮的西式小楼。

任何个体生命的诞生，都是一个偶然，一个奇迹。一个人的命运是天定的，是无法选择和不可违抗的。由于他出生在一个商人家庭，生活相对富裕，这便决定了他的童年是无忧无虑，充满阳光、笑声和美梦的。

尚未满月的冯骥才被姥姥抱在膝上，身后是他的父母，身旁是他的姐姐

少年时代的冯骥才与母亲、姐姐、弟妹在一起的合影

　　但这时，却出现了一个严重的问题：母亲没有奶，亟须雇用一个奶妈。到哪儿去找奶妈呢？几经打探，得知估衣街有个"老妈店"，母亲便叫了一辆胶皮车，风风火火直奔估衣街而来。"老妈店"里，母亲一眼看中一个高个子、大脚、身材壮实、面色黑里透红的奶妈。

　　"这位大姐是哪儿的人呀？"母亲上前与之攀谈起来。

　　"我是武清落垡的。"

　　"怎么到这儿来了？"

　　"唉，乡下闹饥荒了，来天津讨口饭吃……"

　　"你的奶好吗？"

　　"好哇，这不，刚生了孩子，奶水足着呢！"

　　于是，母亲把奶妈带回了家。奶妈姓绍，孩子管她叫"妈妈"；孩子小名"大弟"，人们管奶妈叫"大弟妈"。"大弟妈"一直照顾大弟到五岁，所以感情很深。

　　在大弟幼小而朦胧的印象中，父母忙于工作、应酬，整天围绕在他身边的，便只有这位雇来的"妈妈"了。

　　每天早上，她都对着一面小镜子，把头发散开，篦过之后，涂上好闻的刨花油，再重新绾到后颈，卷成一个乌黑油亮的大抓髻，只在两腮各留一绺头发，垂到耳前……把自己打扮得质朴而精致。

白天，她的脚步异常轻盈，上楼下楼，不知要跑多少趟，很少歇息，仿佛有无穷的精力；晚上，她依偎在大弟身旁，脱掉上衣，露出一个大红绣花的肚兜，然后重复她讲了多少遍的故事，直到大弟香甜地进入梦乡……

大弟是在她的怀抱中长大的，从她身上感受到亲生母亲般的疼爱与温暖。

大弟两岁的时候，举家搬迁到英租界的大理道 115 号，一个由四座方方正正的折衷主义风格的楼房组合而成的院落。这是他在天津居住的第二个地方。他在院子里跑来跑去地玩耍嬉戏，留下很多童年的美好记忆，却好像与世隔绝似的，没有感受到日本投降和解放战争的风云变幻。毕竟，孩子有自己的天地，体会不到大人们的忧虑与担当。

有一年年根底下，大弟妈忽然告诉大弟："明天，我要带你去逛娘娘宫！"

"真的吗？我娘让我们去吗？"

"你娘答应了。"

对大弟来说，娘娘宫是个神秘的令他向往已久的地方。他高兴得一下扑进大弟妈的怀抱。

## 2. 最先看到的世界，是娘娘宫

天津真是个奇妙的城市，一个世界上绝无仅有的城市。它的一半是天津老城，一半是九国租界。两个地方的建筑风格、风土人情，甚至服饰和语言完全不同，俨然是两个世界。大弟的家地处租界，很少有机会去老城，因而对老城充满好奇。

第二天一早，大弟妈拉着大弟的手，来到老城的宫北大街。一进大街，便犹如两只小船，被"淹没"在波涛汹涌的人流中。与此同时，游人的嘈杂声、小贩的叫卖声和稀奇古怪的乐曲声，也撞击着人们的耳鼓，片刻不得安宁。而这恰恰激发起大弟的好奇心。

"妈妈，妈妈，我想看，可我什么也看不见啊！"

"好吧，儿子，我抱着你看！"

说着，大弟妈一把抱起大弟，往前挤了几步，发现一个高台，于是把他放上去。

"呀——"大弟惊叫了一声，把大弟妈吓了一跳："怎么了，儿子？"

"太好看啦！"

此刻的大弟，仿佛站在云端，看见了一个小孩子无法用语言表达的辉煌而喧闹的世界：离他不远的地方，两根巨大的旗杆直冲云天，旗杆下有一个戏台，戏台上锣鼓齐鸣、琴声悠扬，一个浓妆艳抹的古装女子正"咿咿呀呀"地唱着听不懂的戏词儿，惹来台下一阵阵叫好声；再看舞台的背后，竟藏着一座飞檐斗拱、香烟缭绕的大庙！

"妈，妈，这是娘娘宫吗？"

"可不是吗！这就是你最想来的娘娘宫啊！"

大弟兴奋极了，只觉得自己的眼睛不够用了：从他们走过的宫北大街，经娘娘宫到宫南大街，两旁全是张灯结彩的店铺，店铺前悬挂的五彩大旗上，写满"大减价""新年连市"的字样，一路蜿蜒地伸向远方，像一条鳞光闪闪的巨蟒，在地面上扭动着笨重的身躯。

这时，从附近传来的一阵尖锐的抖空竹的声音，将他的注意力吸引过去。抖空竹的是个胖大叔：兔皮帽，四方脸，秤砣鼻子，上穿紧身元黑罩衫，下穿一条肥大黑裤，脚蹬一双云字靴头。他挽着袖管，抖着一个罕见的脸盆大小的空竹，只见他胳膊一甩，那空竹顺着绳子，忽而滚到左臂，忽而滚到右臂；又猫腰俯背，让滚动的空竹滑过后背，继而将空竹抛上半空，迅即用双手拉平的绳子接住……表演完毕，周围响起一片掌声，他脸上也露出得意的神气。他可不是只为表演给人看。他身后就是一个货摊，摆满大大小小、型号不一的空竹，货摊上方，悬着一个朱漆牌子，上书三个大字："空竹王"，下缀一行小字"乾隆老样"。胖大叔怕大家不信，就开口讲起他的家族历史。他说，他的祖宗进宫给乾隆爷表演过，乾隆爷看得"龙颜大悦"，赏黄金百两，黄马褂一件；如今，黄马褂不知所踪，这个巨型空竹却传到他手里……看他吹得天花乱坠、口吐白沫的样子，有些人摇摇头离开了，大弟妈也拉着大弟的手，转身去旁边的摊位上，给他买了一只小号的空竹。

"妈妈，咱们去娘娘宫里看看吧！"大弟想看看"娘娘"长什么样儿。

"这就去。到里边你安静点，别乱讲话。听见了吗？"大弟点点头。

娘娘宫里的气氛真是又奇异又可怖，黑洞洞的，到处都是神仙佛像，什么四大门神、关帝雷公、射天狗的张仙爷……虽然都是泥塑的假人，那神情模样还真有点吓人。穿过两重小院，来到一座大殿前。大弟妈在门口花钱买了一炷香，之后牵着大弟的手，穿过香烟缭绕、烛火闪烁、俯身跪拜的善男信女，来到一个供桌后的幽暗的空间里。透过闪耀的烛光，他看到了一个微胖、安详而端庄的女人的面孔，珠冠绣衣，粉面红唇，美丽之极。飘忽的烟缕使她的面容时隐时现，表情也变幻莫测，更增添了几分神秘色彩。

"妈妈，这就是娘娘吧？"大弟拉拉妈妈的衣角。

"嘘——别说话！"

大弟抬头看她时，只见她一双眼睛呆呆的，脸上的表情十分虔诚，只好悄悄躲到她身后。不用说，这么好看的女人，一定就是娘娘了。

走出娘娘宫，娘儿俩又被卷入宫南大街的喧闹人流中。

"妈妈，我想要鞭炮！"

"知道了，儿子，我们马上去！"

天津人过年，最高兴的是孩子：姑娘穿花衣，小子放鞭炮。而最大的鞭炮市场，就在宫南大街的炮市里。

炮市里足有几十个摊位。大弟最喜欢的"双响"，都是一百个盘成一盘，最大的五百个盘成一盘，跟个圆桌面一样大；被称作"金人儿"的烟火就有十来种，大多是凸脑门、拄拐杖的老寿星，火药捻子装在头顶上。大弟左顾右盼，像中了魔一样。

"掌柜的，给我拿一把'双响'吧！"大弟妈说着，从怀里掏了一个布包，布包里有个手绢，打开手绢，取出几张纸币，交给炮贩子；炮

贩子把"双响"递给她，她又把"双响"送到大弟手中。

"喜欢吗？儿子！"

"喜欢。今年过年，我能放炮了！"

有生以来第一次逛娘娘宫，把大弟高兴坏了。一到家，他就对家里人讲述他在娘娘宫的见闻，说得绘声绘色，说得嘴巴酸痛，说得母亲指着他的鼻子笑道："从小就能说，早晨眼还没睁就开始说话，晚上睡觉了话还没完，快成话痨了！"

玩累了，也说累了，吃过晚饭，大弟就支撑不住，一头歪在床上，抱着大弟妈给他买的空竹和"双响"呼呼大睡起来。懵懵懂懂中，忽然觉得有人拍他的肩膀，睁眼一看，是大弟妈站在床前。只见她头发梳得光亮，穿一件新的蓝布罩衫，臂间挎着一个土布印花包袱，眼睛通红，好像刚刚哭过。原来她要走了！她说丈夫眼睛瞎了，需要她回去照顾。大弟这才明白，在娘娘宫里，大弟妈为何在一尊"千眼娘娘"塑像前焚香叩首，原来是为瞎眼的丈夫祈福！大弟拉着她衣襟不放，眼泪就像大河决口似的，奔涌而下，放声大哭，谁也拦不住。

她就这样走了，再也没有回来。多少年来，思念她的痛苦一直折磨着他，挥之不去，难以释怀。

直到他十五岁那年，大年三十晚上，家人忽然叫他到院子里看一件东西。他打着灯笼去看，院墙根上放着一个小箩筐，打开一看，是个又白又肥的大猪头，脑门上点着一个红点，可爱极了——是大弟妈托人从乡下捎给他的。他不禁抬起头来，仰望星空，心儿一下飞到远在他乡的妈妈身边，扑到她温暖的怀抱中……

"妈妈，妈妈，你还好吗？"

### 3. 模仿"关老爷"，误砸"百蝶瓶"

从娘娘宫回来，大弟对大殿里那个手持大刀、红脸长髯的关老爷产生了浓厚兴趣。原来，不久前父亲从上海买来一套"小人书"《全部三国志》，一下就被关公骁勇善战、义薄云天的气概迷住了。整整半个月时间，他爱不释手，连吃饭时也不放下。当时，父亲在事业上志得意满，家境日渐殷实，在英租界腹地大理道购置楼宇；大弟又是在两个姐姐之后迟到的"长子"，自然成了家庭的宠儿。他天性喜欢自由，从不循规蹈矩，充满各种胡思乱想和调皮捣蛋的恶作剧。是否如俗话所说：调皮的孩子聪明呢？

实际上，任何一个尚未步入社会、不谙世事的人，童年时代的想法都是虚无缥缈且幼稚可笑的。

对关老爷的崇拜，使他爱上了一种面具：用纸浆轧制五彩描绘的"大花脸"，两端拴根"猴皮筋儿"，往双耳上一套，便俨然成了"英雄好汉"。

又一年的年根到了，大弟迫不及待地让舅舅带他去娘娘宫前的年货市场购买"大花脸"。

在年货市场上，一个挂满花花绿绿几十种脸谱的摊位上，大弟终于找到了他的最爱——"关老爷"面具：赤红脸，卧蚕眉，眼角吊起，长髯飘飘，绿巾包头，突显凛然庄重、咄咄逼人的气势。

"好威武啊！"大弟不禁欢呼起来。

"小少爷有眼力，要做关老爷！关老爷要配青龙偃月刀，来来来，我给你挑把最精神的！"卖花脸的小贩从地上一捆木质刀枪里，抽出一把大红漆杆、金黄刀面、上嵌小镜片、缀有红缨子的"青龙偃月刀"。

美得大弟坐三轮车回家时，便将"花脸"戴在头上，背倚舅舅，执刀而立，一路引来不少羡慕的目光，令他愈发神气起来。

"我，姓关，名羽，字云长！"

一进家门，大弟横刀立马，像个小大人儿似的亮个相，逗得一屋子人乐不可支，一片叫好声，连平时总是板着脸的父亲也露出了难得的笑容。

大年初一，客人们陆续前来拜年，母亲破例应允"小关公"出面，给客人们来个花样拜年。只见大弟手持大刀，摇晃着肩膀，威风凛凛地走进客厅，对客人行礼道：

"我，姓关，名羽，字云长，给您拜年了！"

"嗬，好个关老爷，有你守家，保管大鬼小鬼进不来！"

客人拍掌大笑道。大弟愈发神气起来，大刀呼呼抡两圈，张牙舞爪的样子可爱又可笑。

一时间，他成了全家过年的"开心果"。

不料乐极生悲。初一下午，又有客人来访，母亲招呼他时，他想变个花样，从楼梯扶手上"哧溜"滑下，来个"神兵天降"。谁知用力过猛，脚下一滑，身体失去平衡，只听"啪"的一声巨响，手里的大刀正砍在花架上一只插着桃枝的瓷瓶上，一瞬间，瓷片、桃枝和瓷瓶里的水四处飞溅，人们躲闪不及，惊叫一片，而父亲像只老虎一样，正瞪着两眼愤怒地看着他。要知道，被他打碎的不是一只普通的瓷瓶，而是一尊祖传的乾隆官窑"百蝶瓶"！这简直就是死罪呀！他吓傻了。母亲也吓傻了。谁也不知道接下来会发生什么。

千钧一发时，二姑忽然转忧为喜，拍手道："好啊好啊，今年大吉大利，岁（碎）岁（碎）平安呀……"马上有人冲着父亲说："是呀是呀，旧的不去，新的不来，你等着吧，今年非抱个大金娃娃不成，是吧？"

就像施了什么魔法似的，紧张的气氛霎时就烟消云散了。父亲耳朵里灌满了好听的吉祥话，只得尴尬地挤出几下笑声。大弟知道，父亲的笑声里隐藏着一种极力克制的怒气。

其后几天，母亲不再叫他。节目被取消了。"关老爷"威风扫地，花脸和大刀也被弃之床下。

过得了初一，过不了十五。果然，年后父亲找碴儿打了他一顿，大刀被折成几段，花脸被撕成碎片，父亲这口气才算出了。

花脸被撕碎了，大弟的兴趣爱好并未因此减退。他还有最喜欢的"小人书"，陪伴着他度过欢乐的童年。当一个连环画家，是他童年时美好而悠长的梦想。那时，马路上、百货商店里，都有小人书铺。母亲逛商店时，将他放在小人书铺里，等她逛够了，再来接他。有时，他看得正入迷，母亲还要坐下等他一会儿。那时的连环画家，就如今天的明星般深受粉丝追捧。冯梅华、钱笑呆、赵宏本、沈曼云……他能背出一长串连环画家的名字。《全部三国志》《大破铜网阵》是他最爱看的小人书。他还是小人书收藏家，平时省下的零花钱、压岁钱，全用来购买小人书，最多时竟收藏了五百多本，并供全家人免费借阅。连平时威严如虎的父亲，找他借书时都变得和颜悦色。对小人书着迷到极致时，他还自编自绘，然后用针线装订成册，与正式出版的小人书放在一起。这是他的绘画"处女作"。

"解放区的天是明朗的天，解放区的人民好喜欢……"

那段时间，大弟最常听到的是这样的歌声。歌声中，衣着鲜艳的男男女女们，打着腰鼓、扭着秧歌，欢乐地行进在街头巷尾，两边围满看热闹的人群。当时，他已经七岁了，母亲为他找了一所当地有名的私立小学——四友小学，英租界的孩子们大都在这所小学读书。学校的创办人王士荃的祖父曾与严范孙一起，合办享誉海内外的南开中学。

课堂上，老师告诉学生们，马路上载歌载舞的人们，是在欢庆新中国的诞生。中国人民从此站起来了！

## 4. 人的天性，从少年时代就看到了

人的天性，从少年时代就可以看到了。大弟刚刚学会说话时，便没完没了、喋喋不休，只要还睁着眼，话就停不下来；他对世界充满好奇，富于想象，很多时候生活在自己想象的世界而非现实中；他对视觉美有着特殊的敏感，记忆也大多是形象化的；他喜欢音乐、喜欢运动，他太顺从自己的性情了，不喜欢接受任何约束；他不喜欢做重复的事、听别人说重复的话；他最怕睡觉，感觉睡觉会推迟有趣的明天的到来。这些在少年时代便表现出来的天性，都与他成年后所选择的人生道路息息相关。

由于喜欢自由，不受约束，他上小学时就很顽皮，功课勉强过得去，全凭记忆力强和耍小聪明，兴趣全在课下。像什么弹球呀、拍毛片呀、砸杏核呀、捉蟋蟀呀，这些孩子们爱玩的小游戏，他都兴趣盎然，一一尝试。尤其喜欢踢球和画画。只要放学铃声一响，他就和同

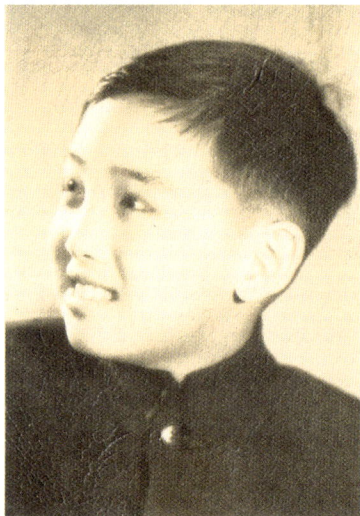

冯骥才十岁时的照片

学飞奔到操场，把书包、帽子往地上一扔，摆出个"球门"，便一路攻防拼抢起来，直到日落西山，肚子饿得咕咕叫，才想起回家吃饭。在课堂上课时，则是他画画的好时机：将课本翻开对折成一个小"屏风"，遮挡住老师的视线；再从作业本上撕下一张白纸，拿铅笔勾勾画画起来，飞机、大炮、军舰、小人儿，是他最常见的绘画题材。画得入迷时，嘴里还不自觉地发出枪鸣炮响、小人儿呼叫……冷不丁地，只听一声呵斥，抬头一看，老师已站在面前，一把就将画纸抄走没收了。再看他的课本，从封面、封底到内页的每个空白处，都画满了他想象出来的奇形怪状的东西。

更有甚者，他竟敢在老师眼皮子底下搞恶作剧。

有一次上语文课，授课的老师姓李，戴副黑框近视镜，一脸胡茬子，性格本来挺温和。也许是当天的课有点乏味，他便开了小差。前排坐着一个女同学，人很瘦小，脑后扎着两条小辫，他便悄悄将她的小辫拴在她身后的椅背上。谁知正在这时，李老师叫她回答问题，她一起身，辫子被椅背牵住，疼得她大声喊叫起来。李老师火了。他从未见过李老师发这么大火。

"冯骥才，站起来！"

他气势汹汹地将他拉到讲台前，命他伸开双手，狠狠打了十大板。边打边呼呼直喘，气得说不出话来。打完，又怒目圆睁地冲他喊道："快走！快给我离开教室！"当众挨打受罚，冯骥才感到好没面子，自尊心受到了严重伤害。他一路上眼泪汪汪地跑回家。

到了中学，他对文学的爱好也初见端倪。这部分得益于他的天赋。

他的记忆力极好，虽不能"过目成诵"，但一首格律诗朗读两遍就能背诵下来。他不仅喜欢唐诗宋词，还喜欢普希金、莱蒙托夫、海涅、拜伦、惠特曼的诗，常常一人独自在屋里背诵这些美妙的诗句，陶陶然忘乎所以。不仅如此，他还学着自己写诗，积累到一定数量，便将其装订成册，自己做插图和封面，然后把自己的"诗集"与自己所崇拜的文学大师的诗集放在一起，就像他小时候自制连环画那样，从中获得了极大满足，并乐此不疲。广泛的兴趣爱好，占用了大量本应用在学习上的时间。除了语文和美术，他的数理化成绩十分糟糕，以至于必须补考才能达到及格的标准。

在钟表的嘀嗒声中，在上课下课的铃声中，在四季轮回的风声、雨声、雷声、落叶声和飘雪声中，他一天天长大了，成熟了，思考和忧虑的事也多了。

在他九岁的那个晚秋，因为穿着单薄的衣服在院子里玩耍，跑出一身热汗，又站在胡同口看一个疯子，着了凉，当晚就发烧了，烧得脑袋昏昏沉沉，怕光，怕听别人说话，不想吃东西。母亲在屋外给他架了一张床，床前摆放了退烧药、甜点和水果。吃过药，母亲扶他躺下，盖好被子，便回屋去睡，只留下他一个人。他一时睡不着，就胡思乱想起来。想白天看到的疯子，屋顶上打架的猫，地上的死蜻蜓，穿白大褂的老头拿听诊器在他胸前乱按……颠三倒四，光怪陆离，像一团乱麻，既无逻辑也无头绪。渐渐地，他感到眼皮发酸，困意来袭，便伸手将灯关了。霎时，他被一片黑暗包围了。他忽然觉得黑暗中的天地神秘极了，深不可测，浩瀚无际，仿佛要吞噬他似的。这时，他感到身下的床没了，屋子没了，地面没了，四大皆空，消遁无形，自己也飘到空中，安卧在柔软的云朵上，四周是忽隐忽现的闪烁的星星……天有多大，地有多远，地球的尽头在哪儿，宇宙的尽头在哪儿？相比之下，人类是多么渺小，我是多么渺小。我是谁，我从哪里来？我怎么成为现在的我，我的未来会如何？会老吗，老了会死吗？爷爷已经死了，爸爸会死吗？妈妈会死吗？他越想越神秘，越想越恐惧，他想开灯，但找不到开关，慌乱中，打翻了床头的水杯，于是绝望地哭喊起来："妈妈，妈妈！"

灯亮了，母亲站在床前摸摸他的脑门："嗯，退烧了。你怎么啦，做噩梦了？"

刚才的恐惧感尚未远离他。他茫然地看着她，产生了一种冲动，想起身抱抱她，但脑袋像灌了铅似的沉重，才离开枕头，又"哐当"倒了下去。

"好好躺着，别动，小心着凉！"母亲深情地看着他，用温暖的手抚弄着他的头发和脸颊。他想将刚才胡思乱想的事情告诉母亲，却无法启齿，担心说出来，母亲也会害怕的。他不想用自己的情绪影响母亲。

一个深奥而无解的宇宙难题长久地萦绕在他的脑海。

这就是他最初的人生思索。

1952年，冯骥才一家迁入同一条街——大理道105号的一座折衷主义风格的小洋楼里。这是他在天津居住的第三个地方。他在这里度过了他的青少年时代。

## 5. 早春的日子，令人怀恋

早春时节，乍暖还寒。母亲叫儿子把楼梯一侧的窗户清理一下，揭掉粘在窗缝挡风的纸条，再将玻璃擦拭干净。正干活时，从楼下走来一个漂亮的女孩，脚步很轻盈，像只可爱的小燕子。从他身边走过时，身子侧了一下就上楼了。她是找他楼上的邻居朱丽去了。过了一会儿，朱丽下楼招呼他上楼一趟。

"来，我给你们介绍一下，"朱丽说，"这是我的同学路霞，这是我楼下的邻居，名叫冯骥才。"

路霞放下手中的书，回眸一笑，呈现出一种令人怦然心动的美。她的小脸长得很鼓，一双富于表情的会说话的眼睛又大又黑，一个尖尖的下巴和一张薄薄的嘴唇，一笑，两边的嘴角向上一翘，像只鲜红的小菱角。

"你在哪个学校？"路霞落落大方地问。

"四十一中。"他回答，却不敢正视她。

"上几年级？"

"初一。"

"哎呀，你这么高的个子，才上初一呀。你十几了？"

"十二。"

"噢，你比我还小两岁呢，你得管我叫姐姐！"

聊了一会儿，母亲喊他下楼吃饭，他只得与两个女孩告别。下楼时，他有些怅然若失。

过了很长时间，天热了，放暑假了，路霞又来找朱丽玩，朱丽照例叫上他。他们一起唱歌、玩蚂蚱、捉迷藏，玩得不亦乐乎。路霞就像一只快乐的小鸟，抖动着美丽的翅膀，在阳光里飞来飞去，把快乐传递给每个人。他发觉自己渐渐喜欢上了这个小姑娘。几日后，朱丽带他去了路霞家。在她家，他认识了她的哥哥路安。路安文静得像个大姑娘，与活泼开朗的路霞形成很大反差。令他震惊的是，路安可谓是一位图书收藏家，他的书柜里放满一排排的书，内容涵盖古今中外，琳琅满目。冯骥才平时爱读的《说唐》《薛仁贵征东》《铁木尔和他的伙伴们》《汤姆·索亚历险记》，他都有。当然，更多的书是他陌生的。

这一天，他被一本本从未见过的有趣的书迷住了，十分羡慕路霞有这样一间富有魔力的小屋和这样一个藏书家哥哥。

回家的路上，朱丽告诉冯骥才一个关于路霞的秘密：她的妈妈十年前得了肺病，长期吐血，卧床不起，已经来日无多。路霞的爸爸是个无情无义之人，他在鞍山工作，借口工作忙，很少回家。据说，他在外面另结新欢，只等老婆一命归天了。多年来，路霞妈妈一直由他们兄妹俩悉心照料。两人不但从小学会自理，而且学习成绩十分优秀。想不到，路霞这样一位聪明、漂亮、开朗的女孩，竟有如此不幸的遭遇，老天真是不公啊！唯其如此，才令路霞在冯骥才心中分量更重，也使他更加怜香惜玉、徒增思念。

四个月后的一天，路霞又来找朱丽。今天，冯骥才发觉她的相貌有了微妙的变化：脸上瘦了许多，眼圈稍稍发黑，透露出一丝倦意。但

她的眼神依然是晶莹的、聪慧的、会说话的。不知为什么，她的话少了很多；而他心里想说的话很多，大多是关于她的，却一句也说不出口。他第一次感受到，一个人把话存在心里，才是充实的。

天色已晚，路霞起身要走了，朱丽叫冯骥才送送，路霞也未拒绝。这正中他的下怀。走了很长一段路，两人谁也没说话。还是她率先打破沉默："等到春天来了，我们到野外去玩吧！那时大地解冻了，草也绿了，花也开了，你把鱼竿带上，我们到河边钓鱼。我看了屠格涅夫的《白净草原》后，特别想学钓鱼。"说到这儿，她戛然而止，仿佛自言自语般低声说了一句："要是我妈的病能好转的话……"

两人又沉默了。他能感受到，一种沉重的东西压迫着她，使她喘不过气来。

多美的夜呀！暗蓝的天空缀满星星，像一颗颗闪闪发光的碎钻；路上一幢幢小洋楼高低错落，窗子里透出金黄色的灯光，宛如童话剧中的舞台布景；圆圆的月亮悄悄跟着他们，一会儿躲到树丛背后，一会儿又从屋顶上露出顽皮的笑脸。空气中飘散着泥土的芳香，沁人心脾，不禁撩起人们对美好事物的朦胧的欲望……

"我真不想离开这儿……"路霞忽然冒出一句话。

"离开这儿，你要去哪儿？"他好像被当头泼了一盆冷水，惊诧而茫然。

她把脸一扭，用一种深情的、眷恋的口气道："我也不想离开你们！"

一种从未有过的莫名的感动在他心中激荡着，他感觉自己的心都要跳出来了。他的脑袋嗡嗡作响，似乎要说话，要表达，要吐露，鼓足了全身的勇气，却只说出三个字："我知道……"

时间过得真快。他还没想好接下来说什么……

"我到家了。"

她站在家门前，幽幽地说，一双会说话的眼睛盯着他。他听到了胸前"怦怦怦"的心跳声，本能地想做点什么，却什么也没做。

她一扭身，掏出钥匙打开房门，跑进去，带上门，从里面传出一声:"再见!"

这年夏天,路霞的妈妈去世了,她爸爸把房子卖掉,带着她和哥哥去鞍山了。临行之前,她还来向他和朱丽告别。遗憾的是,那时他随父亲到北戴河疗养去了。返津后,他带着一种无限怅惘的心情,到她曾经生活过的地方重温旧梦。但人去楼空,连一点痕迹也未留下。幸而,朱丽交给他一个纸包,说是路霞留给他的。打开一看,原来是一本《格列佛游记》,扉页上写着她的赠言和签名。这是路霞留下的唯一纪念物,他一直珍藏在身边。每当看到这本书时,他的眼前都会浮现出路霞的身影——她的细小的习惯性动作,她的清脆而开心的笑声,还有令人心动的会说话的眼睛。他说不清他们到底是什么关系、什么感情,但他确信,每个人都有自己少年时代的朋友,犹如朝日、云霞、露珠一样,出现在同一时光,相互为伴,汇成一片缤纷灿烂的风景,过后便烟消云散了。只是那种朦朦胧胧、捉摸不定、无果而终的情感,是令人颇费思量、难以释怀的。

## 6. 故宫里临画的男孩

路霞远走高飞了,连一张照片也没留下。想她时,他便用铅笔画她——俊俏的小脸、会说话的眼睛,还有一只上扬的嘴巴……虽然不是很像,神情却也有几分相似。画画是他的长项。冯骥才幼时便喜欢涂鸦,到了中学,各科成绩平平,唯有美术课成绩始终居于全班之首,是学校美术组的组长,其所画素描、速写、水彩、水粉皆出类拔萃,以至于美术老师经常夸他"天生是个画家的料"。

他家里有一套二十世纪三四十年代故宫博物院编印的珍贵画集《故宫周刊》,黑色漆布封面,烫金刊名,所载故宫藏品、历代名画,均为照片影印,图文并茂,制作精美。当年,父亲购下这套画集,整整齐齐摆在客厅最显眼处,就是想给客人们随手翻翻、附庸风雅的。不料,儿子却成了最大受益者,他对中国画产生兴趣、最初习画的范本,不是《芥子园画传》《南画大成》,而是这套故宫藏品的集大成者——《故

少年时代，冯骥才最大的兴趣就是画画

宫周刊》。

"爸爸，您给我找个老师吧！"

父亲本来是想让他子承父业，将来也以经商谋生的，想不到儿子这么痴迷绘画，只好听之任之了。父亲与画界素无联系，只得托人打听到两位津门大家：一位是擅长界画的陈麐祥；一位是宗法北宋山水的严六符。严六符是近代实业和新学的推动者严修（字范孙）的侄孙，师承名家刘子久和陈少梅。父母知道儿子散漫又随性，必然沉不下心来，拿把界尺去画飞檐流阁，于是为他选择了后者。

严先生家住天津河北区进步道一幢意式老楼，楼房历尽沧桑，显得老气横秋，人走在楼梯上，发出"嘎嘎"的响声。楼上居室的外间屋，便是严先生的授课之地。窗前，是一张老式写字台，上置文房四宝、教学画稿等，杂而不乱。

师生初次见面，不免要寒暄几句。冯骥才先做了自我介绍，严先生问道："你是本地人吗？"

"我出生在天津，祖籍在浙江慈溪。"

"真巧，我也是浙江慈溪的，小老乡啊！你家里有学画的吗？"

"没有。父亲是经商的，与书画无缘。母亲是山东人，生在书香门第。母亲有个姐姐，从小学习指画，我曾见过她的两幅水墨花卉，酣畅淋漓，气势不凡，我可能受了她的影响。"

"听说你在学校里是美术尖子，成绩很好，学习山水画，与素描速写不同，要从'勾、皴、点、染'开始，靠笔墨技法入门。中国画的技法都是程式化的，比如'石分三面，树分四枝''矾头菱面，负土胎泉'，一招一式都要学到手，不能有半点含糊。当然，传统的金科玉律，一定会限制个性的发挥，所以，还要进得去、出得来，进去不深，难得精髓；进去越深，出来越难，中国画，难就难在这个地方……"

老师的话，令他茅塞顿开，他暗想，这个老师找对了！

接着，老师取出一张宣纸，染翰挥毫，以洗练的线条，勾勒出几株小树、一块山石，两位老者悠闲地对弈，浑厚苍劲，颇有古画之风。

从他家到老师家，相距较远，每次上课，父母都给他一角钱路费。从家中到市中心劝业场，往返公交费八分钱，过海河摆渡来回两分钱，加在一起正好一角钱。但他舍不得花掉这些钱，每次都靠双脚步行到老师家，把省下的钱攒下来，去买各种美术书籍，例如，俞剑华的《中国绘画史》、于安澜的《画论丛刊》、谢稚柳的《水墨画》，以及《唐宋画家人名辞典》等。

从此，他刻苦习画，成了严六符麾下最得意的门生之一。

但是，使他有幸接触到宋画真迹的，却是他的另一位老师和远亲惠孝同。惠先生是湖社画会成员，精研古代技法，擅长南宗小青绿山水，风格清新灵秀，与严六符苍劲厚重的北方画风相比，恰好是南北相峙，迥然不同。惠先生久居京城，每逢假期，冯骥才便坐火车进京，在王府井大街大甜水井胡同一座深宅大院前，叩响惠先生的院门。这是一座典型的北京四合院，院内花木繁盛，画室设在厢房，房中一面是黑色大漆的木隔扇门窗，其他三面是高至房顶的楠木书架，摆满各类书籍、卷轴，古色古香。

惠先生是清朝旗人，祖上做过清廷的内务总管，家底深厚，收藏颇丰。

"今天，给你看看我珍藏的几件宝贝。"说着，惠先生从一个精致的木箱中，取出几个卷轴，让他帮忙打开。一阵古墨的香气在四周弥漫开来。

"你看，郭熙的《寒林图》，画上这株古柏，老干虬枝，有如蟹爪下垂，笔势多么雄健！远山则轻描淡写，层次分明，意境何其深邃……"

冯骥才早知这位宋代画家的大名，却做梦也未想到会一睹他的真迹！他目不转睛地盯着这幅古画，反复观赏着、琢磨着。

"这幅画没有上款，不一定是郭熙亲笔所作，但却深得郭熙神韵！"

接着，先生又将王诜的《渔村小雪图》、吕纪的《四喜图》一一打开，悬于壁上，让他慢慢观赏。

"好吧，画我也不摘了，从今天起，我就给你个机会，把它们临摹下来吧！"

冯骥才大喜过望，连连致谢。惠先生取了一卷日本的圆丝绢、一块明人古墨供他使用。他伏案摹写，先生在他身旁，指点郭氏"云头皴"和"蟹爪树"的技术要点。致使他多年后提笔即可画出"长松巨石、回溪断崖、岩岫奇绝、云烟变灭"的郭氏山水来。原来，临摹原作和印刷品的感觉完全不同：原作形神兼备，印刷品有形无神；原作可以感受到画家的生命气息，到了印刷品上则荡然无存。在临摹郭熙和王诜两位大师的真迹时，仿佛见到了他们本人，也感受到了他们迥然不同的性格和气质。尤其在临摹画中寒林的枝干时，郭熙在收笔时，不露痕迹；王诜却有力甩腕，锋芒毕露。于是一个含蓄凝重，一个洒脱外向，各自性情，迥然而异。

冯骥才的艺术才华得到了老师的夸赞。在他的一幅《山居暮归图》中，惠孝同题跋说："骥才小弟天资颖异，作画落笔成趣，简练遒劲，笔少意厚，后起之秀也……"

从此，冯骥才临摹古画，一定会设法找到原作，于是，故宫便成了他踏破门槛的"朝圣"之地。

从此，故宫的管理人员，便经常看到一个背着画具的男孩出没其中，聚精会神地观赏、临摹展柜中的传世名画。徜徉其间，他宛如在中国绘画史的长河中漂流而下，饱览两岸的旖旎风光，美不胜收，时时被惊得眸子发亮，叹为观止。其中，他下功夫最大的，是宋代画家张择端的《清明上河图》。为了临摹这幅长卷式名画，他到故宫"打卡"不下十余次。

《清明上河图》采用散点透视法构图，生动记录了公元十二世纪北宋都城汴京（今河南开封）的城市面貌和市井百态，画面上描绘了数量庞大的各色人物、牲畜、建筑、桥梁、舟船等，就连街头上发情的驴、打盹的人都收入画中，令他大为震撼：一个画家居然敢将一座城市作为描绘对象，古今中外，也是凤毛麟角了。于是，年轻气盛却不知天高地厚的他，发誓要把它临摹下来！

万事开头难。起初，他以为自己习画是从宋人院体画入手，临摹此画并不太难。到下笔时才知，除了画中的山石、流水和树木是自己曾画过的，还有大量的人物、民居、店铺、舟车等却从未涉猎；而张择端的笔法工写兼备，精准又洒脱，确实独具一格。画家的个性愈强就愈难临摹。

然而，他天性喜欢面对挑战，临摹此图时，偏偏挑选全画最复杂的"虹桥"一段，以为拿下这一局部，便可总揽全局。谁知这不足两尺的画面上，竟拥挤着上百个人物，且人物形态各异，相互交织，小不及寸，不可差之分毫。另外，张择端用来勾勒人和物的细腻又带有拙味的线条，竟是用秃笔画的！为了实现这种特殊效果，他便在毛笔上进行了反复试验：先是用火柴余烬将毛笔的虚尖烧掉，未达预期效果；后又用粗硬的草板打磨笔尖，有时一支笔要磨上几天，才渐渐磨出那种秃笔的朴拙老道的意味来。

画过"虹桥"这段，他就此搁笔，产生了一种败下阵来的感觉。

若干年后，他再度临摹《清明上河图》，却被一位美籍华人作家"跪求"索走，成为他的一大憾事、心痛不已——不过，这已经是后话了。

## 7. 机灵的"篮球小子"

他从小就爱玩。爱玩，是每个孩子的天性。上小学时，他的课余爱好，除了画画，就是玩游戏、踢球。到了中学，他的个子越长越高，便成了学校篮球队的队员——而且是一个主力中锋。他通过高超的上篮、扣球动作和高成功率，常常赢得周围观战的小球迷们的一阵阵掌声。这种优势一直保持到他在塘沽中学读高中时。这时的他，一米九二的大个儿，肢体却很灵活，能双手灌篮，这在当时的专业队里都是少见的。所以他一直在校队和天津市学联队打主力中锋。渐渐地，他在天津篮坛有了一点名气。

高中毕业后，他报考了中央美术学院，初试通过了，却迟迟未收

上初一的时候，冯骥才参加了学校篮球队，前排左二就是他

到复试通知。

在等待通知的日子里，他很焦虑、很迷茫，整天无所事事。一天，他正在五大道一带溜达，迎面走来一个天津男篮队员，名唤马德才。之前，他看过学联队的比赛，对冯骥才有印象。

"嗨，你是冯骥才吧？"

"是我。"

"高中毕业了吗？"

"刚毕业。"

"干什么呢？"

"考了中央美院，一直没消息。"

"你想到球队来吗？"

"我能去吗？"

"前两天我们张指导还提起你呢，夸你是打中锋的好材料。这几天正好集训，你跟我去看看吧！"

冯骥才知道，这个张教练，就是全国篮坛大名鼎鼎的张栋材，他培养出了很多优秀球员。

马德才把他带到附近的民园体育场。民园体育场是个足球场。足球场的边上，辟出一块地方作为篮球训练场。一到球场，看到天津队的球员们正打"顶牛"，三人一组半场对抗，谁先打进五个球谁赢，谁输谁下。

这时，马德才大喊一声："停一下！我给你们带来一个人！"

球员们停下，围拢过来，一个个大汗淋漓地看着他。一个戴眼镜的小个子走来。冯骥才认出，他就是张栋材。

"你考上哪个学校了？"

"还在等信儿。"

"想来打球吗？"

当然想啊，可是我行吗？他心里没底，正迟疑间，张教练与他隔着两三米的距离，忽地一抖腕子，传来一个直线球，又急又快，直冲他而来。他毫无准备，下意识地出手一挡，球被打飞了。

"通过了！"张栋材教练说。

"就这么简单吗？"

"不简单呀！我就想看看你下意识的反应能力，这是运动员最基本的素质！你那么大个儿，要是球打在你胸脯上，我肯定就不要你了！"

就这样，他进入了天津男子篮球队，成了一名专业运动员。

初识张栋材教练，他最佩服的是他的灵敏与智慧。天津是近代篮球的发祥地之一，新中国成立之前就有许多球队。张栋材是当时"紫外线"球队的前锋，机变神速，几乎打遍天下无敌手。冯骥才的父亲和著名电影导演谢添，都曾是这个球队的成员。二十世纪五十年代，张栋材担任天津篮球队教练，借鉴了日本的"大松博文训练法"，即超强度训练：每天早上，队员们要从五点跑步到七点，他自己骑辆自行车在后面"压阵"，犹如放羊一般，谁掉了队，他就边喊叫边驱赶，令那些体力不支的队员叫苦连连，狼狈不堪。

一次，天津队与山东队比赛，对方有个后卫，个子不高，却很机灵，尤其善于使用"阴招"。每当冯骥才拼抢篮板球时，他就悄悄用手指夹住他的短裤边儿，让他不敢弹跳。就这样，好几次被他"摘了帽"，抢走了球。看台上的球迷不知内情，见他又丢了球，一齐起哄："11号大个儿，傻了？下去吧！"

张教练只好把他换下来。

"这能怨我吗？这小子太阴了，他用手捏我的裤子边儿，我怎么跳？"

"你的脑子呢？不会想办法吗？啥时候有了办法，啥时候再上场！"

人的聪明多半是被逼出来的。很快，他就有了应对之策。他跑到游泳队借了条游泳裤，又短又紧。他先穿上游泳裤，外边再套上运动裤，并且故意将腰带弄松。上场之后，他不但不躲避那小子，反而主动靠近他、紧贴他，给他创造犯规机会。终于，在他拼抢篮板球时，对方又用手指去夹他的裤边。他猛地向上一跳，外面那层短裤被他一直拉到脚脖子上。场上球迷先是一怔，继而发出一阵大笑，"谜底"揭开，那小子也被罚下场。

比赛后，张教练拍拍他的肩膀道："我早看到他扯你的短裤了，我换下你，就是让你想办法。你只有下来，才能有办法。明白了吧？打球不光靠体力，更要用脑袋、用智慧。"

他虽然渴望成为一名篮球名将，不知为何，却始终抛不下书和画。他在篮球队宿舍的床上，总是放着一堆书，不是唐诗宋词，就是普希金、莱蒙托夫、海涅、拜伦和惠特曼的诗集。晚间，同伴们经过一天的超强训练疲惫不堪，脑袋一沾枕头即刻进入梦乡，鼾声如雷；他却捧着一本书，被书中呼之欲出的形象、跌宕起伏的情节和美妙深邃的意境所深深吸引，强撑着眼皮，不忍释卷。每逢周末休假，他便风风火火地跑回家，一双胳膊架在书桌上，一画就是一整天。

这时，他已隐隐感到，打球不是他终身的职业，好像一只暂时栖息在花枝上的小鸟，花儿虽美，香气扑鼻，却不是它的归宿。一个人从事了体育事业，便意味着他将来还要更换一种职业。因为，一个人的运动生涯是短暂的，只能在精饱力足的青春时代一试身手。从事体育事业的人，当然要在这黄金般珍贵且短暂的时间里，努力拼搏，争取最大的成功与荣誉。同时，也要发展自己其他方面的潜力，以便在因各种原因退役后，不致茫然无措。

果然，在一次比赛中，他的胸骨摔伤了。张教练痛惜又无奈地对他说："你的胸骨损伤，不适合进行大运动量的训练了。你的运动员生涯恐怕要画上句号了。"

这一天，是1961年10月4日，这情景，像一张照片一样镌刻在他的脑海里。

任何运动员离队时，都会经历一番痛苦的折磨和情绪的波澜起伏。而他，则很快平静下来。因为在他的前方，他所酷爱的绘画艺术正在向他招手。

老天为他关上一扇门，又为他打开了一扇窗。

## 8.恋爱的季节，很美好

冯骥才出生在一个富裕的家庭。父亲像很多江浙人一样，有着十分精明的经商头脑。三十多岁时，他白手起家，经营起一家面粉厂、一个贸易行和一座煤矿。家里拥有四座房子和多个保姆。但他对儿子的爱却远不如母亲。因为儿子更多地继承了母亲的遗传基因：多愁善感、充满幻想、容易激动，对数学毫无兴趣。父亲偏于理性，善于经营管理，儿子却偏于感性，酷爱艺术。由于家里孩子较多，母亲不可能把精力都放在儿子身上，于是，冯骥才报考高中时，父亲便希望给他找个寄宿学校。而有寄宿条件的只有塘沽中学——这个距离天津市区50公里的地方。这是他在天津居住过的第四个地方。

高中毕业后，他报考了中央美术学院。但基础课考试首先要考素描。这可难住了他。因为他自幼学的是中国画，是线描，是勾皴点染，从来没有画过素描。

说来也巧，一天，母亲去天华景戏院看戏时，遇到一个邻居大姐，带着外甥女来看戏。闲聊时，邻居问她，你儿子高中毕业考哪儿了？母亲说，报考中央美术学院了，可是不知怎么画素描。这时，女孩说话了："我知道怎么画，我也考过美院！"

"那太好了，让他去找你，请你教教他，可以吗？"

"我去找他吧，把您家的地址给我！"

这天，冯骥才正在家门口站着，远远跑来一个女孩，漂亮，轻盈，眼睛很大，很透亮，下巴尖尖的，特别爱笑。

"请问这是冯家吗？"

"是，我姓冯。"

"冯伯母在家吗？"

"妈，有人找您！"

母亲闻声出来了。

"噢，小顾来了，这就是我儿子冯骥才，就是他要考美院！"

“哎哟，这么高的个儿呀！”

冯骥才从中外名著中，多次读到少男少女“一见钟情”的描写。他不知道自己与小顾的第一面算不算“一见钟情”。但这时的他，确实有些紧张，紧张得近乎迟钝，一时语塞，竟不知如何接过对方的话茬儿。

僵持片刻，他终于开口了——

“怎么称呼你？”

“顾同昭，叫我小顾就好了！”

“听说你也考过美术学院？”

“嗯，没考上！”

她回答得很爽快，一点儿也没有遗憾和失落感。

两个人进了屋。小顾告诉他，画素描一般是在衬布上摆一组几何体石膏模型，打上灯光，分出明暗、光影；先用铅笔勾勒出石膏模型的轮廓，再用一排排线条，由浅入深地画出它的明暗、空间和体积感。这与中国画的造型方法是完全不同的。她讲这些素描常识时，显得落落大方，一点儿也不拘束，就像老师给学生讲课一样。

冯骥才听得很入迷。为她讲的素描知识，也为她讲述时天真可爱的动作和表情。

“下次我去找你吧！”

“好呀，我给你布置好石膏模型。”

这女孩真好，单纯、大方又善解人意。冯骥才心里美滋滋的，犹如捡到了一块无价之宝。

在小顾的辅导下，冯骥才的素描大有长进。

不久，考试的日期到了。他的素描顺利过关，命题画《夏》也画得比别人好。因为他向严六符学过画，中国画基础好。监考老师问他：“你知道李可染吗？”

“知道，我太喜欢他的山水画了！”

“我们院里成立了李可染工作室，将来要吸纳一些学生加入。你先回去，做些准备吧！”

冯骥才大喜过望，以为十拿九稳了。

然而世事难料。他等待着入学通知，几乎望眼欲穿，却杳无音讯。后来得知：因为出身资本家家庭，他的"政审"没过关。

失落中，他被天津男篮接纳了。两年后，他因伤退役回到家中。

但他与顾同昭的关系却越来越熟、越来越铁，自自然然走到一起，犹如瓜熟蒂落、水到渠成。

他想去钓鱼，她帮他提着渔具；他想去荣宝斋看画，她欣然相伴而行。他喜欢她，不是因为她的漂亮。五大道里不乏名媛美女，包括他的两个漂亮姐姐。她太单纯、太正直，无功利、不计较，没有一点世俗的陋习，是他理想的人生伴侣。

关于初恋，他在多年后的小说《爱之上》中，有过这样一段壮美的表述——

> 初恋是两颗心第一次碰撞。就像两块带电的云，在天边静静而盲目地浮动着；忽然，它们碰到一起了，即刻发出夺目的闪电。就在这一瞬间，它们由原先那灰蒙蒙的、无生气的、凝滞的样子，变得一片灿烂辉煌；现出轮廓，现出层次，现出重峦叠嶂般雄美动人的景观。整个天宇因之变得生机十足、无限广阔和深远，整个大地也给这瞬息间闪耀的光映照出另一番景象。天地万物顿时变得美妙、神奇、不可思议了。

艺术源于生活。这何尝不是作者自己初恋心理的真实镜像呢！

有一天，顾同昭对冯骥才吐露了这样的心声："我不想早交朋友、早结婚。一个女孩，不结婚才能保持女孩的骄傲，才能不依附于男人，做完整的自己。"

冯骥才听后笑了："没问题，一切都听你的！"

## 第二章

# 苦难是一笔财富

两次死里逃生，我的青春没有一缕阳光。

## 1. 人生的第一场劫难

海河，天津的母亲河，静静地流经津沽大地，在阳光的照射下闪耀着点点光斑。它从市区顺流而下，经过百年老桥金钢桥、狮子林桥、金汤桥和解放桥，天津工业和仓储之地大同道和十一经路还有两个摆渡口，每隔几分钟，便有渡轮载着乘客往返两岸之间；河面上，不时有渔船、水鸟擦身而过，霎时间鼻孔中钻入一股淡淡的鱼腥味；岸边的驳船上，起重机正忙碌地装卸货物，给这个北方港口城市和经济重镇增添了生机与活力。每当此时，清脆的汽笛声、"咯吱咯吱"的摇橹声和起重机的轰鸣声交织在一起，谱写出一首壮阔而又抒情的海河交响曲。

生于斯长于斯的冯骥才，整个青少年时代都被阳光、笑声和美梦包裹着。虽然经历了社会主义建设总路线、"大跃进"和人民公社"三面红旗"迎风飘扬、"六亿神州尽舜尧"的激情燃烧的岁月；经历了勒紧裤腰带过日子的三年困难时期，却并未在他心中留下太深的印象……直到二十世纪六十年代中期，仿佛一夜间，山雨欲来风满楼，平静的海河画风突变，潺潺流水变成惊涛骇浪，"文化大革命"不期而至，令所有人都猝不及防。

这是1966年春夏之交，空气里的火药味愈来愈浓烈。对于痴迷绘画与文学的冯骥才而言，他更关心的是书画创作与经典阅读，自以为与眼前的风暴距离很远。七月底，他还到劝业场二楼的古旧书店，购买了一部心仪已久的罗曼·罗兰的《约翰·克利斯朵夫》，天天捧在手里，不忍释卷。

八月初的一天，他在市中心的一幢四层楼房上，看到贴满整整一面墙的大字报，引得路人纷纷驻足观看。大字报的标题令冯骥才感到一股阴冷的杀气扑面而来。他想起自己高中毕业时，曾报考中央美术学院，初试已经通过，复试时却因"出身"问题被拒之门外。由此知道出身不好是他的"硬伤"，没想到，现在居然有人开始揭他的这块"伤疤"了。

几天后，他去女朋友顾同昭家，一进门便感到一种异样的气氛。顾同昭红着眼用哭腔告诉他，今天下午，家里忽然闯进一帮戴着红袖章的学生，跳到桌上和床上乱蹦乱跳，狂呼口号，甚至将她父亲硬塞进一个空木箱里锁上，然后一哄而散。

"你们没去派出所报警吗？怎么能私闯民宅呢！"

"谁敢呀！听说五大道好多家都闯进学生了，说是要扫'四旧'、搜'变天账'！"

"什么'四旧'？哪来的'变天账'？这不是胡闹吗！"

"你快回家看看吧，我担心伯父、伯母会不会有危险呢！"

一句话惊醒了梦中人。他不敢久留，匆匆骑上自行车直奔家里。夜色中，他远远看到自己家门口，已贴满白花花一片大字报，一颗心霎时提到了嗓子眼儿。进门一看，父母各坐在茶几旁的扶手椅上一动不动，脸色阴沉，目光呆滞，那神色分明是告诉他：我们要大难临头了！母亲看到儿子回来，一肚子委屈瞬间爆发出来，一把抱住儿子，老泪纵横。冯骥才一面安慰她，一面问她家里到底发生了什么？母亲说，你赶快把怕摔的瓷器、玻璃瓶子收拾一下放进柜子里，以防抄家时被打碎。

抄家？乍一听到这个词儿，冯骥才脑袋有点发蒙。抄家是什么样的，他只在《红楼梦》中看到过。看来，他对这场即将到来的风暴太缺乏想象力和思想准备了。

整个夜晚，他都是在慌乱和惊恐中度过的，分不清是噩梦还是现实。坦白说，他对父亲的身世所知不多，只知他年轻时是个商人，开过面粉厂和贸易行，由此自己便无可选择地出生在一个"剥削阶级"家庭。

第二天清晨，外面暂无动静，他便骑车到位于和平区营口道的书画社上班。小小的书画社也在搞运动，内内外外，弄得他一上午心神

不宁，就担心家里出事。中午，他向主任请了假，心急火燎地往家赶。

他最担心的事还是发生了。他的家已被红卫兵占领。他刚一进门，就被一个红卫兵用木头枪顶着后脊梁押上二楼。在二楼走廊上，他看到一群红卫兵围着一个人。这人坐在地上，背对着他，看背影像是自己的母亲。可是，她的头发怎么像男人一样短？难道是被人剪了？最骇人的是，当母亲听到儿子的呼唤声，猛一转头时，令他不寒而栗的场景出现了——她的整个脸部被一种治疗外伤的紫药水胡涂乱抹，眼睛在刺目的紫色中瞪得圆圆的，黑眼珠奇亮，眼白奇白，他被吓得大叫一声，脑袋"嗡"的一下便不省人事了。大约过了一分钟，他感觉自己像被一根拴在身上的牛筋拉了一下，接着听到周围一片嘈杂的人声，渐渐苏醒过来。这时，他产生了一种"还阳"的感觉，一种很奇怪甚至有点美妙的感觉。事后母亲说他当时的样子和叫声非常可怕，真的像疯了一样。

他的一位医生朋友听到他的这段遭遇后说："幸亏你被'牛筋'拉了一下，否则就危险了。应该说你疯了一分钟，自己又好了。"

"自己能好吗，你听说过别人也有类似的经历吗？"

"绝对没有。你是极为特殊的个案。如果不是一分钟醒来，而是一个小时，就没有起死回生的希望了。你是个奇迹，只能说，人要灭你，天不灭你。"

黄昏时，又一个高潮来了，父亲被他们单位押送回来，交给街道的红卫兵继续批斗。父亲是这场批斗会的主角、头号"反面"人物。

批斗会进行中，冯骥才的女友顾同昭跑来看他。一见面就小声对他说："'葛朗台'死了！"

"什么，谁死了？我没听懂！"

"你放在我家的书全被烧了。"

原来，她说的"葛朗台"，指的是巴尔扎克的小说《欧也妮·葛朗台》。想不到，这个纯真的女孩子，在非常时期还学会了用"暗语"与他交流。此时，他正痴迷世界文学名著和古典音乐，爱得甚至有点发狂。但家里反对他花钱买这些"没用的东西"，他便把每次买到的书和唱片存放到她家。她父亲是仁立毛织厂的职员，不属于运动打击对象；但她母亲是安徽寿州富商后人，所继承的一座漂亮的西班牙别墅位于五大道中心位置，太惹人注目了。红卫兵以为她家是个"大户"，闯进去后才明白，房主不过是个工厂职员，不够抄家条件，又不想空手而归，便借口扫"四旧"，把冯骥才存在顾同昭家的书全部烧掉了。烧书并不容易，诸如《十日谈》《战争与和平》《简·爱》等都很厚，又是精装，难以引燃，便把书一本本打开，呈扇形立在地面上，二十五本一排，整整烧了一个上午。

她深知这些书在他心中的分量，为未能保住它们而深感内疚，却不知，此刻在他心中，一切都无足轻重了，除了她。

初冬的一个晚上，他送她回家。路上，她忽然对他说："咱们结婚吧！"

他怔住了。他知道她不喜欢结婚，因为结婚会提前结束一个女孩子最自由、最幸福、最不依附于人的时期。他依从她，一起自由浪漫地度过了五年的恋爱时光。如今，当两个人被抄得几乎一无所有的时候，她主动提出结婚，无疑是需要一个男人的坚强臂膀来保护她、陪伴她，给她生活下去的信心、勇气和力量。

## 2. 恐怖的"新婚之夜"

和平区大理道松竹里二号楼，位于一条短胡同的尽头，是一座典型的折衷主义风格的建筑，原本属于一个富有的高姓家族。高家被抄后，老少三代被集中在二楼的两间卧室里，剩余房间分给了其他被抄户，其中便包括顾同昭家。她家本来躲过了抄家热潮，不料，因为她母亲继承的遗产中有"定息"，被有关方面披露出来，而被"扫地出门"搬到这里。她家五口人，只给了二楼一长一方两间小屋，冯骥才与顾同昭借用了其中一间不足十平方米的小屋，作为他们的婚房。

这是冯骥才在天津居住过的第五个地方。

筹备结婚的过程更像是一种地下工作：秘密、悄然、不声不响地进行。此时，他们两手空空，几乎一无所有。只有从他家里搬来的两件家具：一件是小时候使用过的书桌，已破旧不堪；另一件是一个躺柜，柜门已烂，便将柜子竖起，用木板钉个柜门装上合页，变成一个小立柜；床是用破木板搭起来的，上面铺上被褥；没有窗帘，便用半透明的硫酸纸糊在窗户上。顾同昭是个唯美主义者，在商场精心挑选了一台造型别致的"浪琴"牌收音机，一只小巧的夜明钟摆在书桌上，又在立柜上放了一盆文竹，婆娑的绿叶飘拂下来，立刻增添了一抹生机与活力。于是，一个构建在废墟上的温馨小巢，便伴随着他们对新生活的美妙幻想而诞生了。

对儿子的婚事最上心的是母亲。虽然她手头很紧，还是给儿子二十块钱，让他给儿媳做件红褂子。儿媳却觉得穿红褂子太扎眼，便买块蓝色雪花呢做了件棉袄罩衫。谁知母亲一看就哭了，说哪有新娘子不穿红戴绿的，又塞给儿子二十块钱，坚持让儿媳做件红衣裳穿上给她看。

结婚的当晚，冯骥才的父母不便出面，由岳父带着新娘的弟弟妹妹，在劝业场附近一家规模很小的川菜馆，举办了一场极为低调的"婚宴"。席间，岳父举起酒杯轻声说："祝贺，祝贺！"几只酒杯"当当"一碰，又献上一支优雅的淡粉色康乃馨——这是新娘最喜欢的花，于是，就算新婚"礼成"了。

离家赴宴前，母亲塞给冯骥才一个布包，里面包着儿子的几件换洗衣服。他出门时把布包夹在自行车后座架上，饭后回到新房，忽然发现布包不见了——那可是他带到新家的全部家当啊！所以，他的人生新阶段真的是从"零"开始的。

"洞房花烛夜，金榜题名时"，这是自古以来读书人最幸福、最得意的时刻。但对今天的一对新人来说，却要小心翼翼、偷偷摸摸。原因很简单：他们新房的楼下，就是一个红卫兵指挥部，也相当于一个看守所。他俩回到院子里，锁车、上楼、开门都蹑手蹑脚，几乎悄无声息。进屋不久，窗外忽然响起一阵喇叭声，就听下边有人喊："狗崽子，你们在干什么呢！"接着，一群红卫兵聚在院子里，又是吹喇叭，又是喊口号，又是唱革命歌曲，音量大得震耳欲聋。

坏了，肯定是被人发现了！他们是怎么发现的，难道有人走漏了风声？来不及多想，俩人赶紧关了灯。窗户一黑，下面的人又想出更具侵犯性的手段：用强光手电筒向窗子里照射。新房没有窗帘，光束便直接照在屋顶上，晃来晃去，酷似战争时期夜间空袭的探照灯。此时，正值寒冬腊月，气温很低，又不敢生炉子，两人只能穿着棉袄坐在床上。他紧紧搂抱着她，感到她在瑟瑟发抖，不知是恐惧，还是寒冷。更令他们提心吊胆的是突然的砸门声和一群人破门而入。幸好，这种最坏的情况并没有发生。下边的人闹了一阵，尽了兴，消停了一会儿。隔了一段时间，他们又故技重演，继续吹喇叭、喊口号、用强光干扰，直到后半夜才偃旗息鼓。

整整一夜，一对新人和衣躺在床上，战战兢兢，无法入眠。外面安静下来时，他悄悄吻了她的脸颊，觉得她的脸像一只冰凉的玻璃罐儿，毫无反应也毫无知觉。不知何时，他迷迷糊糊睡着了。睁眼时，天

037

1967 年 1 月 1 日，冯骥才和顾同昭在天津大理道松竹里二号的这间小屋里，度过了一个恐怖的"新婚之夜"

已大亮，他第一眼就看到桌上那束插在玻璃杯里的康乃馨，那淡粉的颜色、优雅的姿态，漠然开放在这寒冷的清晨，像一个受尽欺凌的冷美人。

这就是他们的新婚之夜，也是一个跨年之夜——从 1966 年 12 月 31 日，跨到了 1967 年 1 月 1 日。

婚后不久，冯骥才的岳母从北京返津，房子不够住了，于是，他便找到街道负责人杨增，请他帮忙解决一间小屋，以作栖身之所。杨增是个复员军人，既强势，又不失人性味。听到冯骥才的困境后，爽快地说，你们都是老实人，是可以教育好的子女，应该按政策区别对待。随即把顾同昭家被查封的宅院中，一间保姆住的七平方米斗室和一个巴掌大的小院打开，让他们住进去。就是这样一个小小的恩惠，可把冯骥才高兴坏了。

"真正的福气是命运把你的一切劫掠一空后，忽然把你最渴望的东西送到你面前，如同饥寒交迫中一个热烘烘的大馒头！"他对顾同昭笑言。

"看你高兴的，有这么好吗？"

"同昭你看，这地方虽小，却是一个封闭的独门独院，藏在四周的高楼之间，有一种妙不可言的安全感，一种大隐隐于市的自由自在。"

"也是，不管怎么说，这终究是我们自己的小窝呀！"

这是冯骥才在天津居住的第六个地方：和平区睦南道 58 号后院。

一年后，他有了自己的儿子。儿子的出世，不仅使他的幸福感陡升，也让他感到肩上多了一份责任。儿子出生在冬季，小屋像冰窖般寒冷，完全不具备护理婴儿的条件，加之夫妇俩每天还要上班，只好将孩子送到一个口碑不错的托儿户家。托儿户家中没有经济来源，夫妇俩便加倍努力工作，争取多挣些钱以补贴托儿户家。于是，开始了一种杂糅着拮据、艰难和苦中有乐的生活。儿子名叫冯宽，一个"宽"字里寄寓着父母的热切期待与祝福——前途宽阔、生活宽裕、心宽。

### 3.隐藏在墙缝里的文稿

下雪了。漫天飞舞的雪花覆盖在树枝上、屋顶上、道路上与河面上，使一座色彩杂陈的城市变成一个纯净的银白色的世界。

黄昏时分，有人敲门。冯骥才开门一看，来人帽子上、棉袄上披满雪花，瘦骨嶙峋，脸颊窄成一条，一笑，口中冒出一股热气。

"不认识我了？我是刘奇膺啊！"

"刘兄啊，你怎么瘦成这样了？"

在冯骥才印象中，刘奇膺脸颊丰满，是湖南湘西人，与他同为大学者吴玉如的学生。

"唉，一言难尽呀，你听我慢慢跟你说……"

握手时，冯骥才发现他的手冰凉，一定腹中空空，便让顾同昭给他做了一碗面汤，汤里卧一只荷包蛋。

吃完，他抹抹嘴，笑问："怎么样，骥才，家毁了吧？"

"一无所有了。我的书全烧了，你见过的张大千的画也被撕烂了。"

"是不是生活过早地让我们明白了，什么是'身外之物'？"

刘奇膺讲述了自己在运动中的遭遇。其中最"奇"的是，造反派夜里轮班听他说梦话，想从中发现他的"反动言论"。

之后，他瞪着布满血丝的眼睛，突然抛出一个令人振聋发聩的问题：

"你说，将来我们这代人死了，后人能知道我们现在的处境吗？我们所经历的苦难、心灵上受到的创伤，他们会从哪里知道呢？"

冯骥才被震撼了。这是一个深刻而又现实的问题。怎么让后代人知道？他瞬间悟出了答案——只有文学！文学的本质是用光明照射黑暗，文学的本质是服从心灵。一种初始的、朦胧的使命感忽然涌上心头。

记不得从哪天起，他开始了写作：他要把这个时代真实的东西、真实的人物和真实的故事写下来。他感觉只要一动笔，就会有一大堆有着不同遭遇和命运的人物找上门来，不需要他着力"刻画"，也无须

虚构想象，只要如实记录，便能再现生活的本来面目。他还发现，他对自己阅读过的大量中外文学名著的熟悉和理解，也会在写作中发挥效力。证据就是，他之前从未写过小说，现在写起来却得心应手、毫不吃力。

他写了自己身边若干人物的故事，却无法发表，也不会有读者。非但如此，这种写作还极具危险性，一旦被人发现，肯定会被扣上一顶"现行反革命"的帽子。所以，他必须小心谨慎，保守秘密。写完一篇，立即藏在墙缝里、地砖下、柜子的夹板中间。他还想过一个办法：将文稿中所有人名和地名都改用外国的，让人以为是从一本外国小说中抄录的；还将自己的署名写成外国作家的名字，如萨克雷、亨利·希曼、库普林等。他被这种从未有过的庄严感和使命感激励着，自觉或不自觉地将自己的文学与时代的命运融为了一体。

就这样，他写的东西越来越多，家里已经无处可藏了，只得另辟蹊径。这次，他想到了自行车。他用最小的字，写在最薄的纸上，一层层叠起卷成纸卷儿，外边包上油纸，用细线捆好，然后拔掉自行车鞍座，把纸卷塞入车管中，再把鞍座重新装上。可是，接下来，他又开始担心丢车。一天，他在书画社上班，因为有事需要外出，走到存车处一看，车不见了！他慌神了，急忙到一旁的水果店里打听，店员告诉他：刚刚被几个戴红箍的人推走了，你去派出所问问吧！一听说车被推进派出所，他两腿都吓软了——若是自行车里的"秘密"被发现，岂不是撞到枪口上了？到了派出所才知道，他的车被推走，是因为影响市容，也容易给小偷创造机会。这个结果让他大大松了一口气。

这次有惊无险的经历，让他感到自行车也不安全了。于是他费尽九牛二虎之力，将车管里塞得死死的手稿一点点掏出来。现在，他的终极手段便是：将这些手稿的内容，尤其是故事梗概和人物细节，尽可能多地藏在脑袋里，然后把手稿一张张撕碎，放到厕所里冲走。他第一次冲走自己日记中的文字，是在抄家当日。这是第二次。完成了这件事，他如释重负，苦笑一声，自言自语道："看来，我的心血之作，出路只有一条：厕所！"

尽管冯骥才有着惊人的记忆力，毕竟，大脑的容量有限，记多记久了难免会遗忘。所以，他把它当成一种精神生活，当成一种以独立立场思考生活的能力，这种立场也是纯粹的文学立场。

比这种写作更快乐的事，是给人讲故事。他结交广，朋友多，口才又好，大家都爱听他讲故事。当下文化生活极度贫乏，没有电影，没有演出，没有娱乐活动，人们晚上没事，就聚在一起聊天。他讲的故事人们大都闻所未闻，中外小说、古今传奇、老电影、鬼故事，想到什么讲什么，随心所欲，尽情宣泄，有时还把名著中的某个人物"拉"出来，添油加醋，演绎成一个更奇妙的故事，他则从这种创造性的发挥中获得快感。他最初的文学潜质就是这样表现出来的，它像山泉一样在峰峦间奔涌恣肆，挥霍着他的想象力，也锻炼了他的文学表达和创造能力。

## 4. 逆境中的艺术之梦

这是一个漫长的冬天，来自西伯利亚的寒风，总是挟着冰雪一路南下，令大地处于一种阴冷萧瑟之中。夜深了，冯骥才家的炉火偏偏熄灭了，却没有木柴将它重新点燃。他和妻子在冰窖般的小屋里紧紧相拥，抱团取暖。第二天，他即兴画了一幅《北山双鸟图》，并题有一首小诗——

北山有双鸟，
老林风雪时。
日日长相依，
天寒竟不知。

以后，每当忆起这段贫困苦寒的日子，他都会提笔再画这对相依为命的小鸟，取名《老夫老妻》。

"不管在任何地方，都要让美成为胜利者。"这是他写过的一句纪伯伦式的"格言"。他有太多的时间，可以回到他曾痴迷的生活：文学与绘画。他曾热衷于苏俄和西欧文学，但这些书早已付之一炬。他便想方设法，从抄家的废墟里拣拾幸存的残书，回到家里，为它们重新修补、装潢，贴上封面。像《浮士德》《高老头》《呼啸山庄》《叶甫盖尼·奥涅金》这类文学经典，则受到格外优待：用草板纸和布料制作成硬皮精装本。经过他"改头换面"的一百多本书，排列在一起十分漂亮，每每站在它们面前，他都感到自己成了一个令人艳羡的"精神富翁"。他开拓书源的另一个途径，是千方百计到处"挖书"。例如，在人物像章最流行时，他用几枚珍贵的像章，换来了《屠格涅夫中短篇小说集》、马克·吐温的《亚当夏娃日记》、司汤达的《帕尔玛宫闱秘史》，以及《古文观止》、义和团史料、《辞海》中的文学部分等，极大地丰富了他的知识储备、滋润了他饥渴的心田。由于反复阅读，很多优美的诗句和小说片段，他都能朗朗背诵出来。

至于绘画，他的画风已从之前的宋元风格的传统山水，演变成一种抒情的、非传统的、带有伤感和忧郁气质的风景。这不是他的刻意追求，而是他心灵的自然流露。低沉的乌云、迷茫的远滩、逆风的飞雁、寂寞的孤舟……是他最爱描绘的画面，其风格令人想起林风眠。这些绘画无处发表、不能展览，只能是画家的一种自我慰藉，与他的秘密写作异曲同工，成为他生活的一部分。在这个文化贫瘠的时代，如果有一个朋友跟他讲塞尚、马蒂斯和毕加索，讲这些西方大师们的奇闻逸事；如果他在一个朋友家看到一本画册，里面的绘画语言新奇而别致，他一定会胃口大开，有如品尝了一顿美味大餐。他最常光顾的是画家、美术教育家李文珍的家。李先生是天津名校耀华中学的美术教师，绘画作品追摹欧洲后期印象派，在以苏俄现实主义为主流的画坛颇受排挤。但他矢志不渝地坚持自己的画风，并独具慧眼地发现和培养了诸多年轻画家，将一个个美术尖子送进了中央美术学院。冯骥才喜欢他独树一帜的绘画语言，更在他对艺术和生活的独到见解中，受到启发和教益。

他心灵的追求远远不只是文学和绘画。有一阵子，他近乎疯狂地爱上了西洋古典音乐。而对他影响最大的，是一位名叫延年的贫困潦倒的钢琴家。

延年是个混血儿，一头卷发，眼窝深陷，性格有点古怪。听说他父亲是俄国人，但谁也没见过，也不知他跟谁学的钢琴。他没有工作，光棍一人，与母亲住在山西路一所破旧的小楼里，家徒四壁，囊空如洗。但他的钢琴弹奏水平却名声在外。冯骥才很想聆听他的演奏，而延年却把他带到位于四川路的一座空楼里。

"我家太穷了，没有接待你的条件。"他解释道。

"我欣赏的是你的琴艺，在我看来，艺术才是你最大的财富。"

两人一起走在路上，延年把帽檐拉得很低，几乎不敢抬头，生怕别人认出他这张"老外脸"。

楼道里黑洞洞的，两人跌跌撞撞上到二楼，延年从裤子口袋里掏出一把钥匙，打开门，进入一个空旷的房间，地上散落着乱七八糟的垃圾、纸团，只在角落里摆着一架黑色的立式钢琴。他从包里掏出个空瓶子，不知从哪里打来一瓶热水把手捂热，然后缓缓坐下，伸出双臂，柔韧的十指像灵动的鸟儿一样落在琴键上，一种铿锵有力、妙不可言的旋律霎时响彻空间，隐身在琴箱里的音乐大师们仿佛活了起来。他弹了一支又一支，直到两人都心满意足，才起身合上琴盖。

"弹得真好，真是一种高雅的艺术享受。你究竟是跟谁学的，总不会无师自通吧！"冯骥才想"刨根问底"。

"骥才，别问我，这样对你会更好。"

"我觉得你专为我弹钢琴，抚慰了我心灵。"

"过奖了，你喜欢就好。"他真是守口如瓶。

最后一次听延年弹琴，是在书法家辛一夫家里。他家有一架破旧的德国钢琴。延年弹了一曲他最拿手的李斯特的《匈牙利狂想曲》。他弹得很投入，有种痛快淋漓、桀骜不驯的气势，征服了冯骥才和在场的所有人。此后便再也没有见到他，犹如人间蒸发了一样。有人说他被抓了，也有人说他出国、找他的俄国爸爸去了。

总之，这成了冯骥才心中一个挥之不去的"谜"。

## 5. 戴兔皮帽的"瓦西里"

"'瓦西里'来了！"

和平区贵阳路上，有一家小小的书画社。每天，人们都能看到一个戴着兔皮帽的小伙子，骑着一辆破旧的自行车出入其中。于是，一些认识他的老街坊便打招呼说："瓦西里，今天拉来业务了吗？"

"放心吧，面包会有的，牛奶会有的，一切都会好起来的！"冯骥才笑答。

瓦西里是苏联电影《列宁在一九一八》中，伟大革命导师列宁的警卫员，头上戴顶兔皮帽，经常挂在嘴边的一句话就是："面包会有的，牛奶会有的，一切都会有的！"

冯骥才在外形上与瓦西里有相似之处：也是一米九二的大高个儿，也戴着一顶兔皮帽，也在为他们画社二十几口人的生计而奔波劳碌。所以，人们便亲切地称他"瓦西里"。

到 1968 年 9 月，书画社的主要业务改为用丝网印刷领袖像、样板

二十世纪六十年代末，冯骥才担任一家书画社的业务员，头戴一顶兔皮帽，每天骑车招揽业务，被邻近的孩子们亲切地称为"瓦西里"（苏联电影《列宁在一九一八》中列宁警卫员的名字）

戏人物，以及装饰着太阳、葵花、海浪图案的毛主席语录。这个主意就是冯骥才想出来的。书画社有几位能工巧匠，很快便将这种丝印版画做得十分精良，令人赏心悦目。于是，他一边四处揽活儿，一边向外推销，很快就把销路打开了。

这时的冯骥才已经是一个专职业务推销员了。每天上班报到后，转身出来便跨上自己那辆自行车，衣袋里揣着两样东西：一个封皮上印着语录的小本子，里面写满客户的姓名和联系电话；还有就是一盒香烟，此为业务员必备的社交工具，然后就靠自己的两条腿和一张嘴了。在丝印版画流行一阵后，需求不断减少，业务也就明显萎缩了。出路只有一条，就是将丝印转向技术相近的塑料印刷，给各种产品加工印制塑料包装。首先要寻找使用塑料包装的厂家。他最初的法子又笨又吃力：每天端着厚厚的电话簿，从化工、机电、五金、日用、医疗、玩具等栏目中查找厂家，然后拨通电话，询问对方是否需要加工塑料包装？对方的回答，要么是不需要，要么就是已有加工点，让他碰了一鼻子灰。骑车返回的路上，他经常自我安慰式地背诵苏联园艺学家米丘林的名言："我们的任务，不是等待大自然的恩赐，而是向大自然索取。"

凭着他灵活的脑瓜和不懈的努力，终于"索取"到一些客户的订单。有了订单，他还要采购合适的原材料，运到加工厂制成塑料袋，再运到画社印刷，最后将成品运到客户家——整个"一条龙"服务。而运输的东西只要批量不大，全靠他的自行车来承担。

最狼狈的一次经历是，他送货到北郊韩家墅的糖精厂，不仅路途遥远，而且遇上一段土路，自行车剧烈颠簸，将捆绑在后车座架上的塑料袋颠散，数千个只有火柴盒大小的塑料袋，被风吹得如雪片般到处飞舞。此时的荒野上空无一人，任凭他大喊大叫，也找不到"救兵"出手相助。只得一面告诫自己："别急，千万别急！"一面俯身将散落各处的塑料袋逐一捡拾起来，重新包好捆上送到糖精厂。从午后到黄昏，耗费了他两三个小时！

推销员的工作虽然很辛苦，却可以使他躲避复杂的人际关系，做自己喜欢做的事。他天性不受束缚，喜欢独来独往。

就在他享受眼前的生活状态时，母亲忽然罹患癌症，需要马上动手术。但这时的医院拒收"黑五类"患者及家属住院。情急之下，他打听到办理住院手续的地方，硬着头皮去恳求人家。管事的是一个五十多岁的汉子，感觉人不错，但性子挺倔。几个病患家属正围着他办理入院手续。等他们陆续离开后，冯骥才猛然冲上去，趴在地上就给汉子使劲磕头：

"大夫，求您了，救救我娘吧！"

汉子惊呆了，大概从未遇到过这种事情。他叫冯骥才起身，问明情况，拿起公章"啪"地盖了章。

"这事你可千万别跟别人说，我是看你这五六尺高的人给我磕头，我担待不起！"

就这样，他像蹚地雷阵一样，战战兢兢地帮母亲绕过危险地带，顺利住进医院，完成了手术。

也许是他的孝心感动了上苍，不久，父亲也被落实了政策——"按人民内部矛盾处理，帽子拿在群众手里。"宽大处理的内容之一，是发还了部分查抄物资。只是冯骥才被烧掉的书无法退还了，于是折合成人民币，总共退还了十八元。在通知他去父亲单位领取这笔款项时，他被告知：你屋里的东西，本来就是你父亲剥削来的；你之所以长得这么高大，也是劳动人民用血汗培育的。现在发还给你，是政策宽大，你必须要感恩。冯骥才虽然觉得这些说辞有些荒唐可笑，但还是装作一副感恩戴德的样子。因为，此时任何不当表现，都有可能惹祸上身。

1972年以后，被冻结的书画社的老业务出现了复苏的迹象。原先做古画临摹的老客户——工艺品进出口公司找上门，最先拿来投石问路的是画彩蛋。画彩蛋与在平面上画画不同，如同画瓷器，是画在弧面上，必须悬笔立腕，笔锋随着圆弧转动，需要很强的线描功夫。这并未难住画社的能人们。他们很快掌握了彩蛋绘画技术。

但恢复传统绘画题材，还须得到上面的批准。冯骥才凭着自己的三寸不烂之舌，把画社绘制的彩蛋样品拿到上级主管部门展示。

"领导，您看，这是我们画社画的彩蛋，漂不漂亮？"

"漂亮是漂亮，但这算不算'四旧'呀？"

"当然不是，这是外销的工艺品，是给国家创外汇的。"

"画里有没有帝王将相、才子佳人呀？"

"没有，都是山山水水、花鸟鱼虫。"

"这不是宣扬地主资产阶级的闲情逸致吗？"

"没关系，都是出口到资本主义国家的，要毒害也是毒害外国人。"

最后一句话，把一直板着脸的主管都逗乐了。他批准了。

于是，画社终结了塑料印花业务，大家重拾笔墨丹青，纷纷将自己擅长的形象画到洁白的蛋壳上。

## 6."老鼠搬家"的故事

冯骥才曾经搬过六次家，每次都是被迫的，无奈的，不情愿的。所以，他自嘲是"老鼠搬家"。

本来，他在这个私密性很强的独家小院住得颇为惬意：夏天，种上丝瓜、葫芦，再用竹竿搭个棚架，等到枝蔓爬满，绿叶葱茏，葫芦丝瓜随意垂吊下来，小鸟在其间蹦跳啼啭，两人在板凳上乘凉赏景，却也其乐融融。冬天，屋里点上炉子，把火烧得旺旺的，管它屋檐冰挂长达尺余，窗上冰花变化莫测，小小的空间里仍是温暖如春……

天有不测风云。忽然有一天，前院里有人搬了进来。因为是近邻，冯骥才就想知道来的是何方神圣。到街道负责人杨增那儿一打听，杨增告诉他，住在前院的是个官员，你们没事不要去打扰他，他也不会搭理你们。冯骥才心想，这下好了，一对老鼠住在猫窝旁边了。今后说话必须加倍小心，谨防隔墙有耳；唱片不能再放，朋友少来串门；同昭爱笑，也要适当加以控制了。

一天夜里，冯骥才被屋顶上的响动吵醒，仔细一听，是有人在上面踩着瓦片行走。他猛地大叫一声："谁？干什么的，你别跑！"屋

顶上的人听到喊声，踩着瓦片仓皇逃走了。第二天，他做了一件傻事，跑到官员家敲门，好心告诉他昨夜院子里进了贼，请他小心防范。不料三天后，杨增把他找去，说你惹麻烦了，官员说你的行为是恐吓他们，后院住着两个出身不好的人不安全，让房管站分配两间小屋给你们，地点在芷江路六合里一幢临街的三楼。

冯骥才跑去一看，房子方方正正，也挺干净，只是与别人伙住一个单元会很别扭，但他别无选择，只能服从。第二天，他借了一辆板车，找来两个朋友，很快帮他把家搬了过去。

搬家的当晚，因为太累，两口子未来得及收拾东西，便在房间正中架起床铺入睡了。睡梦中，冯骥才忽然听见有人在屋里走动的声音，因为光线太暗看不到人，但鞋底与地面摩擦的声音却清晰可辨。他屏住呼吸，轻轻推醒身边的妻子，告诉她屋里有人，吓得她抓紧丈夫的胳膊，大气都不敢喘一下。只听这人拿起一只铁罐似的东西，接着响起"哗哗"的声音，竟是一种往铁罐里尿尿的声音，而且离他们近在咫尺！他大叫一声："谁？"对方好像听到他的喊叫，稍停片刻，又听到"嚓，嚓"的走路声。最初，屋内一片漆黑，什么也看不清；现在适应黑暗了，能看清楚了，令他意外的是：屋里没人！难道是鬼？他猛地从床上跳起，壮着胆子去开灯。灯光下，明明白白只有他们夫妻二人！妻子惊恐地瞪大眼睛，仿佛在向他寻找答案。就在这时，他们又听到那人走动的声音。这下，真相大白了——这声音来自隔壁的另一个单元。难道墙壁这么薄，隔音效果这么差，好像只隔着一层纸糊的东西？

"鬼屋"疑团解开了，却又多了一块心病：难道从此天天夜深人静时，都要与隔壁人共享一个空间？这令人毛骨悚然的房子，比他那"鼠邻猫窝"的小院，岂不更担惊受怕？想到这儿，他当机立断，马上搬回小院，把压力转嫁给官员，迫使他给自己另找房子。这次领他看房的是民园房管站的老李。冯骥才很早就认识老李。老李只有一只眼，绰号"独眼老李"，嗜烟如命。冯骥才投其所好，看房路上，不断给他递烟，致使老李不辞辛苦，干劲倍增。就在跟随老李看房时，他路遇一位朋友，称他家隔壁有一间查抄房，在长沙路思治里一座小楼的顶层。他和顾同昭跑去一看，真的很理想：一间方方正正、十多平方米的房间，平整的木板地面；走廊宽敞，外挎一个面积不小的阳台。最让他们中意的是，房子与周围其他建筑相距较远，且用"三七砖"垒墙，墙体很厚，隔音很好，私密性很强，完全可以满足他们的选房标准。

看好了房子，他马上去找老李，说他相中了这处房子，然后递给他一盒香烟求他帮助。

"现在的住房标准，是每人两平方米，给你们可就大大超标了！"老李望着他说。

"您就高抬贵手吧，办好了，我给你四盒'永红'。不行的话，再加两盒'恒大'！"

"我可不敢收你们查抄户的东西。反正商量时，我不说你的坏话就是了。"

几天后，杨增把他叫去，告诉他一个天大的好消息：长沙路思治里12号的三楼给他了！老李帮他办理了入住手续，他也兑现了自己的承诺。

这是冯骥才在天津居住过的第七个地方。

"真是天赐我居！"

站在新居的阳台上，仰望头顶的云彩、日月和飞鸟，他产生了一种如在天上的感觉，不禁脱口而出。能够住进接近他理想的房子，应该归功于他与那位官员博弈的勇气和智慧。他感谢生活，感谢命运。命运从来都有两面性，负面的东西对人往往是一种真正的挑战与锤炼。人的意志与能力是被命运逼出来的。想到这儿，一种成就感油然而生。这个地方还给他一些创作的灵感、文学的想象。他后来写的小说《楼顶上的歌手》、散文《猫婆》，都是以此为背景的。

他喜欢对一个空间发挥想象并动手营造，力图把家构筑成一个理想化的空中花园。在这方面，顾同昭与他有着高度的契合。几年里，各种简单的泥瓦、水电和木匠活儿他都能抄起来了；顾同昭的针线活儿和烹饪技术也大有长进：丈夫和儿子所有的衣服，都留下了她巧手缝补的针脚。她还能将普通的米面和蔬菜烧成美味佳肴。

思治里的房间虽然不大，却摆得下一整张画板了，可以画一些四尺的大画，甚至可以临摹苏汉臣的《货郎图》、郭熙的《溪山行旅图》这类的中堂画。前来串门的朋友中，多数是纯粹的艺术爱好者，为一种心灵的需要、全纯至真的精神生活而来，话题涉及的门类包括文学、绘画、工艺美术、历史、翻译等，各有各的学问和擅长，各有各的独特见解，碰到一起便海阔天空，各抒己见，常为一本书、一幅画、一位艺术家、一个艺术流派的评价问题争得面红耳赤。还有一些年轻人是来学画的，笔墨纸砚就摆在桌面上，冯骥才会教他们一些传统国画的技法。儿子耳濡目染，也爱画画了。一天，几个朋友在他家做客，恰好儿子冯宽从幼儿园回来，大家便逗他："冯宽，画画你爸爸吧！"

冯宽拿起铅笔涂抹几下，居然有点神似：大脸盘，头发蓬乱，胡子拉碴。

冯骥才问儿子："你看爸爸还有什么特征？"冯宽看看他，又把两个鼻孔描黑了。

朋友们看了笑道："你儿子观察得很认真，他抬头看你，看得最清楚的就是这俩鼻孔了！"

一天，家里来了位不速之客，长着一副东方人的面孔，却是个地道的美国人。她叫包柏漪，作家，以英文小说《春月》而成名。原来，1971年美国总统国家安全事务助理基辛格访华，随访的外交官温斯顿·洛德的夫人就是包柏漪。包柏漪是冯骥才一楼邻居包经第的侄女，她从北京赶来天津看望姑妈。此时中美关系隔绝二十多年，她的来访成了坊间一件大事。包柏漪听姑妈说楼上住着位画家，颇为好奇，便跑上楼来拜访。冯骥才夫妇觉得家里太寒酸，难以待客，尤其又是外国人，一时有些尴尬。没想到包柏漪一进门就大呼小叫，用她不纯正的中文说了好几遍，他才听明白——"圣殿"。

冯骥才大惑不解。自己如此清贫，连床都是用铺板和凳子架起来的，何"殿"之有？后来才弄明白：正是在这个文化贫瘠的年代，他这个琳琅满目、艺术充盈的小天地，唯美主义混合着温馨生活气息的独特氛围，才使这位来自异国他乡的"闯入者"感到新鲜和震撼。看到她兴奋的样子，冯骥才和妻子相视一笑，用眼神传达着心中的喜悦和自豪。冯骥才是个性情中人，一激动就容易犯错——他从柜子中取出自己临摹的宋代画家张择端的半卷《清明上河图》。

包柏漪显然没见过这幅画，她被这件无比繁复和精美的画卷惊呆了。端详良久，她忽然扑通一声跪倒在画前，就像在寺庙里跪拜佛像一样，令冯骥才猝不及防、大吃一惊——他从来没见过一个人对艺术如此虔诚，对他的一幅古画摹品行此大礼，一时情绪激动，热血沸腾，不假思索，脱口而出：

"我给你画一幅吧！"

包柏漪欣喜若狂，连连致谢，冯骥才"一言既出，驷马难追"，花了整整一年时间，为她一丝不苟地临摹了《清明上河图》的完整画卷。

051

## 7. 文学创作，从《义和拳》开始了

天津五大道上的马场道150号，一幢带院子的三层楼房，是天津人民美术出版社所在地。1974年的一天，该社连环画编辑室编辑、冯骥才的画友邀他到单位去玩。在这里，他认识了连环画编辑室主任李定兴。李定兴个子不高，说话声音挺大，两眼明亮有神，为人热情爽快。他大学学的是中文，负责连环画选题、定稿和编辑室日常工作，自己也写文字脚本。两个人聊得很投机，很快就混熟了。有一次，他对冯骥才说："你这么热爱文学，给我们改编个文学脚本如何？"

这句话马上勾起冯骥才的兴趣。原因有二：

一是，他从小就是"小人书"迷，母亲给他的零花钱全攒下来买"小人书"了。其中不少都出自天津人民美术出版社，如《水浒全传》《一颗铜纽扣》等。那时，他把出版一本书看得极其神圣和高不可攀。现在给他机会编写一本连环画，还可以印刷出版，岂不是圆了他儿时的梦？二是，二十世纪六十年代他已开始给报刊投稿，初尝了自己手

写的文字变成铅字的喜悦；经过多年中断，现在能有出版社亲自找他约稿，何乐而不为呢！

李定兴给他的第一个活儿，是将河北梆子《渡口》改编成连环画。一个月后交稿，李定兴很满意，称赞他写得简洁生动，很有文采。李定兴把绘画任务交给了李文珍的学生、青年女画家王公懿。这是一本宣扬阶级斗争的连环画，并非冯骥才所喜欢的内容。

但是，一个关于义和团的话题却在他和李定兴之间找到了共同语言和兴奋点。天津，是义和团运动的发源地，带有强烈的天津地域特色；天津又是中西文化冲突的焦点所在，发生过许多具有传奇色彩的历史事件，出现过许多有名的历史人物……两人谈兴愈来愈浓，以至于忘了时间、忘了吃饭，一直聊到人去楼空，只有他俩还在"秉烛夜谈"。

"我们写一部关于义和团的长篇小说吧！"李定兴提议。

"太好了，义和团这样的题材不是写作禁区，"冯骥才说道，"因为它宣扬的是反清灭洋、农民革命，最能体现人民是历史创造者的思想。现在唯一可以出版的历史小说不就是《李自成》吗？"

"是的，义和团的小说如果写好了，是可以出版的，这一点我是有把握的！"

"那我们就定了！"

由于两人都未写过长篇小说，确定每人先写一个中篇试试，然后看看以谁的中篇为基础写成长篇。李定兴写义和团首领张德成率"乾字团"从静海直入津门，决战紫竹林租界的故事，取名《天下第一团》；冯骥才写《刘十九》，表现义和团青年首领刘十九英勇果敢，神出鬼没，牺牲时只有十九岁，正是"自古英雄出少年"。他想写成一部托尔斯泰的《哈泽·穆拉特》式的小说，塑造一个性格怪异、独来独往的民间英雄形象。虽然他之前没写过小说，但几年来读过大量中外名著，积累了丰富的写作经验，很想通过这次写作一试锋芒。

几个月后，两人各自的中篇都完工了，经交换阅读，决定以李定兴的《天下第一团》为基础，从正面打开一幅完整的历史画卷。因冯骥才的文笔更有小说味道，所以由他来写第一稿。

写历史小说，首先要掌握大量生动翔实的历史资料，同时还须进行广泛深入的社会调查。尽管义和团运动已过去七十年，但各种相关传说仍然活在民间，包括"天下第一团"坛口遗址还在。冯骥才在河北区粮店后街调查了几位耄耋老人。他们少年时代参加过义和团，犹然清晰记得义和团运动的一些细节，甚至还能背诵当年流行的歌谣。他仿佛一头栽入时光隧道，往日的历史画面全在想象中复活了。虽然义和团题材本身没有问题，但仍存在若干意识形态方面的清规戒律，如义和团"扶清"不能写，坛口法事不能写，"刀枪不入"不能写等，使他们不得不削足适履、"戴着镣铐跳舞"。

冯骥才写得并不快。因为他不能脱产，还要继续做他的画社推销员工作。一年以后，画社解散，他和顾同昭被分配到二轻局天津工艺美术厂从事美术设计。不久，二轻局立即成立了"工艺美术系统七·二一工人大学"，校舍放在天津美术学院，他被调去教授中国画。学生都是来自各个工厂的美术设计师，除了繁重的教学任务外，他还带学生去泰山写生。这样，写小说的时间就更少了。

到1976年上半年，

冯骥才的文学生涯是从长篇小说《义和拳》开始的，这是他在成捆的书中查找资料

冯骥才终于将 30 万字的长篇小说初稿完成，原先取名《义和团》，由于老舍先生用过此名，便改名为《拳海》（正式出版时定名《义和拳》）。就在他俩紧锣密鼓联系出版社的过程中，一场惊天动地的大灾难发生了。

## 8. 又一次劫后余生

1976 年新年伊始，第一声震响冯骥才耳鼓并使他心痛欲裂的，便是周总理逝世的低沉哀乐。冯骥才曾多次到海河广场，仰望一个硕大的悼念周总理的花圈，感到一种令人敬畏的凛然正气扑面而来。

然而，与总理去世一样令人悲痛的，是一场惊天动地的自然灾害。

进入七月中下旬以来，河北省唐山附近的沿海渔场上，鱼群纷纷跳出水面，活跃异常；海上突然发出吱吱作响的声音，海水也变得浑浊。几天后，一大片深绿色翅膀的蜻蜓，后面跟着蝗虫、蝉、麻雀，遮天蔽日地从空中掠过，惶恐而迟滞。陆地上，有居民发现了老鼠搬家、黄鼠狼钻洞、燕子离巢、金鱼跃出鱼缸等离奇现象。一些专业机构和民间人士也测出了磁场改变、地下水异常……奇怪的是，大自然如此严重的警示，竟然被人类如此轻率地无视了。

7 月 27 日夜间，天气异常闷热，室内犹如蒸笼。冯骥才本想构思一幅大画的草图，稍一动弹便大汗淋漓，只得作罢。由于天气太热，一家三口便分开入睡：儿子睡在屋角一只小铁床上，妻子睡在储物间里，他则打地铺，睡在一张凉席上……

7 月 28 日凌晨三点四十二分，一场世界罕见的 7.8 级大地震，以唐山为中心，向京津地区辐射开来。

睡梦中的冯骥才，被一阵剧烈的颠簸向上弹起，感觉距离地面足有五厘米高，然后重重地摔到地上。他下意识地翻身坐起，一眼看到窗外闪烁着几道刺眼的蓝光，宛如暴风雨来临时巨大的闪电；没等他醒过味儿来，整座房屋被强烈地一拧，发出建筑构件断裂和家具器皿破碎的声响。他瞬间明白了：地震！他大喊一声："同昭，地震了！"随即，几乎本能地将双手撑地，一个箭步冲向墙角的儿子。做过运动员的他，身手极其敏捷，霎时已扑到儿子的铁床上，一把将他拉起抱在怀里。

室内一片漆黑，房子疯狂地摇晃，屋顶上的砖头瓦片"哐哐"往下掉落；他想翻身用身体护住儿子，但房子晃得太厉害，只能用双腿把他夹在怀里，双手紧紧护住他的脑袋。此刻，他呼唤妻子的声音完全被淹没，也听不到儿子惊恐的喊叫，只觉得地动山摇，怎么也停不下来。就在他感到绝望时，奇迹突然发生，就像一辆失控后肆意狂奔的汽车猛地刹住，刹住的一瞬轮胎爆出一串火花，然后戛然而止，四周出奇地宁静。他再次呼叫妻子，妻子答应了，告诉他地震开始时她曾往楼下跑，听到他的呼喊又跑回来，到屋子门口摔倒了，是门框保护了她。

三个人开始了绝地逃亡。

楼房的顶子已经震落，露出了黎明前的夜空。他们踩着碎砖断瓦、锅碗瓢盆，深一脚、浅一脚地走下楼梯，手脚被割破划伤也全然不知。这时只要有个余震，悬在废墟上的东西掉落下来，就会性命不保。等他们跑到胡同里，才松了一口气，产生了一种死里逃生、重获生命的感觉！

三个人牵着手继续往大街上跑。身边到处是逃跑的人群，一个个气喘吁吁、失魂落魄。在不远处的黄家花园，有一个五条道路交会的路口，空间比较开阔，四周没有高大建筑，此时已有百余人聚集在这里。走到明亮处，冯骥才才发现三人都已灰头土脸。冯骥才跑到一家菜市场门口拉过一个空竹筐，倒扣过来让妻儿坐在上面："你们待在这儿别动，我去看看咱两家的老人。"

他先回思治里取了自行车，从邻居老吕处借了条背带裤。老吕个子矮，他穿上去像条七分裤，露着一截小腿。大难临头时，谁还顾及这些。骑车经过贵州路时，他被眼前的一幕惊呆了：这里的地面完全变形，马路像搓板一样波浪式隆起；两边的大树东倒西歪，震断的电线垂在半空。再看楼房，有的坍塌成一片废墟，有的齐刷刷倒了一面墙，露出了房屋内部结构，像极了灾难片中的末日景象。

他怀着悲怆的心情，艰难地穿过这条街道，奔向父亲和岳父家。谢天谢地，几位老人都安然无恙。又顺路看了几位朋友。太阳出来时，街头已有急救站，一位穿白大褂的医生朝他喊道："嘿，那个小伙子，你的腿都伤成这样了，还不过来上点药！"他停住车，低头一看，才发现两条腿全是伤，流出的血已经干了，奇怪自己怎么就没感觉疼呢？医生为他上了药，简单包扎了一下，就匆匆上路了。路上，遇到的朋友听说他家房子塌了，纷纷掏钱塞进他背带裤胸前的小口袋里。回到黄家花园，见妻儿坐在筐上，可怜巴巴地等着他，不由一阵心酸难过。他告诉妻子，两边的老人都没事，然后对她说："同昭，咱们有钱了！"

"哪来的钱？"

"朋友们知道我落难了，硬塞给我的！"

他把背带裤口袋里鼓鼓囊囊的一团纸球掏出来，逐一展开，一数，竟然有七十多元！这一刻，他感觉自己又成了富翁。

短暂的兴奋之后，他们回到了现实。现实是，他们已沦落街头、无家可归了。他们不想麻烦家人，只有找朋友帮忙。顾同昭说，她有个小学老师徐绪如，心地善良，乐于助人，父亲是民国时期大收藏家徐世章，家里房子多，应该问题不大。她跑去一说，没想到对方非常爽快地答应了。但因大震过后，余震不断，人们纷纷在室外搭建防震棚。于是，冯骥才在睦南道花园找到一块空地，帮助徐家和自己家搭起两个帐篷，作为防震抗震和遮风避雨的临时住所。

入夜之后下起了小雨，帐篷小，容不下三人。夫妻俩让儿子睡在里面，他们并肩坐在一个凳子上，半个身子露在外面，任凭风吹雨打。妻子依偎在他肩上睡着了，他却思绪纷繁，难以入眠。想到他画了一年的《清明上河图》、写了至少两年的《拳海》，特别是夫妻二人苦心经营的温馨小巢毁于一旦，便感到一阵撕心裂肺的痛。又想到他的家是在废墟上建设起来的，至今已整整十年，命运对他开了一个多么残酷的玩笑！他还能从废墟上重新站起来吗？

第二天，他回到思治里，看到自家震毁的景象，真可用"惨不忍睹"来形容：走廊完全塌了，屋顶不见了，掉落的房檩像一支支巨箭插向地面，邻居楼上一个水泥烟囱竟倒在他屋里……不幸中的万幸是，他从废墟中扒出几件他十分珍视的东西——《清明上河图》《拳海》手稿、户口本、儿子心爱的小人书和汽车玩具。临走，还发现一堵断墙上挂着的日历，正好定格在 7 月 28 日，一家人死里逃生的日子。他伸手撕下它，放进衣兜里。几天后，他向朋友借了一台"海鸥"相机，带着两个学生再次爬上危楼，将他受难的惨状一一拍摄下来。他想，对于灾难，必须正视它、铭记它，因为那是他人生的一部分；历史是不可重复的，只有接受它，才能继续前行。

过了一段时间，余震渐渐少了，冯骥才一家便住进徐老师的房子，过起客居友人家的生活。房子在五大道中心的睦南道 77 号。这是冯骥才在天津住过的第八个地方。

057

1976 年 7 月 28 日，唐山大地震波及天津，震毁了冯骥才的家，他与妻儿死里逃生。这是他在震后废墟上的留影

## 9. 惊天大逆转

转眼到了1976年10月，谁也没有料到，形势会很快发生惊天大逆转。

一个令人惊奇、振奋又半信半疑的消息，悄悄在坊间流传开来：

"四人帮"倒台了！

冯骥才听到这个消息时，简直不敢相信自己的耳朵——难道好事来得这么突然，黑暗突然就到头了吗？根据他的政治经验，对待传言的态度，要"只听不说"。耳朵是不会犯错的，惹祸的都是嘴。

但越来越多的迹象表明：这是真的，千真万确，毋庸置疑！

10月13日夜间十一点钟，弟弟冯骥才和两个陌生人，忽然到他寄居的家里找他。其中一个陌生人说："刚刚我们美院的师生聚会，庆祝粉碎'四人帮'。你二姐夫喝得太多了，正在医院抢救中。"

他二姐夫名叫李昆祥，是天津美院油画系原主任、著名油画家。这一代油画家大多采用俄罗斯油画家列宾、克拉姆斯柯依的现实主义手法，其人物肖像画很有功力。他是个艺术气质十足的人，率真、随性、善良、容易激动。听说"四人帮"倒台，一定是欣喜若狂，饮酒无度，酒精中毒了。

"在哪个医院？"冯骥才问。

"元纬路医院。"

路上，他感觉有些蹊跷：两个陌生人只顾骑车赶路，一言不发，不禁起了疑心。

"昆祥现在情况怎样？"两人支支吾吾。

"抢救有效吗？"

"好像不太管用。"

"不管用不就是完了吗？昆祥完了！"

夜阑人静，冯骥才绝望的叫声在马路上回荡。

到了医院，李昆祥已被送到停尸房。冯骥才掀开白被单，看到姐夫的脸有点怪异，苍白臃肿，据说就是酒精中毒的表现。他想与他握手作别，并且按照他生前的习惯，握手时左右摆两下。这一摆，他潸然泪下，再也控制不住自己的情绪。

他一夜未眠。因为他重任在肩，他要确保明天让父母获悉女婿去世的消息时，不会发生任何意外。

第二天上午，他一离开医院，便听到震耳欲聋的欢呼声、锣鼓声和鞭炮声，越往市中心越热闹。原来，今天中央人民广播电台播送了"四人帮"被捕，接受隔离审查的消息。人们压抑已久的情绪如井喷般爆发出来。他从医院到父母家，必须穿越市中心最繁华的街道——和平路，这里已是人头攒动，百姓们全都涌到街上，开始了自发的大游行。游行的人们高举着红旗，打着一条条巨型标语。他感到整个城市，整个中国都沸腾了、发狂了。

到了父母家，母亲焦急地问："昆祥怎么样？"

"还没完全清醒。"

"见到你二姐了吗？"

"见到了。二姐就怕他醒不过来，成为植物人。"

"有这么严重吗？"

"医生说是酒精中毒，如果长期醒不过来，就有可能。如果真是这样，二姐就惨了。"

"昆祥就更惨，生不如死呀！"

见母亲还能沉得住气，他便一点点夸大这件事的悲剧性，一点点消磨母亲的期望。

母亲是个明白人，她突然问道："昆祥是不是没了？"

"妈妈，您这辈子经历的事太多了，知道了也好，一定要节哀保重啊！"

母亲流下泪来。

"您就哭吧，毕竟昆祥不是叫人整死的，是高兴得开怀大笑走的！"

回家的路上，他已经没有力气骑车，而是推着自行车踽踽而行。他感到精疲力竭，有点垮下来的感觉。没想到，他竟是带着如此剧烈的伤感，迎来这大地回春的时刻。

# 第三章

## 用文学抚摸伤痕

在我的心底，它像历史江河一次遥远的早春的凌汛。

## 1. 遇到一位女"伯乐"

春天来了。春是一种生命，生命是不可遏止的。冬天没有一次关住过春天，也永远不会关住春天。在冯骥才的心底，它像历史江河中一次早春的凌汛，使原本死寂的冰河突然天崩地陷般地碎裂，巨大的冰块相互撞击发出惊天的轰鸣，汹涌的波涛挟着不可遏止的春意迅猛地来到人间。

在他看来，真正的文学和真正的恋爱一样，是在痛苦中追求幸福。谁曾是生活的不幸者，谁就有条件成为文学的幸运儿；谁让生活的祸水一遍遍地冲洗过，谁就有可能成为令人羡慕的福将。

现在，他的春天来了，实现理想和抱负的时机来了。他将满怀激情地张开双臂去迎接它。

但是，他没想到这一天来得这么快。李定兴将他们合写的长篇小说《义和拳》寄到了位于北京的人民文学出版社。当时，两人并未抱什么希望。因为人民文学出版社是国家级文学出版社，他们读过的很多中外经典名著，都出自这家出版社。他们能看得上两个名不见经传的"小人物"吗？

没过多久，便传来消息说，人文社的领导看好这部小说，要到天津来开座谈会征求意见，并要见两位作者。冯骥才和李定兴听后，差点儿变成当代的范进。

来津的人文社小说组组长李景峰，是位三十多岁、白皮肤、高个子、很有亲和力的东北人，他身边还有一位身材矮小、瘦弱、戴副近视眼镜的女同志。"这位是我们的社长、总编辑韦君宜同志！"李景峰在向冯骥才介绍她时，那神气仿佛在等待他的一番惊喜。但他只是陌生又迟疑地朝她点点头——因为他从未听说过这个名字，这令他颇为尴尬。

这位女同志绝非等闲之辈：她父亲做过孙中山先生的秘书，从小把她当男孩子培养，饱读诗书，才华出众。她先后在南开中学和清华大学读书，二十世纪三十年代即参加革命，延安时期便任《中国青年》杂志编辑，并开始发表文学作品。新中国成立后，她担任过《人民文学》杂志副主编、人民文学出版社社长等职，亲自发现和培养了一代又一代青年作家。

座谈会在借用的工厂会议室举行。二十来人围着一张桌子，有人翻看书稿，有人吞云吐雾，有人若有所思，现场气氛很好，发言者多是说好话。会场里，冯骥才有些紧张，不知该说些什么。韦君宜话也不多，只问了他一句："是否读过姚雪垠的《李自成》？"冯骥才回答："读过。"又补充说，"我还特别喜欢《三国演义》、老舍的小说，以及巴尔扎克和俄罗斯文学。"然后他看到她小小的、圆圆的眼睛在镜片后闪了闪光。

散会后，韦君宜难得地露出了笑容："你们的小说基础不错，但距离出版还差得远，最好住到北京的出版社去修改，可以得到编辑的帮助。"李定兴是天津美术出版社连环画组组长，不能请长假，便决定由冯骥才进京改稿。

韦君宜对李景峰说："你去给冯骥才办理组织借调吧！"

冯骥才第一次听说，这叫"借调式写作"。

韦君宜和李景峰返回北京前，冯骥才请他们吃了一顿饭。他想请他们尝尝天津的知名小吃，便将他们带到劝业场附近一家卖锅巴菜的小铺。小铺里吃饭的人很多，很难找到一个座位。他便请韦君宜和李景峰守住半张空桌子，他去买牌、排队、取饭菜。等他把锅巴菜、热烧饼和酱牛肉端回来时，却发现一个中年妇女正朝着韦君宜大喊大叫。原来韦君宜没留意坐在她占有的一只小凳上，她便雷霆大怒，龇着长牙，脑门上青筋暴起。韦君宜也不解释，只是睁着圆圆的一双小眼睛瞅着她，既错愕又有些窝囊。幸亏有个食客看不下去，训斥了中年妇女几句，才将她的火气浇灭。冯骥才赶紧张罗着换个地方，依然没有凳子可坐，只能站着把饭吃完。临上火车，韦君宜幽幽说了一句："还叫你花了钱。"话里含着一种质朴而恳切的谢意。这么重要的客人，为他的书远道而来，站着吃了一顿饭，还无端受了一肚子窝囊气，令冯骥才感到十分懊悔和自责。心想自己把事情办砸了，干吗不请他们去个高级点的饭馆，点几个好菜，让客人吃得舒服一点？这要是把人得罪了，借调的事岂不泡汤了！

万万没想到，一个星期后，李景峰将电话打到他的单位，用一口东北腔告诉他："我们领导挺欣赏你的，催我到你的单位办借调，明儿我就去天津！"

冯骥才喜出望外。办完借调手续，立即赶赴北京市东城区朝内大街166号——人民文学出版社。这是一座临街的长方形灰色大楼，是五六十年代常见的办公建筑，只是"门脸"修得还算气派。冯骥才被安排到小说编辑室北组。一进北组，他看到靠墙摆了八九张桌子，桌前坐着的都是老编辑，桌上堆满书稿，连地面上都是一摞摞装着书稿的牛皮纸袋。一见面，李景峰便向他引荐了一位胖胖的、和善的中年女编辑："她是你的责编邢菁子，以后你归我俩管，韦君宜是你的终审。"

到了人文社，冯骥才才知道，社里最受尊敬的领导，就是韦君宜和严文井。尤其是韦君宜，不擅表达，不苟言笑，十分低调，但却长于思考，耿直善良。大家在背后都亲切地称她"老太太"。冯骥才偶尔会在楼里碰见她，她最多是点点头便擦肩而过，嘴巴像是自言自语般嗫嚅着。

有一天，李景峰笑嘻嘻地告诉他："老太太又夸你了，说你有灵气，贼聪明！"

"那她为什么不理我呢？"

"说不定遇见你时，她正思考问题呢，哪有工夫搭理你！"

可是有一次，老太太却一反常态地把他叫去，坐在堆满书籍和稿件的书桌前，滔滔不绝地谈起《义和拳》中史料的运用、虚构部分的内容、人物关系，还有书中的一些语病。

"除了我说的这些语病，其余凡是你认为对的，都可以不改。"她抬起头来，脸上流露出一种温和的、欣赏的笑容。随后，她把书桌上一只笔筒翻了个底儿朝天，笔筒里的东西——铅笔头、图钉、曲别针、牙签、发卡、眼药水等，全部摊在桌面上，再从这乱七八糟的东西中找到一个铁夹子，把几页她的修改意见夹在书稿上，让他拿回去看。书稿上，密密麻麻写满她修改的字迹，有的地方用蓝色圆珠笔改完，又用红色圆珠笔改，最后用黑色圆珠笔定稿。

冯骥才看呆了，心想：老太太我真是服您了，除了您，谁能为我的书稿付出这样的心血？您真是我的伯乐呀！

改稿的日子十分清苦。由于经济拮据，他每天只能抽一盒劣质而辣嘴的"战斗"牌香烟；在食堂吃饭只能买最低价的菜：一角钱的烧茄子，五分钱的炒菠菜。嘴馋了，就到附近的北小街面馆，买半斤小肉面，狼吞虎咽地吃完，然后像富翁似的挺着肚子回到社里。每隔一段时间，李景峰便把他叫到家里，吃一顿猪肉韭菜馅饺子。对他来说，这顿饭不亚于国宴。有一天，李景峰兴冲冲跑来，告诉他："从今天起，出版社每月给你十五块钱的伙食补助，这是老太太特批的，怕饿垮了你这个大个子！"一句话说得他如沐春风，泪水在眼眶里打转。这是救命般的支持，让他感到无比的温暖。是的，没有这位"外冷内热"的老太太的关爱，他说不定会被这几十万字的书稿累垮了呢！

## 2. 人文社的"借调式写作"

冯骥才在人文社的"借调式写作"持续了两年。两年间，在这里进进出出的作家有如走马灯。由于文坛青黄不接，难以满足人们的阅读需要，于是出版社便从一些无名的业余作者中，发现有希望的文学新人。他刚进人文社时，被分配到四楼西北角的一间大屋子，满屋都是床铺、桌子和人，酷似大车店。这里的日子虽然艰苦，却苦中有乐。改稿之余，大家山南海北地聊天、斗嘴、下棋、打球，其乐融融。也有痛苦的时候，就是某位作者的书稿改不出来，被中止出版，需要卷铺盖回家的时候。改不好的原因，是其书稿表现的是阶级斗争，人物"高大全"；如今怎么改都难以自圆其说了，只好打道回府。随后又有些新面孔来了，比如叶辛、朱春雨、冯苓植、程树榛、刘亚洲等。其中，部队作家朱春雨是个绝顶聪明的人，大家送他一个雅号叫作"万能钥匙"：这个世界里看不见的"弯弯绕绕"他都懂，他讲出来的故事有滋有味全像小说。大家都以为他会写出很棒的作品，却一直未能等到这样的东西出来。

但有一件小事却令冯骥才难以忘怀。他至今保存着一张稿纸，上面写着"大冯的早餐"，纸上还有一块油渍——那是朱春雨一次参加晚宴时，为冯骥才带回的一块猪排；回来后发现他已睡下，便把猪排放在案头一张稿纸上，写下了这行字。友情，往往是从细节中看出来的，是值得珍藏的。

进入1978年后，文坛悄然发生了一些变化，一些知名老作家被"解放"，加入人文社的"借调式写作"中来。一天，冯骥才在走廊的尽头发现一个人，体态和脸型像个北方汉子，鼻梁上架着副眼镜，正聚精会神地低头看报。一打听才知，此人便是大名鼎鼎的广东籍散文家秦牧。秦牧是他崇拜的作家，其散文集《艺海拾贝》《花城》他读过多遍，两本书都是通过丰富的想象和联想，追寻文学艺术的原理和美的真谛。因为他名气太大，很少有人上前与他聊天。直到妻子来人文社"探班"，听说秦牧也住在这里，很想与他见个面。原来，她也是秦牧的拥趸！于是，他们便壮着胆子走到秦牧面前。

"秦先生您好，我是冯骥才，这位是我爱人顾同昭。我们都是您的忠实读者！"

"好哇好哇，很高兴认识你们。你们也是来这里改稿的吧！"

"是的，我写了一部长篇小说《义和拳》，正在这里修改。"

"噢，是个好题材。祝你成功啊！"

"谢谢您。请问先生又有什么大作了？"

"他们请我来主持《鲁迅全集》的注释和出版。"

"哦，您这是大工程呀，佩服佩服！"

秦牧一边安排夫妻俩落座，一边为他们沏上热茶。

想不到，夫妻俩共同崇拜的人物，竟然如此热情和平易近人！冯骥才则借这个难得的机会，向秦牧请教了散文的写作技巧，以及拜读《艺海拾贝》《花城》的体会，像个勤学好问的小学生。

临别，秦牧送给他们一本《花城》，并在扉页上签了名。

不久，又一个振奋人心的消息传来，一批世界经典名著被解禁，重新出版发行了！这批经典中有高尔基的《母亲》，果戈理的《死魂灵》，巴尔扎克的《欧也妮·葛朗台》《高老头》，雨果的《悲惨世界》，托尔斯泰的《安娜·卡列尼娜》等。当然，也包括中国的四大古典名著。想当年，这些书都是他的最爱，却被付之一炬。看来，精神上的东西是毁不掉的，总有一天会复活的。人文社的附近，便有一家新华书店。经典名著正式发行的前一天，书店门口就贴出告示："明天上午九时，本店将发售世界文学名著。"

第二天上午八点，冯骥才赶到书店时，购书的人群早已排成一百多人的长龙。是啊，经过十年，人们的精神生活极度贫乏，对文化知识的需求如饥似渴，面对冰河终于"解冻"，怎能不喜笑颜开、兴奋异常，热闹得像是过年呢！

与此同时，冯骥才、李定兴合作的长篇小说《义和拳》，也通过了三审，即将付梓。特别令人感动的是，该书的书名，是请文学大家茅盾先生题写的，上海插图名家贺友直先生配了插图。韦君宜告诉冯骥才，茅盾先生担心写不好，竟用他擅长的"瘦金体"，一连题写了十几条"义和拳"，供出版社挑选。得到如此重视和厚爱，冯骥才真有些受宠若惊了。

过了几天，李景峰到他房间来，倒背着手，笑呵呵地说："别骄傲啊！"忽然把身后藏着的两本《义和拳》在他眼前一晃，只见封面上几个头戴红巾、手舞大刀的人呼之欲出，十分抢眼。他激动地接过新书翻看，一股油墨的芳香扑面而来。当历经无数次社会调查、谋篇布局、反复推敲修改的手稿，终于变成一行行工整的铅字时，他反而有些不自信了，双手捧着新书一个劲儿傻笑。

"要不要给你爱人打个电话，向她报个喜信儿？"

"不用了，打长途电话太麻烦了！"

但李景峰走后，他还是悄悄跑到东四邮局，把自己的"处女作"出版的消息告诉了妻子。不知是激动还是哽咽，她在电话里半天没说话，他还以为她挂了电话。

好事真是接踵而至。新书出版后，正赶上国家恢复稿酬制度。拿到第一笔稿费的是三个人：一个是 1976 年 10 月在团泊洼干校不幸离世的诗人郭小川，由他的女儿代领；另外两个就是冯骥才和李定兴。稿费是三千三百元，这可是一笔"巨款"——此时，他的月薪只有五十五元。他到隆福寺中国银行提取这笔"巨款"时，银行的柜员们都伸长了脖子看着他，仿佛面前站着一个"幸运的怪物"。

《义和拳》的出版极大地激励了冯骥才的创作欲望，长期积淀在他内心深处的天津地域生活如泉水般喷涌出来。他要再接再厉，马上开始写作《义和拳》的姐妹篇《神灯》。他想一口气先将初稿铺排出来，勾勒出一个粗略而完整的画面，然后再精雕细刻。有一次，他全身心沉浸于小说的情节中，从白天写到黑夜，忘记了吃饭和睡觉，忽听对面大楼铃声大震，院子里响起汽车马达声，他以为出事了，刚想到窗口一探究竟，只听一个女人在院里喊道："冯骥才，你怎么还不睡呀？天都快亮了！"

他这才想起，今天人文社要去郊区收麦子，天亮前就要集合出发。

### 3.《铺花的歧路》搁浅了

一天，冯骥才的室友将一本 1977 年第 11 期《人民文学》递到他手里：

"看看吧，里面登了一篇刘心武的小说《班主任》！"

"刘心武是谁？"

"我也不认识，听说是北京的一个中学老师。"

"这篇小说有什么突破吗？"

"你看看就知道了，外面已经轰动了！"

冯骥才看了一遍，果然非同凡响：它堪称一部现象级的小说，作者以一种非凡的思维和勇气，将当时的文坛乃至全社会压抑着的一种巨大能量引爆了。一个新的时代突破口出现了，每个有良心的作家都应想一想，当今的文学究竟要做些什么，肩负着怎样的历史使命？

就是在这样的社会背景下，冯骥才跃跃欲试了。他的创作灵感源于一位室友。一次，室友酒后声泪俱下，坦承"文革"中打伤过自己的老师，现在后悔莫及，连死的心都有了。冯骥才忽然想到当年自己"秘密"写作中，记下过一个类似的故事。两天后，他匆匆赶回天津，从寄居的友人家里，找出一个隐藏了很久的纸箱，里面全是写满字迹的皱皱巴巴的纸团。他翻遍了所有纸片，也未找到当年记录的一个女红卫兵的故事。这个故事是当年在内蒙古插队的一位知青朋友亲历的。找不到原稿，他只能凭自己的经验和记忆下笔了。

他写得很快，虽然线条有点粗，却是一气呵成的。书稿原名《创伤》。

书稿写完，马上交给了李景峰。李景峰看后惊讶地说："冯骥才，你的胆子够大呀！"

这无疑是给出版社出了道难题。书稿迟迟没有说法，冯骥才只得暂时回津处理家事。

在天津，冯骥才觉得寄居友人家终究不是长久之计，但他在长沙道思治里 12 号的顶层已在地震中坍塌，不知有无修复的可能。经与房管站联系，后者答应可以修复，但房屋修缮队人手不够，必须由住户帮着干。冯骥才答应了。于是，每天一边与工人搬砖、拉灰、打下手，一边为他们送水、递烟、闲聊。一个月过去，一个简易轻体的顶层房子盖好了。鸟儿又有了新巢。这是冯骥才在天津居住过的第九个地方。

稳定了"大后方"，他又返回北京人文社，继续写他的《神灯》。

八月，卢新华的小说《伤痕》在《文汇报》发表了，在文坛引起了轰动。冯骥才的《创伤》与卢新华的《伤痕》，篇名太过雷同，经与李景峰商议，改名《铺花的歧路》，仍要"待字闺中"。有人说，你的《创伤》若能早些发表，"伤痕文学"可能就要变成"创伤文学"了。

一天，他在楼道里遇到了《当代》文学编辑部副主任孟伟哉。孟伟哉告诉他："前些日子刚刚复刊的上海《收获》杂志编辑李小林来京约稿，我把你的《铺花的歧路》推荐给她了。"随后，又补充了一句：

"她是巴金的女儿。"

几日后，他接到了李小林从上海打来的电话。

"喂，冯骥才吗？我是《收获》杂志的李小林，听说你有个小说在北京压了很久，能寄给我看看吗？"

"你好，小林，这件事孟主任对我讲了。我这个小说是写'文革'的，会不会太敏感了？"

"我要的就是这样的小说。"

她的声调很高，很清亮，很有激情，令冯骥才怦然心动，犹如遇到了知己。

他把书稿寄出去，却没指望发表。因为他知道《收获》的主编是巴金，文学标准太高，像一座大山，很难攀爬上去。

## 4. 茅盾先生"一锤定音"

1978 年 12 月，党的十一届三中全会在北京召开。全会作出把党和国家工作重心转移到经济建设上来，实行改革开放的历史性决策。改革开放的伟大征程拉开了帷幕。

一个多月后，就是中国的传统节日春节，冯骥才特意到天津宫南大街的炮市选购了大量鞭炮。除夕，当他亲手点燃的鞭炮在夜空中炸响时，他竟像孩子般欢呼雀跃，压抑已久的心情如美丽的烟花般绽放开来。

大年初七，他忽然接到李景峰的电话："你快来北京吧，先住我家，初十有重要会议，与你有关！"

李景峰住在东城区红星胡同的两间平房里，一见面，他便递给冯骥才几张油印的材料，表情严肃地说："我社准备召开一个中长篇小说座谈会，很多大人物都会出席，比如茅盾、周扬、夏衍、冯牧等。其中一个重头戏，就是把我社三篇有争议的中篇小说拿出来请大家讨论。其中就有你的《铺花的歧路》。三篇小说都是青年作家写的，都是'文革'题材。老太太说你的小说争论最大，你要有思想准备，会上可能还要你发言，你要掌握好分寸。"

这是冯骥才进入文坛后的第一次"遭遇战"。

这次会议开了整整一个星期时间，足见其思辨与议论的问题之深之广，以及从思想禁锢中解脱出来之难。会议由韦君宜和严文井主持。严文井的开篇讲话就很大胆、放得开，与他平时老成持重的风格大相径庭。渐渐地，冯骥才明白了人文社两位当家人的良苦用心——他们想冲开依然束缚着出版界的精神枷锁，只有出版界解冻，文艺之舟才能乘风破浪。

冯骥才在大会上有两次发言：一次是他主动要求上台讲的，主题是文化专制和文学民主；第二次是被点名上台的。

今天，茅盾先生来了。严文井和韦君宜陪茅盾走进会场，从冯骥才身边经过时，严文井对茅盾说："这就是您给他题写过书名的《义和拳》的作者。"

以茅公的地位和影响，肯定会对一些有争议的问题发表意见，进行表态，所以，会议的关注度极高，所有人都将目光集中在主席台上。

这时，韦君宜让冯骥才上台，把《铺花的歧路》讲给茅公听。因为小说尚未出版，无人看过，只能请作者讲述小说的主题、人物和故事梗概，才方便茅公发表意见。这是个事先设计好的环节。人文社很高明，欲借助一位德高望重的人物的影响力，来推动更大范围的思想解放。

冯骥才上台后侃侃而谈，激情洋溢，十分投入，没有遗漏一个重要细节，还随着小说情节的发展，阐述了自己的深层思考。他想通过这部作品，拯救那些纯真的、赤诚的、受蒙蔽的青少年，呼唤他们的良知与觉醒，呼唤社会的理解与宽容。在发言过程中，他不时扭头观察一下茅公的反应。在台上大灯的强光里，他看到了茅公苍老而慈祥的面容，稀疏的银白的发丝，脸上的皱纹清晰可辨。茅公一直将目光聚集在他脸上，偶尔还偏过耳朵，为了听清他的每一句话。他一口气说了二十分钟。他自我感觉，他说得比写得更精彩。

茅公在其后的讲话中，肯定了《铺花的歧路》等三部小说写得好。他也给冯骥才的小说提出建议："小说的主人公白慧不一定要自杀，自杀有悲剧的力度，但情节结尾在逻辑上有些勉强。白慧是苦于找不到出路，能否让男主人公去找她，两人见面不要说话，结局如何，让读者自己去想象。"

大家就是大家。他的意见是顺着人物的心理和情感、顺着小说内在的逻辑提出的，而且升华了作品的内涵，扩展了小说的联想空间。冯骥才心悦诚服，马上起身向茅公鞠躬致谢。灯光下，他看到韦君宜露出少有的笑容。

这时，他感到罩在头上的"紧箍咒"一下子松动了，又如一根无形的绳索瞬间断裂开来。

第二天，他拨通李小林的电话，向她通报了北京召开的中长篇小说座谈会的情况、茅公对《铺花的歧路》的肯定和修改意见。李小林说，巴老也看了《铺花的歧路》，肯定了这部小说，也认为小说的结局有些生硬。两位文学大家对小说的见解出奇地一致，令冯骥才感到既敬仰又欣慰。返津后，他根据两位文学大家的意见，对小说的结局进行了修改，旋即寄给李小林。

1979 年 3 月，《收获》复刊后的第二期，刊登了冯骥才的中篇小说《铺花的歧路》。同期刊出的，还有从维熙的《大墙下的红玉兰》、张抗抗的《爱的权利》。杂志发行后，像颗炸弹一样在社会上引爆了。舆论反响两极分化。经过一番论战，最后以"各抒己见，求同存异"了结，充分彰显了时代在前进、社会在进步。

同年 11 月，人文社出版了《铺花的歧路》单行本。

其间，"伤痕文学"成为一种文化现象，一大批文学作品应运而生——《天云山传奇》《剪辑错了的故事》《犯人李铜钟的故事》《枫》《神圣的使命》《被爱情遗忘的角落》《许茂和他的女儿们》《灵与肉》《爬满青藤的木屋》《飘逝的花头巾》《将军吟》等，均引起强烈的反响和热议，成为一股不可遏止的时代洪流。而蒋子龙的《乔厂长上任记》是塑造改革者形象的作品，发表后竟也带来空前的冲击波，赞扬者有之，批判者亦有之。从历史上看，很少有文学作品引起如此强烈的社会震荡。

## 5. 与巴金结下文学情缘

1979 年 4 月，亦即《收获》发表《铺花的歧路》一个月后，冯骥才接到了李小林的电话：

"大冯，你现在在哪里？父亲要去法国访问，到北京来了，你们要不要见个面？"

"要见要见，太好了，我正在北京呢！巴老住在哪儿？"

"住和平宾馆，在金鱼胡同一带。"

"好的，我马上出发！"

巴金是"五四"新文化运动以来，最杰出的当代作家之一，其代表作《家》《春》《秋》等影响了几代人。不久前，他开始发表《随想录》，对"文化大革命"做了深刻反思和忏悔，并对包括冯骥才小说在内的"伤痕文学"予以肯定和支持。所以，冯骥才是怀着一种"朝圣"

文学巨匠巴金是冯骥才的文学引路人之一，是他热情支持、肯定了冯骥才的"伤痕文学"创作

心情去拜访他的。

在和平宾馆，冯骥才见到了仰慕已久的巴老。眼前的巴老，虽已七十有五，却身板硬朗，精神矍铄，一头银发，一副秀郎镜，与他想象中的巴老十分契合。握手时，冯骥才感到温暖有力，有一种"透彻的真诚"。聊天时，虽然巴老操着一口浓重的四川口音，但认真聆听，还是能听懂大部分内容。主要是问他当下的写作状态，有什么新的想法和规划等。冯骥才告诉巴老，下一步，他打算写一篇关于小人物的"心灵恐怖"的中篇。

"我爱人到现在还最怕夜里急促的敲门声，以为又有人搜查和抄家了。我觉得这不仅是肉体的折磨，更是心灵的恐怖和伤害。"

李小林一听就兴奋了："小说写好了寄给我，我正式向你约稿了！"

这篇小说，就是他构思中的《啊！》。

当天还发生了一个小插曲：包柏漪，也就是几年前，在冯骥才家跪拜《清明上河图》的美籍华人作家，说她非常崇拜巴老，便随冯骥才一起去了，还随身带了一本英译本的《家》，请巴老签名留念。

当晚，冯骥才又接到李小林的电话：

"大冯啊，你们离开后，父亲看到包柏漪的名片，才发现签名时，把'漪'写成'特'了，觉得对不住人家，叫我把书要回来，父亲要改正。"

"没关系，能见巴老，她已经很兴奋了，不会把这个错字当回事的！"

"不行，父亲说写错人名是对人不尊重，一定要改！"

于是，冯骥才便到包柏漪住处取了书，拿到和平宾馆，请巴老改正后再送回去。一件小事，让他看到了大师的品格。

与巴金父女分别后，冯骥才便开始《啊！》的写作。《啊！》的故事没有原型，纯属虚构。他认为在文学艺术中，"真实感"比"真实性"更重要。一个经历过的场面，日久天长，许多情节和细节就会淡忘；但如果那个场面的氛围还能捕捉到，便可另外设想一些情节和细节，将那个场面的真实感呈现出来。开始写《啊！》时，他心里装着无数桩有关知识分子坎坷命运的故事，他一桩也没用；但故事中所描写的特定环境氛围、人的心理状态、人与人之间相互提防的复杂关系，却是他切身体验过的。《啊！》深刻而细腻地刻画了一个胆小怕事的知识分子，因为一封可能引火烧身的信件丢失后，惶惶不可终日的恐惧心理。当他被逼得走投无路被迫"认罪"之后，才发现那封信竟然粘在自家一个盆底上！写作中，他力求以人物心理的真实来反映社会生活的真实，调动出内心贮存的对那个时代的独有的感觉。

这应当是一部心理悬疑小说。作者层层剥笋式地推进情节，在故事的尾声突然揭开谜底，不仅小说主人公当场崩溃，也完全出乎读者的意料——你可以根据自己的阅读经验，联想起莫泊桑的小说《项链》、卡夫卡的小说《审判》。

10 月，《啊！》发表在《收获》上。

深秋，《文艺报》在新侨饭店召开会议。开会前，冯牧一脸严肃地走进会场，看到冯骥才时忽然想起一个话题：

"我在上海出差时，从刚出版的《收获》中，看到你的中篇小说《啊！》了。"

"噢，我对巴老讲过这个故事，李小林当场约的稿。您觉得写得还可以吗？"

"说实话，我很震动。这是近期'文革'题材作品中，相当深刻的一部。我觉得小说中贾大真这个人物很有典型性。你把他内心的残忍、善于心理讹诈的丑恶面目，刻画得入木三分。"沉吟片刻，他又话锋一转："如果小说里再有一个与贾大真对抗的正面人物，就会更有思想高度。"

散会后，乘电梯下楼时，评论家阎纲对冯骥才说："冯牧同志的意见你不必听。'文革'中有能与贾大真作对的人吗？如果加上一个正面人物，小说的悲剧力量就荡然无存了！"

后来全国首届中篇小说评奖，最初有人提议将《啊！》列为一等奖，但冯牧坚持说："还是评二等奖吧，不惹眼才保险。"

冯骥才深知，冯牧这样做其实是出于对小说作者的关爱和保护。

## 6. 文艺的春天来了

10月，冯骥才接到从天津发来的通知，要他参加即将在北京举行的中国文学艺术工作者第四次全国代表大会（以下简称第四次文代会）。而他的代表名额没有放在作家协会，原因是天津的老作家很多，如孙犁、梁斌、方纪、袁静、孙振、鲍昌、杨润身、柳溪、鲁藜等，青年作家代表仅有两个名额：蒋子龙和苏阿芒。冯骥才是作为民间文学代表参会的，因为他的小说《义和拳》《神灯》都与民间文化有关。冥冥之中，他仿佛真的与民间文化结下缘分、骨肉相连了。

第四次文代会于1979年10月30日在人民大会堂开幕。来自全国各地的三千多名代表出席，可谓盛况空前。这也是时隔十多年后，文艺家的一次大聚会，会场内外，处处可见久别重逢、悲喜交集的感人景象。开幕式后，分组讨论时，冯骥才悄悄溜到作协的会场。第一个见到的就是王蒙。一年前他就认识王蒙了。那是在韦君宜的办公室，刚从新疆调回北京的王蒙，文质彬彬，戴副玻璃框眼镜，穿一身蓝色中山装，上衣的所有扣子都系着，双手放在膝盖上，中指正好对着裤子的中缝，有点拘谨，像个听话的学生。接触多了才知道，其实他骨子里有十分放达和浪漫的一面——主要与他的文学才情相关；还有稳健、慎重和智慧的一面——多半用在他的政治生活中。

"来来来，大冯，我给你介绍一下，"王蒙牵着他的手，向他逐个介绍了现场的作家们：从维熙、刘绍棠、邓友梅、徐迟、鲁彦周、宗福先、马烽、苏叔阳、李準、叶君健、陈登科、张洁、李陀等，全是久闻其名、未曾谋面的人物。后来冯骥才与他们都成了好友。

作协这边的兴奋点是作家们的演讲。王蒙的演讲风趣幽默；白桦的讲话激情四射；蒋子龙上台的第一句话是："我是从寒冷的冬天来到春天的温暖里！"于是大家心领神会：他的《乔厂长上任记》在全国广受好评，却在自己的家乡挨批了……在这里，他感到精神的空间愈来愈大，人们愈来愈畅所欲言。有人还玩笑式地总结出代表中的三个之"最"：冯骥才——个子最高；中杰英——个子最矮；何达（香港诗人）——最耐寒，初冬了还穿个白色短裤。

冯骥才的隔壁住的是天津作家方纪。方纪天性易怒，不幸患了中风，行走困难，不能握笔，说话最多三个字。文代会期间不断有人来看他，每逢此时他便会激动地发出"好——好噢""就是——嘛"的声音，这声音隔着墙壁就能传到他耳朵里。方纪的散文很有激情，文字优美，意境深邃，对书画的悟性也很高。他曾到方纪家看望，方纪用拐杖捅捅床下让他看。他撩开床单露出一只破皮箱，打开一看，只有薄薄的几本小书：《来访者》《挥手之间》《不连续的故事》等。这就是他的全部作品了。

第四次文代会上最鼓舞人心的，是邓小平同志在闭幕会上的重要讲话。他说："写什么和怎么写，只能由文艺家在艺术实践中去探索和逐步求得解决。在这方面，不要横加干涉！"话音刚落，全场便响起长时间暴风雨般的掌声，这是几十年来，他听到的持续时间最长、最响亮和完全发自内心的掌声。

这天，冯骥才从人民大会堂走出，真有一种文艺的春天到来了的感觉。

第四次文代会后，文学的大河不知不觉转向了。"伤痕文学"悄然退去，代之而起的是"改革文学"的大潮。这段时间里，冯骥才除了为他的《神灯》收尾之外，还用一些书信体的文章，与他熟识的作家讨论了从"伤痕文学"和"问题小说"中走出来的愿望。如给严文井的《写人生》、给刘心武的《下一步踏向何处》、给吴若增的《小说创作的一个新倾向》、给李陀的《小说观念要变》等。

冯骥才在人文社两年的"借调式写作"即将结束时，有一天，天津的一位朋友到社里来看他。这位朋友就是《祝酒歌》的曲作者施光南。施光南是天津歌舞剧院作曲家，1976年10月，施光南和词作者韩伟听到粉碎"四人帮"的消息，激情澎湃、热血沸腾，很快创作出了这首迅速火遍全国的歌曲——

美酒飘香啊歌声飞

朋友啊请你干一杯

请你干一杯

胜利的十月永难忘

杯中洒满幸福泪

……

　　冯骥才还记得，当时，他是含着热泪听完这首歌的，它唱出了全国人民的心声，成为一首里程碑式的经典之作。

　　他请施光南到东四一家饭馆用餐，两人边吃边聊，愈聊愈兴奋。施光南是个有气质、有灵气的作曲家，他的身上仿佛自带旋律。此时，他已从天津歌舞剧院调入原中央乐团，谈得最多的是他正在创作的歌剧《屈原》。说到兴奋处，他总要站起身来，来回踱几步，再坐下继续聊。一顿饭时间，他起起坐坐七八次，好像音乐的精灵在他身上发狂作怪。

　　两人都处在一种激情四射、难以抑制的艺术状态中。

第四章

文学激流中的『弄潮儿』

二十世纪八十年代，那是一个文学的时代，理想主义的时代！

## 1.正欲扬帆远航，"船身"出了毛病

第四次文代会闭幕后，冯骥才怀着一团美好梦想返回天津，准备大干一场。他有一种即将爆发的感觉，信心满满、扬扬自得，仿佛要创造一个文学奇迹。

的确，1979年整整一年，他深陷创作的冲动中，激情澎湃，文思泉涌，片刻不得安宁，半夜起来披衣伏案挥笔写作是常有的事。一年中，他写了三个中篇：《铺花的歧路》《啊!》《斗寒图》，皆为伤痕文学，还有多个短篇小说、散文和随笔。他有些控制不住自己了，吸烟的频率也愈来愈高。因为有了稿费，他可以换些好牌子的烟来抽，将"战斗"换成了"恒大"。于是他的小小书桌上，天天堆满大量手稿、信件和塞满烟蒂的小碟小碗。有时来不及把烟蒂放进小碗，就将它按灭在书桌侧面，掉落在地板上。这是一种带点野蛮意味的"疯狂写作"。

刺激他写作的另一种力量，来自读者的来信。因为他的一部小说的发表，来自大江南北的信件便如雪片般飞来，每天塞满他的信箱，以至于打开时，信件就像灌满的水一样倾泻而出。信里的内容全是掏心窝子的话。他们把他当作可以信赖的朋友，诉衷肠、倒苦水，吐露心中难以摆脱的无奈和困扰，甚至将自己的隐私和悔恨告诉他。还有人将厚厚一沓请求平反的材料寄给他，把他当成"青天大老爷"。最令他意外的是，有些信件打开时，会发出轻轻的"沙沙"声，部分字迹也是模糊的——显然，是泪水滴落在信纸上，折叠后放在信封里，邮寄过程中经过挤压黏在一起的，打开时便会发出沙沙声。这极其轻微的声音却如鼓槌般敲击着他的心扉。他从未料到自己的写作，竟与这些素昧平生的人们心灵相通。文学的意义就这样被他领悟到了。

他想起在北京人文社时，曾经写过一篇文章《作家的社会职责》，认为"作家必须探索真理，勇于回答时代和社会提出的问题，做人民

的代言人"。

这样一来，他就肩负起了"时代责任"。

不料，他正欲扬帆远航时，"船身"却出了毛病。

初冬的一个夜里，他正伏案写作，口中衔着一支香烟，不时吐出一串烟圈。烟雾中，他忽然产生了一种幻觉，感觉自己与周围的环境分离了，脑袋里懵懵懂懂地有如腾云驾雾。他赶快叫醒妻子，说自己脑袋不太舒服，想出去散散步。两人到了街头，已是万籁俱寂车马稀。走了一会儿，他仍觉得脑袋昏昏沉沉的，便试着背诵了几首古诗。这些古诗他还记得，但回想自己正在写的小说，却一片茫然，好像机器停摆了。他不知自己犯了什么病，只好返回家中倒头便睡。

第二天醒来，他竟神清气爽，昨夜那诡异的感觉离奇消失了。于是接着干活儿，未将此事当成身体发出的一个危险信号。

几个月后的一天，百花文艺出版社邀他搞个讲座，介绍一下北京文坛的近况。因为北京是全国文化中心，他一半时间都在北京，又刚刚拿了全国小说奖。到了出版社，他与编辑们聊了一会儿，突然觉得胸部有一种强烈的压抑感，呼吸困难，甚至说不出话来。大家发现他脸色不对，前额直冒冷汗，便带他到办公室休息了一会儿，感觉好一些了，便起身告辞。

出版社离他家很近，平时十五分钟就到家了。但今天他感觉两腿像踩着棉花，骑车从胜利路拐弯到成都道时，忽然肩膀酸疼、心慌、胸闷，心脏像敲鼓似的"咚咚"作响，仿佛要从胸腔里跳出。这时他已骑到黄家花园拐角处，远远就能看到他家所在的长沙路了。他想尽快骑回家，回到妻子身边。可是，他的心脏难受得无以名状，第一次有了濒死的感觉。

"我不行了，要死了！"他绝望地喃喃自语道。

就在这时，对面走过一个人来。定睛一看，是他少年时代的朋友，名叫王凤权。他立刻松了一口气，觉得上苍派人救他来了，他命运中的"保护神"再次出现了——

他是个医生！

是个心脏科医生！

世上还有这么巧的事吗？

一瞬间，他双手撒开车把，连人带车倒在他怀里。

此后，他不知王医生怎么把自己弄到他家，躺在他家床上，吃了一片硝酸甘油。之后，王医生又用听诊器听了他的心脏："你的心跳太快了，现在还二百多下呢，要去医院做个心电图！"

在医院检查后，医生却说他的心脏没有大碍，只是室性心动过速。然而从这一天起，他感觉自己掉进了一个无法挣脱的黑洞里，被一个无形的、狰狞的病魔死死纠缠着。

病急乱投医。他四处求医问诊、寻觅良方，而每次尝试均无效果，所有的希望皆成泡影。直到有一次，他从一位名医口中，得知两种闻所未闻的疾病：一种是"心脏神经官能症"，另一种是"植物性神经功能紊乱"。说他得的就是这两种病。原因是用脑过度，长期精神高度紧张，还有吸烟太多。医生还说这两种病都很难缠，而且没有特效药。

听从医生的劝告，他不得不停下笔，戒了烟。更大的麻烦是在心理上。他不能听任何响动，怕有客人来访，不敢单独在家，害怕病魔突然来袭。这便迫使妻子与他长相厮守，对视而坐。

妻子常问的一句话是："舒服些了吗？"

他常回答的一句话是："好些了，不知能否长久。这也许就是我的宿命：别人受苦时，我也受苦；别人好了，我却要换一种苦来受。"

幸亏，他每天都可以读信。他在文坛有着极好的人缘。得知他患病的消息，他的作家朋友们纷纷致信，王蒙、刘心武、李小林、严文井、李陀、蒋子龙、高莽、阎纲、路遥、陈世旭、李景峰……都送上真诚而温馨的问候；谌容、张洁和郑万隆则结伴来津看他，几个人挤在地震后修复的小阁楼里，谈天说地，其乐融融。

更令他感动的是，有一天，一个年轻小伙肩扛一个大西瓜，满头大汗、气喘吁吁地爬上楼来，自报家门说："我是《北京文学》的编辑，我们领导听说您病了，派我来天津看看您。我想总得给您带点什么呀，就在火车站买了个西瓜！"

文艺的春天来了，冯骥才成为最早的"伤痕文学"作家之一，写作热情空前高涨，累坏了他的身体。张洁、谌容、郑万隆等作家朋友闻讯来津看望他

"噢，真是辛苦你了，谢谢你，谢谢你们领导！你怎么称呼？"

"我叫刘恒。"

这就是二十世纪八十年代的文坛，那么纯粹、那么质朴；文人之间，惺惺相惜，毫无功利目的。

他扛着这个不明不白的病忍了半年，终于遇到一个老医生，告诉他：治疗这个病，最好的办法不是吃药，是"异地疗法"——"因为所有的官能症都有心理因素，换一个全新的环境，会帮你打破疾病的惯性和心理暗示"。

这个方法听起来颇有道理，他想：我不妨一试，就算"死马当活马医"吧！

于是，他请所在单位天津文艺创评室帮他联系了度假胜地北戴河，期待在一片碧海蓝天中接受大自然的"治疗"。

## 2.重返文坛，从"写人生"开始

到了北戴河，那里水天一色，空气新鲜。冯骥才在妻子的陪伴下，走在纯净柔软的沙滩上，谛听海浪的窃窃私语，感到豁然开朗，心境发生了明显变化。他听医生说过，如果你感觉不到内脏在你身体里存在，就说明你的内脏没毛病。现在，他忘记了自己的心脏问题，感觉好多了。

一天黄昏，他和妻子在海边散步，忽听有人喊他——"大冯！""冯骥才！"喊声有男有女，都穿着泳衣，笑嘻嘻朝他跑来。为首的是蒋子龙，后面跟着刘亚洲、叶辛、陈国凯，女士中则有叶文玲、张抗抗、王安忆等。原来，他们是中国作协讲习所第五期成员。晚上，大家聚在一起联欢，唱歌、跳舞、朗诵诗歌，一下子将他"拉"回久违的文坛。

北戴河之行使他确信，"异地疗法"和"精神转移"对他是有效的。返津后，在名医张大宁的劝说下，他又接受了中医按摩。渐渐地，他感觉走到了黑洞的尽头，看到了前方透出的光亮。

1980年秋天，吴泰昌从北京赶来看他。两人本来就很投缘，多日不见，一见便兴奋异常。吴泰昌为人豪爽，说话连喊带叫，说到激动时，还喜欢不断跺脚。结果，把他家养了多年的大黄猫吓跑了，从此杳无踪影，令儿子伤心落泪。但吴泰昌却给他带来一个"转机"——

"李小林让我来看望你，并约你为《收获》写一篇散文。"

"小林是我敬重的朋友，她约稿我不能拒绝。"

"对嘛，你的身体已经康复了。"

"还没完全康复。我就担心病魔会卷土重来呢！"

"不会的，我看你没问题。你说，我们作家不写东西，活着还有什么价值，对不对？"

在吴泰昌的鼓励下，他遵嘱为《收获》写了散文《书桌》。书桌，是他一生安放灵魂的地方。尽管从天性来说，他更适合绘画，但命运迫使他拿起文学之笔。他从一张小小的书桌上，投射出自己人生的跌宕起伏。一动笔便透出一种伤感的美。没想到，自己搁笔半年有余，还能写得这么投入、这么流畅、这么有感觉。或许大病一场，让他增添了很多新的人生感悟？

就这样，他又重拾写作，重返文坛。

到1981年，中国文学界悄然发生了变化。这是因为中国社会搭上了改革开放的快车，新鲜事物层出不穷，城乡面貌日新月异，诸如引进外资、经济特区、开发商、个体户……一个个新说法、新概念扑面而来，令人应接不暇。在这个社会大变革的时代，作家的社会地位十分独特。他们自觉地站在时代最前沿，冲击着精神壁垒，用"伤痕文学""问题小说"，揭露和批判社会问题，并力求提出解决办法，发挥了文学应有的作用。但随着写作"禁区"的突破，又出现了"主题先行"和概念化、图解化的现象。对冯骥才而言，由于受欧洲和苏俄文学以及人文主义影响很深，很自然地开始了对文学的反省。在写给刘心武《下一步踏向何处》的信中，他提出了一个"写人生"的新思路——

> 我们这一代作家，大都是以写"社会问题"起家的，这是时代赋予我们的使命，是一个有社会责任感的作家不能回避的。我以为，一个作家观察生活和动笔写作时，都要站在一定的高度上，我把它分解为六个部分：历史的、时代的、社会的、人生的、哲学的、艺术的。其中人生的和艺术的，一直不被我们所重视。所以，我主张我们的下一步，要向"写人生"的方向倾斜。

这封信发表在1981年第三期《人民文学》上。刘心武很快回信，题为《写在水仙花旁》，信中，他表示同意冯骥才"写人生"的观点，也阐述了他的意见。他们的讨论在文坛引发热议。陕西作家路遥的长篇小说，书名就叫《人生》。

冯骥才"写人生"的第一部小说，就是《高女人和她的矮丈夫》。

有一次，他在赴京的火车上遇到一对夫妻，由于女人比男人高出一头，受到周围人们的窃笑。但这对夫妻却不为所动，依然故我，看得

出两人的关系相当融洽。这一幕令他怦然心动，产生了创作欲望。此后一年间，他眼前经常浮现出这对夫妻由于身高违反"常规"，而受到世俗偏见的画面，断断续续为他们联想到许多情节和细节，有些情节甚至连他自己也被感动了。但他没有急于动笔，因为他尚未找到可以凝聚起小说灵魂的"眼睛"。

一个偶然的机会，他捕捉到了小说的"点睛"之处。那是个阴雨天，他与妻子出门办事，因为他是男人，个子又高，自然要由他来打伞。在蒙蒙细雨中，在为两人遮风挡雨的伞下，他突然灵光乍现："我找到它了，伞！"

"什么伞？伞不是在你手里吗？"妻子感到莫名其妙。

"我正在构思一部小说，小说的'眼睛'被我找到了，就是一把将两个人紧紧保护起来的伞！"

有了这个"伞"，他几乎轻而易举地就把全篇的故事想好了。他一时冲动，将伞塞给妻子，跑回家中马上就写。

他是这样写的：高女人和他的矮丈夫在一起时，总是高女人为矮丈夫打伞；后来高女人有了孩子，逢到雨天，打伞的差事自然就归矮丈夫了。但他必须将伞高高举起，才能为高女人遮风挡雨。经过一连串令人心酸落泪的悲惨情节，包括邻居对他们婚姻的无端猜测和打击，高女人得病死了。这时人们惊奇地发现：矮丈夫雨中出门时，伞还是习惯性地高举着，伞下留着一大截空间——那是高女人生前所在的空间，是世上任何东西也弥补不了的……他想，这伞下的空间里，藏着多少苦恼、辛酸与甜蜜？它让周围的人们渐渐发现，这个世上最珍贵的东西——纯洁与真诚就藏在这里。一把在斜风细雨中形单影只的伞，似乎追忆着不幸的高女人，也呼唤着世人以美好的情感去填补伞下的空白。

他的"写人生"试验，大多是短篇，不仅题材不同，形式手法也多样，散文化、寓言式、象征性，均有涉猎。他喜欢的有《挑山工》《老夫老妻》《在早春的日子里》《逛娘娘宫》等。

还有一件令他做梦也未想到的好事，突然降临到他头上：跟随以吴伯箫为团长的中国作家代表团访问英国。这是他第一次出国。在伦敦，从泰晤士河上的伦敦塔桥，到威斯敏斯特大教堂，满眼的欧洲古典建筑，加上穿梭其间的红色双层大巴、金发碧眼的男男女女，熙熙攘攘，清晰如画，仿佛来到另一个星球上。访问期间，一行人出席了英国布克文学奖颁奖活动，与剑桥大学东方学学者座谈，还观看了英国皇家莎士比亚剧团演出的《罗密欧与朱丽叶》、参观了大英博物馆、观看了英超联赛……他将这次出访经历，都写进了《雾里看伦敦》一书。

### 3. "四只小风筝"，飘向何方

1982 年春，冯骥才在与李陀的一次聊天中，谈到一个共同的话题：在所有文学"禁区"被突破之后，还有一个禁区需要突破——文学形式的突破。多年来，中国文学走的是一条现实主义道路，如今，它已经成为一种僵化的创作模式。既然我们已经进入改革开放的时代，是否也应"挑"起一场关于文学形式变革的讨论呢？恰在这时，高行健出版了一本介绍西方现代文学的小册子《现代小说技巧初探》，给讨论这个问题提供了一个抓手。

一天，冯骥才在天安门广场附近参加一个会议，会后他与李陀一路上谈论着他们要做的事情。正值早春时节，乍暖还寒，广场上风大奇冷，冻得李陀五官挪位。但他是个爱激动的"热血青年"，一边喝着冷风，一边对冯骥才喊道："大冯，咱就干吧！"

冯骥才被他亢奋的样子感染了，大声回应道："李陀，我要告诉你，我像刚刚喝了一杯红酒似的激情难抑！我们要在'现代文学'这块空旷寂寥的天空，放飞一只漂亮的风筝！"

这句话传到文坛，人们将他与高行健、李陀、刘心武戏称为"四只小风筝"。

他们约定，采取书信体方式展开讨论，由冯骥才打头炮，李陀、刘心武进行回应。返津后，冯骥才把背包一放，趴在桌上很快将文章写出来，题目就像一个口号：《中国文学需要"现代派"》。

文章中，冯骥才大胆充当了"现代文学"辩护士的角色——

"当前世界流行的现代文学思潮，不是一群怪物的兴风作浪，不是低能儿黔驴技穷的寻奇作怪，尤其当这种思潮也出现在我们文坛时，不必吃惊，不必恐慌，不必动气，也不必竞相模仿。它不过像自然科学中的仿生学那样，属于独自一个门类。对于它，可以兴趣十足地去研究，也可以置若罔闻，决不影响吃饭、睡觉和看戏。"

"当然，我们所谓的'现代派'，是指地道的中国现代派，符合时代和社会需要的现代派，而非全盘西化、毫无自己创见的现代派。"

8月，冯骥才、李陀、刘心武关于"现代文学"的讨论文章，一并发表在《上海文学》上，旋即引起轩然大波。

不久，中国作协在北京西苑饭店组织了一个"关于现代派和现实主义文学"的研讨会。名为"研讨"，一走进会场，冯骥才便感觉气氛不对：冯牧神色凝重，与会者也一脸严肃。会上除请了"四只小风筝"，还请了从维熙和王蒙。从维熙第一个发言，开口便说："前些天我从外地回来，就听说大冯倒霉了……"一句话把窗户纸捅破，令会议组织者和冯牧啼笑皆非。王蒙刚要发言，麦克风坏了。服务员上来说，这个麦克风老了，换了一个进口的。王蒙一试有声音了，随口说了一句："还是来点新东西好。"把大家都逗乐了。谁都知道，王蒙是当代文学中最先进行实验的作家，他的小说《春之声》《风筝飘带》已经开始使用"意识流"手法了。他自然赞同文学形式上的开放与借鉴。

会议最后由冯牧进行总结发言时，除了强调文学的当代使命与意识形态属性外，又讲了些"百花齐放，百家争鸣"之类的话，口气一下就缓和多了。

于是，自这次研讨之后，现代派与现实主义之争也就不了了之。但是，他们的呼唤确实给当代文学带来一股新风，产生了重大而深远的影响。渐渐地，一些作家的艺术个性愈发清晰起来，并表现在他们的作品中。例如陆文夫的《美食家》、邓友梅的《烟壶》、张贤亮的《绿化树》、铁凝的《没有纽扣的红衬衫》、张洁的《祖母绿》、贾平凹的《腊月·正月》等。

这一年的岁尾，冯骥才听说张贤亮到百花社改稿来了，住在大理道的市委招待所。晚饭后，他便偕妻子前往探望。这是一座英式木结构尖顶楼房，院子很大，花砖铺地，树影婆娑，颇有味道。张贤亮住在顶层的一间坡顶阁楼里。敲门后，张贤亮开门，穿着一件睡衣。见有女宾，马上说："我去换件衣服，穿睡衣见女士不礼貌！"

"算了吧，别装什么绅士！"

进屋后，冯骥才取出随身携带的一份《天津日报》，让张贤亮看。

"知道你是政协委员了吗？"

一次政协会议休息时，新凤霞对冯骥才说，你快去劝劝吴祖光吧，他又要放炮了！他找到吴祖光，后者已是情绪激昂、怒不可遏了

名单上，文化界政协委员多是老一辈作家、艺术家，包括巴金、萧军、丁玲、冯牧、叶浅予、华君武、李可染、吴祖光、丁聪、黄苗子等，天津的老艺术家是溥佐和骆玉笙。年轻一代有李谷一、冯骥才、张贤亮等。

"这可不仅仅是国家对我们专业成就的认可呀！"

他迎来了人生中的一个重要拐点。

## 4. "从此不住鸽子笼"

冯骥才笔下的平民生活，总是弥漫着浓郁的烟火气。这在一定程度上与他的"现实生活"不无关系。他的文学灵感，常常发轫于他在思治里小阁楼里烟熏火燎的生活：没有厨房，做饭是在楼梯拐角处；屋顶很薄，冬不御寒、夏不隔热。夏天尤其难熬，伏案写作时，经常如浴桑拿，挥汗如雨。但他不是生活的弱者，习惯于苦中作乐。一个破皮球也能让他与儿子兴致勃勃地玩上半天；一块普通花布也能让妻子缝制一件短衫美上几天。至于稿费，更是低得可怜。他的《雕花烟斗》获得全国优秀小说奖，奖金只有二百元。但他写得多，以量取胜，使一家人的生活日新月异。一个袖珍小冰箱，一台"三洋"盒式录音机和一台十三英寸日本彩电往小屋一摆，生活立刻变得"奢华"美妙。

然而到1983年，他在小阁楼里的生活却陷入了困境。随着他的作品影响越来越大，招来的各种大事小情越来越多，他的家便经常人来人往、门庭若市。其间，他已经担任市文联和市作协副主席，这些职务虽是虚职不用坐班，但碰到单位有事就跑到家中来找。还有新老朋友、媒体记者和热心读者的造访。最尴尬的是吃饭时有人敲门，既不能将人挡在户外，又不能停下不吃，只好边吃边应酬，感觉像是表演吃饭。还有，吃完饭，他要立刻将碗筷收拾干净，因为，他的饭桌也是书桌。有客来访，儿子就要躲到阳台上写作业。此时还是计划经济时代，住房全靠政府分配，只能一次次找单位和上级机关寻求帮助。

正在这时，有消息说，市里要落实知识分子政策，为他和蒋子龙解决住房困难问题。但落实政策的过程比较复杂，要应对很多环节，走很多程序。于是，事情的进度像蚂蚁一样一点点向前爬动。

后来他听说，市政府有位毛顾问主管这方面的工作。但要找到他很不容易。他打听到毛顾问住在睦南道一座小洋楼里，每天中午回家吃饭和午睡，便赶在一个中午之前，骑车来到睦南道，藏在他家对面的一个小胡同里。等他回来一下车，他便迎上前去做了自我介绍。毛顾问身材壮硕，头发花白，慈眉善目，说话和气，一下就拉近了彼此的距离。毛顾问请他到家里做客。他家有个挺大的花园，隐映在一片绿荫里。

"您这院子真美！"冯骥才不禁感叹道。

"我不叫它闲着，都让我用上了！"毛顾问弯目一笑道。

冯骥才低头一看，可不，眼前就是一片菜地，萝卜、小白菜种了一排排。

进到客厅，发现里面除了三只沙发、一张木制单人床外，就没什么太像样的东西了，感觉毛顾问还是挺清廉的。落座后，毛顾问告诉冯骥才，他的住房市里已有决定，把落实知识分子政策和查抄房产一并解决，分给他一偏一独两个单元，就在胜利路新建的一幢高层建筑中。他说他会通知房管局尽快解决，让冯骥才直接到房管局房产处办理手续就行了。

冯骥才喜出望外，千恩万谢，回家就把妻子、儿子抱起来，说咱家就要搬进"皇宫"了！

但依据他的人生经验，好事多磨，往往不会一帆风顺和轻而易举。此后他每次到房管局询问，得到的回答都是："没听说有这回事！"

后来，他想出一个高招：先打听到毛顾问办公室的电话，然后找到房管局房产科的科长，又问他住房的事，他还说不知道。冯骥才便抓起桌上的电话打给毛顾问，说他就在房管局，他们说不知道为我调房的事，不信您问科长。随即将电话塞给科长。科长措手不及，又不敢不接领导电话，只得讪讪地接过电话。在电话里，他肯定遭到了毛顾问的训斥，低声下气地连连说："我们马上办、马上办，您放心。"

就这样，他知道——他胜利了。

紧接着他就去北京开"两会"。这是他第一次以全国政协委员的身份出席大会。

一天午饭后，黄苗子和丁聪约他到房间里画画，吴祖光也在场。这是会议期间忙里偷闲的"文人雅聚"。正当他们写写画画、谈笑风生时，忽然张贤亮穿着拖鞋跑来说："你爱人来电话了，快去接！"他跑回房间拿起话筒，听到顾同昭兴奋得说话都变调儿了："咱们的房子分下来了，一大一小两个单元，我已经从房管局拿到钥匙了！"

他一听，高兴得真想蹦起来翻个跟头，旋即跑回黄苗子房间，将这个惊天喜讯告诉三老，说着竟情不自禁落下泪来。他的狂喜也感动了三老。丁聪当即拿笔为他画了一幅漫画像。这像画得惟妙惟肖，真有喜极而泣的感觉。吴祖光随即题写了"苦尽甘来"四字——只有这一代知识分子深知"苦尽甘来"是何滋味。黄苗子也紧随其后，乐呵呵地在画上题了四句打油诗：

> 人生何处不相逢，
> 大会年年见大冯。
> 恰巧钥匙拿到手，
> 从今不住鸽子笼。

"两会"闭幕后回到天津，他和妻子拿着钥匙兴冲冲去看新居云峰楼。这是改革开放以来，天津最早盖起的一座高层住宅，位于市中心的胜利路（后改称南京路）。他的"一偏一独"两套房子在第八层，阳光明媚，视野开阔；站在窗前，下面的街道、车辆、行人尽收眼底，仿佛整个城市都在脚下。他当时产生了一种奇妙的感觉，觉得这次真的来到了"云峰"之上，前方是一片美丽迷人的风景。

这是他在天津生活过的第十个地方。

第二天，夫妻俩便带着清扫工具到新居打扫卫生。然后未做任何装修，甚至墙壁都未粉刷便搬了进去，生怕搬晚了房子又被收回似的。搬到新居时，他们几乎没有一件像样的家具，以至于开电梯的姑娘好奇地说："冯老师，您往楼上搬了七趟电梯东西了，怎么除了桌椅板凳、锅碗瓢盆，其余全是书啊？"

"姑娘，你不知道，我家最值钱的就是这些书呀！"

离开思治里的"小阁楼"时，他把这个生活了长达十六年、大地震时几乎要了他的命、震后又重新翻修的住处，前前后后、里里外外仔细看了一遍，又敲了敲里面可能藏着他秘密写作时残存的手稿的墙壁，喃喃自语道——

"你留在这里吧。你是我的历史。"

于是，他生命历史的一个长长的阶段才算画上句号。

这也是他生命中另一个拐点。

## 5. "我只管生孩子，名字随你们取"

在这个生命拐点上，云峰楼无疑为冯骥才创造了一个前所未有的理想的创作空间。依照他和妻子共同的习惯和爱好，在其后的日子里，他们不断将美的元素引入和布满这个空间，尤其是作为文人须臾不可离开的书房。这里是他写作的地方，也是他接待八方来客的地方。一进书房门，对面便是占据了整整一面墙的书架，书架上除了堆满古今中外各类书籍外，还在顶层点缀了一组憨态可掬的民间小布偶。房间左侧的一组文物柜和几案上，则摆满了他多年来收藏的古代雕刻、佛像、瓷瓶、画框等，美而不奢、乱而有序，充满高雅浓郁的艺术气息。这时，两人已基本上不再画画。他把所有时间都给了文学创作。妻子把所有时间都给了儿子。他感觉自己已从三年前的那场大病中完全恢复过来，身上更有活力，心中充满创作欲望，仿佛他的"黄金时代"已经到来。

搬进新居之后，他埋头读了许多书。从《麦田里的守望者》到《第二十二条军规》；从"意识流"到魔幻现实主义；从马尔克斯到川端康成，也读了国内一些年轻人的现代主义试验作品。在他看来，我们初期的现代小说多是模仿性的。他不喜欢模仿，不喜欢与西方现代主义"对表"。我们看西方小说的目的，不是与他们一样，而是"不一样"。

那么，他的"现代小说"应该是怎样的呢？

他想创造一种宽泛、自由、包容性很大的形式，将荒诞、写实、哲理、象征乃至通俗小说的写法有机糅合在一起，一种能容纳他对当下时代的感知与思考的形式。

但是，他一直未找到阿基米德声称的能够撬起地球的那个支点。

直到有一天，他在一本画册里发现一幅老照片，一幅民国初年剃头师傅为男人们剪掉后脑勺上的辫子的照片。这个灵感来得很偶然，却一触即发。它让他忽然悟到：这辫子就是一种"根"，一种几百年不变的沉重传统，一个时代转换兴替的象征，也是一种剪不断的审美情结。于是，他从这根辫子上抓到了当今时代的"魂儿"。他突发奇想，想出一根"神鞭"，意即传统的象征——神鞭愈神奇、愈荒诞，它的象征性愈强。这样的小说当然不能放在当代生活里，而是要放在一个特定的时代和他所熟悉的乡土生活中。

他所熟悉的乡土生活，便是他生于斯长于斯的天津。时代背景则是清末民初。他特别信奉法国文化年鉴史学派的一个观点：任何地方的地域特征与集体性格，都在某一历史时期表现得特别鲜明和充分。上海是二十世纪三十年代，北京和天津是清末民初。幸运的是这个时代离他并不遥远，很多生活、文化和人物还活着。而他在这方面的生活积累是十分丰富充盈的。对诸如本土的历史、地理、风物、习俗、节庆、民艺、掌故、俚语等，可谓如数家珍、召之即来；加上市井的传奇、民间的段子、《聊斋》和《西游记》的荒诞笔法、马尔克斯的魔幻，一股脑儿闯入他的创作思维中，宛如装进一个巨大的弹性的橡皮口袋中。

就这样，中篇小说《神鞭》问世了。

《神鞭》描绘了清末民初的天津卫，男主人公傻二以祖传的"辫子功",接连打败流氓恶霸和日本武士,名声大震,被誉为"神鞭"。然而面对八国联军的洋枪洋炮,傻二发现自己的辫子功却没了用武之地。于是,他改弦更张,剪掉辫子,变"神鞭"为"神枪",成为北伐军中的一名神枪手。小说中还塑造了刘四叔、"玻璃花"、金子仙等人物,生动鲜活,有血有肉,再现了一幅清末民初九河下梢、五方杂处的水陆码头的市井图画。

《神鞭》出版后,社会反响之大,超乎他的想象:报纸转载;电台连播;西安电影制片厂新锐导演张子恩,还将它搬上了大银幕。至于改编成连环画、年画、儿童玩具的,就难以计数了。唯一令他感到遗憾的是,文学评论界似乎无人悟透《神鞭》所蕴含的意象,也很少有人认识到《神鞭》文本的独特性,以及隐藏在"伪古典"后面的现代元素。他有点责怪评论界,只能从固定的取景器里看风景,没能力自己打开一扇窗子。但在各种报纸杂志转载《神鞭》时,对它文本的定义却五花八门:传奇小说、武侠小说、市井小说、乡土小说、津味小说,不一而足。

有人问:"您自己怎么定义这个小说呢?"

冯骥才神秘一笑道:"我不知道怎么定义这个小说。我只管生孩子,叫什么名字,你们随便取。"

其实,他何尝不知自己的孩子如何称呼呢?

笼统地说,这是他对"现代文学"的一次试验。可以说,从《神鞭》开始,他开辟了自己的一条文学新路。

但他没有让自己陷入《神鞭》掀起的热潮中,而是有意与《神鞭》拉开距离,沉下心来,换上另一套笔墨,以两位画界好友韩美林和华非的苦难经历,创作了一部中篇小说《感谢生活》。

小说以主人公华夏雨为情节主线,描写他毕业参加工作后,从不喜欢到爱上这份工作。春风得意时,遇上小狗黑儿,又与罗俊俊结婚。不料,"运动"来了,他被下放劳动,吃尽苦头……即使受到磨难,他心里却始终对生活充满希望,并且认为,这些苦难对艺术家来说是一笔财富。因为,真正的美在精神的荒芜中才显得格外珍贵夺目。

这部中篇他先后写了三遍。写作中，妻子成了他的第一读者。这个时代没有电脑、没有复印机，一个字一个字地"爬格子"很累，妻子便帮他抄写稿子。她对事物的感觉很好，抄写中经常给他挑错。他笑称她为"最苛刻的责编"。

小说采用第一人称的写法，讲述一位艺术家向一位素不相识的推销员倾诉自己遭遇的故事。

"艺术家会向一个毫不相干的推销员倾诉衷肠吗？"妻子问。

"推销员就是小说中的'我'呀，他不对'我'倾诉，'我'怎么讲他的故事呀！"

"你可以把这个推销员换成一个同病相怜的作家，作家通常是令人信赖的，也更符合'我'的身份。"

"哎，你别说，还真有点道理……可是要改，我还得重写一遍！"

十天后，他改完了，兴冲冲拿到妻子面前。

"我按你的意见改了一遍，你看这样可以了吧？"

"我说了你肯定不高兴，我觉得还不行，就是两个人的对话不够紧凑，缺少非说不可的心理压力。"

他感到被当头泼了一盆冷水。他已经改了两遍，有点理屈词穷了，一时火起，将笔一摔："不改了，就这么交稿了！"

妻子被吓哭了。

冷静下来后，他去哄她，向她道歉。

妻子擦着泪说："反正以后我不帮你看稿了。但这次你还得改。"

第三稿改完交给她，她看后露出笑容："这次好了，我被感动了！"

《感谢生活》后来被翻译成十多种语言的版本发行海外，还在法国和瑞士获了奖。

## 6. 爱荷华的"五月花"公寓

1985 年春，冯骥才接到中国作协通知：应美籍华裔作家聂华苓和她的先生、美国诗人保罗·安格尔的邀请，他将在 8 月赴美，在爱荷华（现译艾奥瓦）国际写作中心进行交流和写作，为期四个月。他很高兴，一方面因为去美国是他的一个梦，另一方面因为与他同行的是张贤亮。叶圣陶先生有言：在外旅行最重要的是有伙伴。

爱荷华的聂华苓，在他的印象里很美好。因为她长期从事文学和绘画创作，代表作有长篇小说《失去的金铃子》《千山外，水长流》《桑青与桃红》等。她与丈夫合作创办的"国际写作计划"，邀请世界各地的作家和诗人参与其中，有力促进了国际文化交流事业，曾被 300 多名作家联合提名为诺贝尔和平奖候选人。

赴美的日子到了。冯骥才第一次横跨太平洋，来到大洋彼岸的旧金山，又从旧金山赶赴美国中部小城爱荷华。聂华苓亲自到机场迎接他和张贤亮。一见面便觉得像老友相逢。眼前这位烫着短发、鼻梁上架副金属框眼镜、充满活力、笑容可掬的女作家，怎么像个和气可亲的老大姐？是因为读过她的书，还是同为作家、画家，具有相同的天性和爱好？他来不及多想，便被聂华苓请上了她的小轿车。

爱荷华城区散落在一片大自然中，人在城中开车，不时会进入一片密林，车窗内外雾时笼罩在一片绿色的光影中，鼻孔中还会钻入一股好闻的松香和树叶的气味。聂华苓一面缓缓地驾车行驶，一面给他们介绍爱荷华概况和"国际写作计划"，好似散步聊天。

"你们看！"聂华苓忽然指向窗外。

原来，在被路灯照亮的大树上，出现了一簇红叶，红得像花一般。

"哎呀，真好，这是今年我看到的第一片红叶，你们和秋天一起来了！"

到了爱荷华大学，冯骥才被安排在"五月花"公寓八层，与一个印度作家共用一个卫生间和餐厅。张贤亮住在同一层的另一个房间。冯骥才不用自己的餐厅，而到张贤亮的房间用餐。张贤亮坐过牢，吃的都是"大锅饭"，自己连鸡蛋都不会炒。这种事冯骥才最拿手，于是，每天烧菜煮饭便自然落在他的头上。张贤亮因为有过挨饿的经历，所以特别怕饿。一旦冯骥才因写东西耽误了吃饭时间，张贤亮的电话便打过来了："骥才，你还不饿吗？"

"你这个老财主，真会用长工！"冯骥才打趣道。

张贤亮是个厚道人，不好意思天天吃现成饭，后来竟学会用电饭煲烧饭，好平衡自己心里的不安。这家伙确实有可爱之处。

参加爱荷华国际写作计划的作家，来自不同国度，文化不同、语言不同，相互沟通和交流离不开英语。但冯骥才上学时只学过俄语，后来一"反修"也停课了。他知道到了国外，不会外语寸步难行，便让在外语学校学英语的儿子冯宽，为他准备了一沓扑克牌大小的卡片，每张卡片上写一句中英文对照的日常用语，如"多少钱？""请问这个地方在哪儿？""能借用电话吗？"，等等，以备不时之需。张贤亮的功课做得比他充分：出国前，他请了一位家教，恶补了几个月英语，自以为比冯骥才强，所以常嘲笑他是"哑巴"和"聋子"。但他没有实战经验，逢到与外国人交流的场合，说不上几句便卡了壳，只有干瞪眼儿。这时，就轮到冯骥才取笑他了。

最出糗的一次经历是，他们在美国中西部的芝加哥机场乘机时，犹如进入了一个巨大的迷宫，晕头转向，不知登机口在何处。飞机不久就要起飞了，两人心急如焚。张贤亮自恃认识几个英语单词，便叫冯骥才原地不动，他去寻找登机口。等他好不容易找到登机口，回来接应冯骥才时，发现他竟被两个漂亮的空姐用轮椅推着一路小跑，身后还有两个高大威武的警察紧随其后，帮他提着行李。再看冯骥才，一米九二的大个子，一身蓝色风衣随风飘扬，气派而潇洒，像极了好莱坞电影中的特工。就这样，他一直被送进机舱安顿到座位上。

"你行啊，享受国宾级待遇了！怎么回事呀？"张贤亮既艳羡又疑惑。

"哈哈，够派吧？刚才我在大厅里遇见两个警察，就拿出我的机票问他们从哪儿登机……"

"用中国话吗？"

"英语我哪儿行！我就一边哇哩哇啦说话，一边比比画画，大概他们以为我属于应该特别照顾的残障人士，就找来空姐把我扶上轮椅，神气十足地上了飞机！"

"好一个绝处逢生，你的命真好！"

有一天，聂华苓邀他们去她家里聚餐。她家住在"五月花"公寓后面的小山坡上。走出公寓，沿着路旁一条舒缓的山路向上走，约二十分钟便到她家了。这是一座乡村别墅式的两层木结构楼房，四周全是野生的花草树木。楼后是一片旷野，不时会有梅花鹿和小浣熊到她家觅食。小楼的一层是车库、杂物间和一个地上铺满羊皮的书房。爬上楼梯才是一间面积很大的客厅和餐厅，足可容纳三十多人。人太挤时，推开房门便是一个带廊柱的大阳台，从这里可以远眺爱荷华河，一直看到它转向一片雾霭迷蒙的远方。廊柱上悬挂着一串由长短不等的钢管组成的风铃，有风的时候，从很远的地方便能听到清脆悦耳的风铃声……

聂华苓的家不尚奢华，却陈设着各类书籍和艺术品。保罗·安格尔喜欢面具，一面大墙上挂满从世界各地搜罗来的奇异面具。冯骥才特意给他带来一个陕西宝鸡民间彩绘的狮面，保罗喜欢得不得了，转天便挂在墙上了。他与保罗语言不通，只能从他打招呼的音调里，感受他的热情与率真。但他们决不会因为语言不通而拘束，用"手语"比画也是一种交流方式。有时保罗一高兴，还会大喊一声："冯！"然后哈哈大笑。他外表是个结实的壮汉，性格却似老顽童，驾车很莽撞，做事喜欢自己动手。屋顶漏雨，他搬个梯子"噌噌"就上了房。保罗喜欢小动物。他经常在黄昏时分，手拿面包坐在后门，对着树林大声呼唤："喹——喹——"不久就有十几只浣熊从林子里跑出来，争相啃食他投送的面包碎块。它们的吃相可爱极了。

晚上，聂华苓准备了一桌丰盛的晚餐。放眼一看，都是地道的中餐，色、香、味俱全，其精美程度，胜过他在美国吃过的任何一家中餐馆！

"想不到您还有这么好的厨艺！"冯骥才不由得夸赞道。

"别忘了，我是湖北人呀，我们的清蒸武昌鱼、排骨藕汤、粉蒸肉可是闻名遐迩呀！"

"是啊，咱们喝黄河水、长江水长大的，就是吃不惯西餐，看见这桌饭菜，就像回到家乡了！"

正交谈时，客厅里走进一位颇具绅士风度的老先生，戴着一副圆眼镜，唇上蓄着两撇胡须，微笑着向大家打招呼。

"今天，我要请你们认识一位重要客人——著名记者索尔兹伯里先生！"聂华苓向大家介绍说，脸上闪着光。

对冯骥才和张贤亮而言，这是一个意外的惊喜。哈里森·索尔兹伯里，举世闻名的美国记者，二战及战后大国政治的见证人、《长征：前所未闻的故事》的作者，现在就站在他们面前。

相互认识后，大家落座，边吃边聊。索尔兹伯里最关心的问题，是中国向何处去。很显然，这位见证过中国革命的美国记者，对中国人民是怀有友好感情的。因此，冯骥才和张贤亮结合自己的切身体验，直抒己见，表达了对中国前途和命运的信心，信心来源于改革开放的决心和力度。

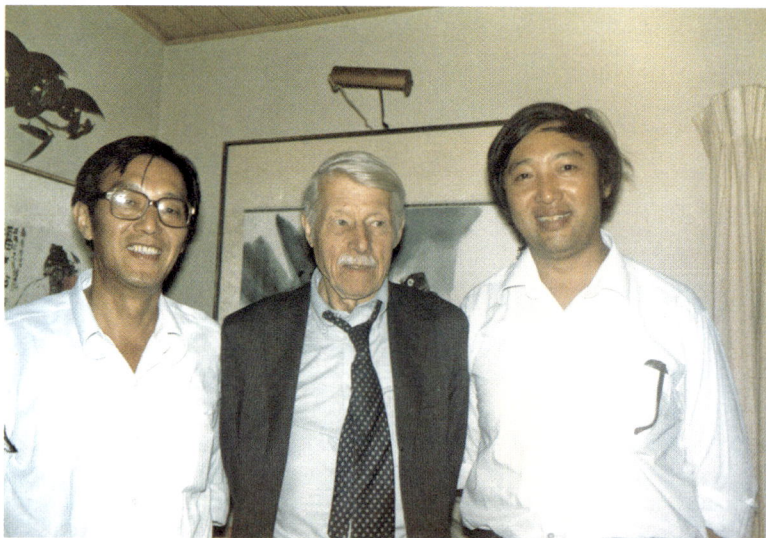

1985 年，冯骥才与张贤亮在美国爱荷华国际写作中心访问时，在聂华苓家中见到美国著名记者、《长征：前所未闻的故事》的作者哈里森·索尔兹伯里先生

在美期间，聂华苓组织了一些参观游览活动，如参观当地的机械化农场、游览密西西比河等。冯骥才和张贤亮还代表中国作协向汉尼堡的马克·吐温故居赠送了中文版的《马克·吐温全集》。冯骥才一个人跑了两个地方：一是去纽约看望包柏漪，看到了他用一年时间为她临摹的《清明上河图》，被精心装裱在一个巨型画框中悬挂在客厅里；二是乘坐一架小飞机，到印第安纳州看望他的小说翻译陈苏珊，他很高兴自己的小说成为新时期最早出现在美国的中国当代文学作品。回到爱荷华后，冯骥才和张贤亮开始应邀四处讲学，前往哈佛大学、耶鲁大学、芝加哥大学、纽约大学、柏克莱大学、旧金山大学等，由此结识了不少华裔学者和美国汉学家。在与美国社会的广泛接触中，他愈来愈感受到中美之间不同的价值观、历史观、人生观和文化观，为日后研究中西方文化比较学积累了经验。

不料这时，张贤亮却出事了。

原来，张贤亮出国前，将他新写的一部小说《男人的一半是女人》交给了《收获》。小说发表以后，在社会上引起强烈反响，也遭到文学界的批评，女作家批评得尤其尖锐，称它为"黄色小说"。作为责编，李小林也坐不住了，在给冯骥才的来信中透露了这个情况，并询问张贤亮有何反应。此时虽已春回大地，人们仍然心有余悸。特别对张贤亮来说，1957年，他不就是因为一首《大风歌》被打成"右派"的吗？果然，他陷入了困顿，天天皱着眉头在屋里抽烟，与之前的风流倜傥判若两人。他在国内挨批的事也在"五月花"公寓传开，大家都关心他、安慰他，想对他伸以援手。

毕竟中美相隔太远，难以掌握国内的真实情况。于是，冯骥才便给王蒙打了个国际长途。王蒙接到电话很高兴——

"你们在美国生活得如何呀？"

"一切都好，只是听说国内批判贤亮了，我们有点担心啊！"

"哪有什么批判，争论呗。咱们的作品不是常有争论吗？"

"真的吗？这些天贤亮压力挺大，头都抬不起来了。"

"告诉贤亮这家伙，越批越火，这下子他的小说畅销了。"

后来听说，巴金对这件事也表了态，认为《男人的一半是女人》是部严肃的作品，没有商业化倾向，也谈不到什么"黄色"。他老人家文学立场的纯正，思想的勇气和对真理的坚持，令冯骥才十分钦佩。

与王蒙通话后，他赶快跑到张贤亮房间，把王蒙的话对他讲了。张贤亮立刻双眼冒光，如释重负："谢天谢地！谢天谢地！"第二天，他给大家念了一份声明，说他的作品在国内是正常的文艺批评，现在中国不搞大批判了，他是安全的，请大家放心。

这个风波就算过去了。

四个月的爱荷华之行结束了，又是聂华苓送他们到机场。冯骥才和张贤亮进了候机室，聂华苓忽然将手放在玻璃窗外，他俩把手放在里面，三人对齐手指，顿感一种发自内心的热量，穿透冰冷的玻璃彼此传递着……

十天后，他们到了夏威夷，在夏威夷大学做了一次演讲。临行前，美国新闻局的一位官员宴请他们时问道："你们觉得美国怎么样？"

冯骥才说："美国是个裸体。"

美国人一怔："很性感吗？"

"能叫我看见的和不能叫我看见的，我都看见了。"

"你回去准备写东西吗？"

"会写的。"

"这是我们期望的，你怎么写都可以。"

回到天津，他以中西文化比较的思维方式，写了一本书，书名就叫《美国是个裸体》，还自绘了漫画插图。

## 7. 小脚里，藏着一部中国历史

回国以后，冯骥才敏锐地嗅到了国内文坛的变化：新潮小说层出不穷，令人目不暇接，仿佛已进入一个"文学试验"的时代。给他印象最深的，是莫言的小说《透明的红萝卜》和马原的二十世纪八十年代作家集体口述《重返黄金时代——八十年代大家访谈录》。曾经，大家好像只爬一个梯子，上上下下挤满人。今天，大家换了一个玩法，每人都爬自己的梯子，梯子的结构样式各不相同，看不出谁高谁低；有人甚至不用梯子，而是像孙猴子似的腾云驾雾翻跟头。这种独创性极强的作品一出现，本身便带有独特的审美特征，带着衡量它的专用艺术标准。犹如一把锁配一把钥匙，相互不能借用。

而冯骥才的"文学试验"，便是《三寸金莲》。

早在爱荷华国际写作中心驻留时，冯骥才便沉浸在《三寸金莲》的创作中。身在异乡为异客，恰是由于置身在一个完全不同的社会背景下，用不同文化视角反观"三寸金莲"，对其本质才看得愈深刻、愈透彻，批判也就愈犀利。

他为何要写《三寸金莲》呢？

原来，《三寸金莲》是他"怪世奇谈"文化反思系列小说中的一部。《神鞭》写的是文化的"根"——不是寻根而是对根的反思；《三寸金莲》写的是文化的自我束缚力，我们的文化有变丑为美的传统，丑一旦化为美，便很难挣脱；《阴阳八卦》写的是文化的自我封闭系统，这是面对开放时代的一种不自觉的精神束缚。在冯骥才看来，我们的部分传统文化不仅具有一种自我束缚力，还有一种能将畸形、变态和病态的东西变成一种美，一种有魅力的美，一种令人神往的美的力量。当人们沉浸于这种美时，便会不自觉地丰富和完善它，把它当成一种公认的美的法则、一种金科玉律。这也就是缠足文化在中国大地长存千年难以挣脱的深层原因。他想通过《三寸金莲》，揭示传统文化中的痼疾，对民族文化心态进行反思。

如果说，他已经在《神鞭》中确立了自己的文本方式的话，那么，《三寸金莲》又向前跨进了一大步，下的功夫也更大。首先，《三寸金莲》的故事发生地仍是天津，他对天津的风土人情耳濡目染、烂熟于心，而"莲学"对他而言却是冷门。姚灵犀先生搜集"金莲文化"的巨著《采菲录》固然可作参照，但如果不找到各种金莲的实物遗存，例如，缠足器物的繁复、缠足手法的严苛，便不知小脚女人的苦楚之深、不知"金莲文化"之阴暗刻毒。

幸运的是，他结识了一位中国台湾人，名叫柯基生。他本是个外科医生，却从解剖学和人类学角度研究金莲学。借着一次去台湾的机会，他与柯基生见了一面。柯基生抱着一堆金莲文献副本和珍贵历史照片，来到冯骥才下榻的酒店。这些稀奇古怪的"金莲文化"资料中，包括姚灵犀因编著《采菲录》获罪的"感言"原稿、阎锡山处罚缠足女子的禁令、新派男子"不娶缠足女子协会"的胸章，等等。这令冯骥才感到既新鲜、又惊讶——

"柯先生，你从哪里淘到这些东西的？"

"不瞒你说，都是从大陆淘来的。大陆古董市场刚开放我就跑去了，到各地古董市场扫货，把我看到的各种文献史料、金莲实物、缠足工具及妇女生活用品，一一收入囊中。"

"这么说，你一定花了不少钱吧？"

"没花太多钱，因为我动手早，东西很便宜，用大陆收藏家的话说，叫捡漏儿。"

冯骥才被这些史料迷住了。他想，我一定要在史料上占据绝对优势，让别人难以超越，无出其右。而他从中得到的最大快感，是对现实的深刻观照，从而获得了一种意象。他要把这个意象作为小说的内核。

创作中，他没有采用西方现代主义的文本与叙事手法，而是继承了《西游记》和《聊斋》的文学传统——想象可以天马行空、荒诞无稽，却要合乎人情事理，符合生活的逻辑。他通过描写金莲文化的烦琐、密集、苛刻，使这部小说产生一种密不透风的压抑感；有意将同音词、同义词和反义词排列在一起，让小说的行文有一种缠绕感；还夸张地使用华丽的金莲"物语"，营造出小说情境的光怪陆离……不仅光怪陆离，他还故意往"邪"处写，因为他写的是天津，天津人有股邪劲、嘎劲、戏谑劲，是一种乡土的"黑色幽默"。一"邪"故事就变形了，包容性和象征性就强了，就可以往里面放东西了。

在《三寸金莲》出版前他就想到，由于这部小说运用了意象、象征、隐喻手法，以及主题的多义性，金莲文化内涵的深邃，可能比《神鞭》更不容易被读者理解和接受。所以他在小说开篇处特意写了一句话——

新华社记者杨飞以"我为什么写《三寸金莲》"为题拍摄了这幅照片，表现了冯骥才对传统文化中的糟粕的批判和反思

人说，小脚里头，藏着一部中国历史。

言外之意，我的小说不是只写小脚，里边还藏着好些学问呢！

不料，《三寸金莲》在《收获》上发表后，旋即招来强烈批评，那声势，比张贤亮的《男人的一半是女人》，有过之而无不及。

有记者问："你是不是有赞美和鼓吹小脚的意图？"

冯骥才笑答："如果哪位女士看了我的小说开始裹脚，算我鼓吹了；至于赞美，我想反问一句，如果我不写它的'美'，只写它的丑，人们会问我：这么丑的东西，中国妇女为什么裹了一千年？我要回答的，正是这个问题。小脚的荒谬，正是中国某些传统文化的荒谬。我只是借用小脚进行文化反思罢了。"

作家最尴尬的事是别人误判了他。

不但读者误判，评论界也没人站在他这边。

只有一次例外。那是一次会议上，中国人民对外文化协会原会长楚图南之子楚庄，见到冯骥才时告诉他："最近我读了你的《三寸金莲》。"冯骥才望着他，期待他发表意见，谁知他一言不发，只塞给他一个信封："拿回去看吧！"

他回家打开信封，从里面抽出一张一尺半见方的宣纸，上面用毛笔写了四句诗：

> 稗海钩沉君亦难，
> 正经一本传金莲。
> 百年史事惊回首，
> 缠放放缠缠放缠。

读罢，他心里一热，猛地一拍桌子：
"知我者，楚庄也！"

## 8. 一只自由的小鸟

他像一个文学大海上的"弄潮儿"，时而感到热浪拍身，时而觉得寒流袭体，时而远观浪花飞溅，时而在波涛里自由翻转。他以为这才是真实的生活，他喜欢这样的生活。

1986年他四十四岁，年富力强，精力旺盛，主要时间仍在进行文学创作，闲暇时最大的嗜好是钓鱼，只有钓鱼，能让他的大脑由文学回归大自然。每到约定的钓鱼日，天还没亮，一辆黄"大发"便开到楼下，他和妻子兴冲冲下楼、上车，几个老钓友在车里等着他们。一路还要与钓友斗嘴，彼此奚落对方的钓技不行。通常是先在路边找一个早点摊，买一张大饼，卷上刚出锅的油条，咬在嘴里又脆又香，再喝上一碗热豆浆，只觉通体舒畅赛过活神仙。然后把车直接开到水塘边。此时，天刚蒙蒙亮，水面上还笼罩着一层轻纱般的薄雾，几人将鱼钩锁上钓饵远远地甩出去，便坐在马扎上静待鱼儿上钩了。他喜欢用长竿或甩竿钓大鱼，却常因贪大空手而归；妻子正好相反，喜欢用小竿在芦苇丛中钓小鱼。可是一旦遇上大鱼便连喊带叫，还需他出手相助，才能把鱼拖上来。钓鱼是个上瘾的活儿，常常钓到夕阳染红了脸颊，一行人才依依不舍地收竿回家。回家后的第一件事，便是将鱼分发给楼里的邻居们！此时的邻里关系还保持着胡同里的生活习惯，相互关心和照料，弥漫着一种人间温情。

由于他在文学上的成就和影响越来越大，作品版本多、获奖多，《爱之上》《走进暴风雨》《神鞭》等还被改编成影视剧。不仅文联、作协为他安排职务，一些民主党派也找上门来。一次，民进成员翻译家王汶对他说，傅雷、冰心、叶圣陶都是民进成员，希望他也加入民进。他一听就动心了：傅雷和冰心等人士在他心里有很高的位置，于是便答应了。这些组织之所以看中他，除了成就和名气外，还因为他做过推销员，经过底层生活的磨砺，锻炼出排忧解难的本领，善于与人打交道，有很强的工作能力。有人说他有这方面的"天赋"，他则认为，他的"天赋"是对公共事业的关切和对社会责任的热忱。

从1983年到1988年，全国政协每年开会时，他和张贤亮、魏明伦都是最积极的建言献策者，为国家文化改革和建设提了很多有价值的建议。例如："国家应建立金字塔式文化结构，培育彰显文化高度的金字塔塔尖"等。他们说话胆子大、有棱角，于是成了记者们追逐的对象。特别是张贤亮，春风得意，风度翩翩，喜欢穿西装、戴领带，晚间一定要把裤子折好搭在椅背上，裤线还要对齐。冯骥才便调笑戏谑他，他不还嘴，只是憨笑，反而显得更厚道。因而招来一位女士道："听大冯这么一逗，张贤亮就更可爱了！"

会议间隙，大家必须参加的一场聚会是在韩美林家。韩美林是山东人，重情尚义，豪爽好客。在他家里，大家无拘无束，弹琴唱歌、聊天说笑。每每兴致一来，他便挥毫作画，毛茸茸的小生灵，寥寥数笔，跃然纸上；还有新烧出的艺术瓷器，形态各异、美轮美奂。于是，大家就像"打土豪分田地"一样，有的抱着瓷瓶，有的举着画，兴高采烈、满载而归。"大家高兴，他才高兴"——这是顾同昭对韩美林的评价。

在此期间，很多作家被安排到相应的文学部门任职。如邓友梅主管中国作协外事工作，从维熙坐镇作家出版社，刘心武担任《人民文学》主编等。而最大的标志性事件，莫过于王蒙担任原文化部部长职务了。作为王蒙的文友，大家唯一担心的是：他会不会从此与文学创作分道扬镳？

一天，冯骥才与张贤亮、邓友梅约好，一起到虎坊桥王蒙的家中看望他。王蒙知道三人的来意，不等三人开口便拿出一张纸片："我刚把电影《爱情故事》主题歌的歌词译完，你们听听我译得怎么样？"说罢，眼盯着手中的纸片，唱了一遍《爱情故事》。他依然自由和潇洒。

邓友梅笑道："我曾担心中国多了一个懂文化的大官，少了一个作家。"

王蒙也笑着回了一句："我不会像你这么天真。"

冯骥才回到天津，也有一个推脱不掉的职务等着他——天津市文联主席。现任文联主席李霁野先生，是"五四"时期鲁迅先生扶持的"未名社"成员、《简·爱》的译者和南开大学教授，然而他年事已高。其他副主席如曹火星、王莘、秦征、王学仲等也都年逾花甲。副主席中，只有他年富力强，又有社会影响，便将他扶上了马。

他一到天津文联，便"新官上任三把火"，开会对自己"约法三章"：一是不要文联所有补贴；二是在文联复印个人文稿要自费；三是不在文联报销饭费和差旅费。目的就是向巴金学习，做个洁身自好的知识分子。然后抓了两件事：一是创办文学批评刊物《文学自由谈》；二是创办艺术杂志《艺术家》。

## 9. 一座大楼的诞生

还有一件事令冯骥才寝食难安：偌大的天津市文联和各个协会，居然像无巢的群鸟，分散在城中不同地方租房办公。天津文联的原址——胜利路北侧两座租界时代的尖顶小楼，地震后拆除了，市里说要给文联盖新楼，但迟迟未能动工。他知道文联这么久盖不起来大楼，是机关里没有这方面的"能人"。于是，他跑到塘沽区和汉沽区文联，"搬"来两位办事的高手——唐云富和唐云来。乍一听好像是亲哥儿俩，其实纯属巧合。他们很快将基建班子搭建起来。

怎样才能把盖大楼这件事尽快启动起来呢？正巧市领导要召集文艺界开会。他想：我的运气不错，机会来了。

这是一次气氛活跃而有趣的对话，在听取冯骥才的相关陈述后，市领导当场拍板：尽快启动天津市文联大楼的基建工程。冯骥才心里的一块石头落了地。

事后他想，市领导在会上说的话，下边的政府部门怎么能听到？便托人找来开会的录音，复制了几盘，分别送到建委等相关部门。但人家说只有录音不行，还要有正式的红头文件。于是他给市领导写信说："我对我小说里的人物有办法，对您手下的人没办法，还得您说话。"市领导便在信上做了批示："文联大楼到了非盖不可的时候了，毛昌五同志负责办理。"

有了这个批示，天塌下来也不会变了。

但他听说盖一座楼是最费劲的事，要经过方方面面的审批，涉及的部门非常多，至少要盖三十六个图章才能动工。无奈，他又去找毛昌五求助。毛昌五就是他为自己的住房问题找过的毛顾问。

毛顾问真有办法。他在市政府召集了一个会，让与文联大楼建设有关的单位各派一位负责人，而且要带着图章来。会上，冯骥才首先代表文艺界向大家鞠了个躬，说了一通热情洋溢的感谢话。毛顾问便将市领导的意见讲了一遍。接着便由各单位负责人在文件上签字盖章，两个小时就把事情搞定了。

此后一年多时间里，他几乎与这座大楼捆绑在一起了。他家所在的胜利路云峰楼，与新华路文联大楼工地只有一街之隔，他只要有空闲时间，就会到工地上转转，有时一天来两趟。出国回来，也要先到工地转一圈再回家。恨不得大楼马上立起来。施工队的邓队长很有趣，冯骥才每来一次，他就在工棚一个柱子上划"正"字，来一趟划一笔，等到文联大楼竣工时，他把"正"字数了数，居然多达四百多划：他去了四百多趟！邓队长笑他——

"比丈夫等老婆生孩子还急。"

## 10. 人性是最好的交流

从爱荷华回国之后，冯骥才的外事活动愈来愈多。这是因为他的作品被翻译到海外后，多次应邀到世界各国进行学术交流。但由于他不会外语，便为这种交流带来一些问题。如何超越语言的障碍，成为他几乎无法克服的困难与烦恼。

1986年，德国的迪特里斯出版社出版了他的中篇小说《啊！》，一位德国汉学家马汉茂（马丁）约他到汉堡等城市做关于这本书的演讲。在汉堡演讲后，他需要在汉堡留宿一夜。主办者给了他两个选择：一个是住在华裔作家关愚谦家；另一个是住在主办者的秘书茹次先生家。茹次是德国人，家里没人会说中国话。可是冯骥才却忽然产生了一种挑战欲望，想尝试一下在一个语言完全不通的环境里住上一晚是何滋味。于是，茹次开车带他穿过森林与湖区，来到他的郊区别墅。茹次有个温馨的家，有个漂亮的妻子和可爱的女儿哈娜。彼此语言不通，他们就用眼神"说话"，用手势表达，用声音交流。其间，茹次主动请他为远在中国的妻子打了一通越洋电话，还带他参加了茹次妹妹的生日晚宴。第二天分别时，茹次的女儿哈娜却不舍地哭了。他回国后写了一篇散文《哈娜哭了》。由此他明白了：人性才是最好的交流。

在西柏林，出版商迪特里斯在他的女友霍丝小姐的客厅里，为他的小说《啊！》举办了一次朗读会。霍丝小姐很有品位，在她的装潢考究的客厅里竖立着许多蜡烛，用闪烁的烛光营造出一种浪漫的氛围。然后用电唱机播放了一首风笛演奏的乐曲，声音悠远而凄美。当晚中国驻德使馆文化参赞孙书柱也来了，他通过孙书柱告诉霍斯小姐：她的音乐太美了，我几乎要掉泪了。第二天他离开霍斯小姐家时，发现他的行李袋上插着一样东西，细看，是昨天她播放的风笛唱片——原来，人与人的情感和内心，是不一定需要翻译的。

有一次，冯骥才小说的俄语翻译者、俄罗斯汉学家李福清到德国访问，马汉茂对李福清说："我在科隆有所房子，现在空着，你就到我那所房子去住吧。"随后把房子的钥匙交给了李福清。李福清到科隆找到了房子，但不能确定门牌号码对不对，便大胆将钥匙插进锁孔一拧，门开了，仍有些犹豫。正在这时，他一眼看见书桌上有个镜框，里边镶着一张冯骥才的照片，于是大喜道："啊，我看见冯骥才了，这房子不会错！"李福清最早将冯骥才的小说《高女人和她的矮丈夫》译成俄文，发表在苏联的《文学报》上。苏联人第一次看到当代中国小说居然可以描写现实的悲剧，很是意外和吃惊。李福清还与另一位汉学家索罗金一同翻译了《冯骥才中短篇小说集》，在莫斯科"虹"出版社出版。当时苏联稿费很高，据说他的稿费可以买一架钢琴。不久吴泰昌访苏时，他曾委托吴泰昌代他取回这笔稿费，但按照苏联出版界的规定，稿费只能由本人支取。

后来，苏联解体了。李福清告诉冯骥才，俄罗斯的钱"毛"（不值钱）了，你的稿费只能买一个吸尘器了。

又过了一年，李福清说，你的稿费只能买一块雪糕了。

1988年，冯骥才和谌容应邀担任新加坡文学"金狮奖"评委，遇到了中国台湾作家陈映真和黄春明。当时，市面上的书不少是"盗版"。金庸、琼瑶、三毛，不是很早就已风靡全国了吗？这至少说明：在开放交流之前，文学便已先行一步了。令冯骥才印象深刻的还有柬埔寨人潘立辉，他在巴黎十三区开了一家华文书店，名为"友丰"，专门营销来自中国的华人文学作品，并根据读者的需求，自己动手编辑出版一些图书。他还出版了冯骥才小说的中法文对照本。由此两人成了好友，冯骥才每到法国必去看他，并在他的书店买些书带回来。

冯骥才对中西文化比较学饶有兴趣。他自绘插图的游记《海外趣谈》，对比了中西方在历史观、社会观、生命观、哲学观、价值观、审美观等方面的差异，在《今晚报》连载后受到广泛欢迎。他写过一句类似绕口令的句子："东方人眼里的西方人不是西方人眼里的西方人，西方人眼里的东方人不是东方人眼里的东方人。"在这些比较中，他尤其关注并欣赏西方人对自己历史的态度，他们对自己的文化始终存有一种敬畏心理。而他作为一个艺术家，自然也会对西方艺术产生浓厚兴趣。每次从海外归来，箱子里都装满古董、艺术品，以至于海关边检人员一看他鼓鼓囊囊的箱子便打趣道："冯先生又弄回不少洋破烂吧？"

1988 年，他与张抗抗等应邀到加拿大多伦多参加一场文学朗诵会，活动结束后一行人游览了尼亚加拉大瀑布。他忽然感到口渴得厉害，马上跑到附近食品店买了一大杯冰镇可乐一饮而尽。过了一会儿，他又口渴难耐。

张抗抗吃惊地问："大冯，你这是怎么了？"

"大瀑布把我馋的。"冯骥才开玩笑说。

回国后，他在为一位老中医做口述史时，不停地喝水。

老中医说："你这样一杯又一杯地喝水肯定有问题，应该查查你的血糖。"

一查可不得了，血糖是正常值的三倍！妻子当场心疼得落了泪。

"唉，我怎么得了这么个倒霉的病！"他感叹道。

"就因为山海关汽水。你每顿饭都要喝两瓶'山海关'，这种汽水就是糖水。"妻子分析说。

"其实我最喜欢喝啤酒，但啤酒容易醉人，影响写东西，才改喝的汽水。"

"你喝茶、喝开水，不就没事了吗？"

"谁让我把喜怒哀乐都给了文学，文学最终还是把人生的甘苦又还给了我！"

## 11. 在两个时空里穿梭

1988年，冯骥才完成了他的《怪世奇谈》的第三部《阴阳八卦》。此时，文学界正流行"寻根"小说。他不是寻根，是文化反思，一种紧紧观照现实的反思。在他看来，现实问题有如大海的涌动，这种涌动不仅来自风暴，还有其内在的根源，这根源的一端藏在人的内心里，一端藏在社会、历史和文化背景上，需要深入挖掘。将这些思想还原到小说时，要赋予一个意象做内核。"根"的意象是辫子；"自我束缚"的意象是三寸金莲；"封闭系统"的意象是阴阳八卦。

关于《阴阳八卦》，他曾在一篇文章中这样写道——

> 西方人与中国人对世界的认知方式全然不同。西方人是一种解析的方式，他们将已知与未知分得非常清楚，从不混淆，已知归于过去，未知属于未来。凡是被认识、被解释、被把握的事物，全都分门别类，井然有序；他们探究的双眼始终注视着有待开掘的未知世界。这种认知方式促使他们科学进步，进取目标明确……

> 比起西方人，东方的智者几乎无所不知。古代中国人认知世界是一种包容的方式，习惯于将已知与未知混同在一起，然后用阴阳五行八卦之类，一分一论一解，似乎天下大白。这里边有许多感觉的、神似的、写意的色彩，有朴素的辩证与智慧的诡辩，有不能自圆其说却非要自圆其说的能耐……对于古老的中国人来说，宇宙与生命并非是谜，似懂非懂，似是而非，模糊性愈强，包容性也就愈大。这种认知方式使古老的中国人不求甚解，安逸清闲，科学因之落后，文化上却博大恢宏，想象驰骋，充满了神秘色彩。

基于上述想法，他写了《阴阳八卦》，将这种理性的思索附着于充满市井风情的社会形态和芸芸众生中。这正好适合天津这个华洋杂处的水陆码头，本土的传说全都幽默夸张，匪夷所思；市井人物一概神奇莫测，所以小说写起来得心应手，就像贾平凹写他的《商州》。手里一边写着，脑袋里一边冒出各种奇人奇事、奇谈怪论。

在语言运用上，《阴阳八卦》也与小说的精神气息相一致，白描手法，句短字精，空灵飘忽，内涵玄妙。语言是思维方式、审美方式，更是文化方式。他的这个系列小说追求以文字的考究来表达中国文化的质感。

《阴阳八卦》发表在1988年第三期《收获》上。这是一部容易失败、颇具挑战性的作品。《三寸金莲》容易遭到责骂，《阴阳八卦》容易受到冷遇。结果不出所料，他也习以为常了。

有趣的是，冯骥才在创作《阴阳八卦》的同时，也在继续写作《一百个人的十年》。这是心境完全不同的两种写作：一个是荒诞的、乡土的、异想天开的小说；一个是严谨的、冷峻的、史记式的口述文学。它们之间最大的一致，是反思。一个是文化反思，一个是"文化大革命"反思。

《一百个人的十年》的创作起始于1986年，正式出版于1991年。也是这一年，冯骥才看到一本名为《美国梦寻》的书。作者特克尔是美国一位媒体人，他从二十世纪六十年代起，便开创式地采用口述实录的方式，将美国社会各色人等倾诉各自追寻的"美国梦"记录下来，最后选择一百篇结集成书，并因此获得了普利策文学奖。

这种口述实录的写法触动了他一个久远的情结，即以巴尔扎克《人间喜剧》那样浩大的方式，记录他所亲历的十年，后因突然患病而中断。《美国梦寻》重新燃起了他的写作欲望。因为，活生生的人物往往比虚构的人物更真实、更生动，更具历史的见证者。

他通过媒体将自己的构想披露给大众。很快，来自山南海北的信件像雪片般飞来。他打开这些信件一读，感到他有责任和使命为他们代言，以史为鉴，避免历史的悲剧重演。采访和写作过程中，起初他遵照"口述实录"的要求，保持叙述者讲述内容的原始性。随着接触的"案例"愈来愈多，他逐渐意识到，特克尔的记者式立场和方式，不适合作家。作家更注重人物的典型意义、个性、内心深度和细节描写。于是他在选择访谈对象时，开始注重人物的代表性和独特性，并努力挖掘人物的深层心理。

这一年，他在一篇文章中写了这样一句话——

作家最关心的不是这个世界怎么看你，而是你怎么看这个世界。

第五章

『绘画是心灵的闪电』

绘画，是艺术家
心灵的闪电！

## 1. 重拾画笔

二十世纪九十年代第一春的钟声敲响了。

不知为何，一向雄心勃勃的冯骥才，忽然感到有些迷惘，第一次觉得失去了方向，人生目标变得含混不清。他历来把读者放在第一位，现在却不知如何与读者交流了。原先那些信心满满的写作计划失去了原动力。茫然之中略带一点惶恐。这时，他有了重拾画笔的念头。

他要离开文学？

不知道。反正王蒙和刘心武已经转而研究"红学"，张贤亮更是走火入魔般"下海"经商了。他认识的不少作家、记者、教授，也纷纷忙着"下海"。一次在北京开会，一家主流媒体的记者笑着问他："大冯，你觉得写作还有用吗？"

他第一次听到有人问他这样的问题，也第一次无言以对。

在冯骥才看来，真正的文学和真正的恋爱一样，是在痛苦中追求幸福。正是曾经的创伤，使他改弦易辙，欲为民族记录心灵的历程。从《铺花的歧路》到《啊！》、从《神鞭》到《三寸金莲》，他的文学作品以对我们民族历史与文化的反思闻名遐迩。其文学成就几乎湮没了他的绘画禀赋。然而，即使在与文学"结婚"的十多年里，他也从未割断与绘画的联系。他亲自动手，为自己的《三寸金莲》《海外趣谈》和《阴阳八卦》绘制插图。他用画家的眼睛观察审视一切，随时接受着外部世界的信息：光线、色彩、线条……他将这些美的元素积累起来，也许在某一天，浩阔深幽的心底，会悠然浮出一幅画来。在一定意义上说，他是用绘画工具"画文学"。

高尔基曾用一段冗长的文字，描写一个人物蓬松着头发，坐在一片被踩倒的草地上。契诃夫在致高尔基的信中说："我要写，就写一个人坐在草地上。文学应当立刻生出形象。"他想以此说明，文学与绘画的共同之处，都是以形象思维来创作：文学是用文字来作画，所有文字都是色彩；绘画是用笔墨来写作，画中的线条、色彩、水墨都是语言。

于是，他改书桌为画案，开启了尘封已久的笔墨纸砚，重新回到他的丹青生涯。

有人说他"不务正业"。

他从不在乎别人说什么，只在乎自己做什么，以及如何做到最好。令他意想不到的是，当他再度拿起画笔时，纸上呈现的却是与之前全然不同的景象了。他习画从两宋入手，用的是地道的宋人笔法，尤其是"刘李马夏"，中锋勾线，斧劈皴法，讲究功力与技巧，所画皆为具象山水。而今，笔墨落在纸上，仿佛不再是技术，而变成一种语言，可以随心所欲地抒发他的心境、情感、思绪与想象。是否他作画的动机和心态也有了变化？例如，他心存愤懑便画一团熊熊燃烧的烈火；忽生激情便放笔于长风巨浪；忧郁飘然而至便让一只孤雁飞过烟雨中的河滩；压抑中感到希冀时便画《树后边是太阳》，让一片光线从树林间逆光照来，将长长的阴影投射到广阔的雪原上……

一日清晨，他起床后，聆听了一曲舒曼的音乐。优美的旋律中，他油然生出一种期待的感觉。他开砚捉笔，展纸于案，皎白一张纸上好似布满神经，锋毫触之，敏感异常，指尖仿佛碰到恋人手臂。须臾之间，《等待》一画完成了：绿荫下，柴门微启，阳光将一抹金黄洒入院落中。是期待久别的老友，抑或是未归的情人？画境朦胧、心境朦胧，美在其中、乐在其中。画毕，他感到意犹未尽，又听了一遍舒曼的音乐，复又作了一篇散文，描述了人在初恋中的感受。

当他把这天的经历告诉一位友人时，友人艳羡道："你活得太浪漫了！"

"艺术家的灵魂一定是浪漫的。"冯骥才答道。

"我在你的画中，很少看到人物。这是为什么？"

"人物应当是写出来的，是作家的思维范畴。尤其是人物的内在形象。例如雨果《悲惨世界》中的冉·阿让，是一个'善'的象征，这是绘画无力表现的。"

"但是细细品味，你画中的草木、激流、灯船、水鸟，也是有生命情感的。"

"说得对。比如我的《每过此径不忍踩》，是我在加拿大多伦多街头遇到一女子，不忍踩踏街头美丽的落叶，两只脚躲着红叶走，一双细细的长腿便优美地扭来扭去，就是这个生活细节感动了我。画中没有出现女子，但从地上一片保留完好的红叶中，你可以想象人们对大自然的热爱和敬畏心理。"

"我还注意到，你好像特别爱画树枝。"

"是的，我最爱画树枝。在画家眼里树枝全是线条；在作家眼里树枝无不寄托着情感。树枝千姿百态，皆能依情而变，可仰可俯、可疏可密、可争可倚，或轩昂，或激奋，或忧郁，或适然，或坚毅，或依恋，犹如一个个不同性格和情绪的人物。有一次，我画了一片树林，其中有一株轻盈可爱的小白桦，宁静、含蓄、亭亭玉立。作画时，我并未着意刻画它，但它却恍惚从森林中走了出来。我忽然产生了创作冲动，想把一直藏在心里的一个少女表现出来。"

"你画芦花也挺多的。"

"因为芦花也使我想到人应该具有的某些品格。在漫长的夏天里，它从不开花，任凭人们漠视它，把它当作水边一丛丛普通的野草。一直到百木凋零的深秋，才喷放出毛茸茸的穗状芦花来。它的天性就是与世无争。虽然它在风中不停摆动，但每一个姿态都自在、随意、绝不矫情，也不搔首弄姿。我敢说，没有一种花比它更飘洒、自由，也没有一种花比它更坚韧与顽强。从它身上，我们能获得多少人生的启示与共鸣呀！"

很短的时间里，他画了一批画。他完全没想到，重拾画笔后，他的画风竟会变成这样。最根本的原因，是文学改变了他，改变了他的思维，使他有了太多思考、变化的心境和复杂且敏感的心绪。起初，他并未想到"文人画"这个概念。他只说他的画"遵从生命"，"人为了看见自己的内心才画画"，渐渐地，他意识到他的画与文学关系甚深，意识到"文学是连绵不断的绘画，绘画是片断静止的文学"，简言之，他的画是一种"看得见的文学"。

有一次，吴冠中先生问他："你的画重复吗？"

他摇摇头答："不。我画画有点像写文章，写文章是不会重复的。"

后来，日本绘画大师平山郁夫撰文说他的画是"现代文人画"，才使他开始认真琢磨自己绘画的本质了。从事文学创作的经历使他习惯于探究事物的本质。他便开始一边画画，一边写些对自己绘画的思考文章。渐渐有了追求将散文融入绘画的"可叙述性"的艺术主张。

一度，他惊喜，甚至沉迷于自己的绘画中。

## 2.背着画卷走四方

他的绘画很快有了成果。这一年秋天，一本精装彩印的《冯骥才画集》出版了。画集中，收入了他几个月来创作的绘画作品99幅，旧画及临摹宋画8幅。在自序《我非画家》中，他回顾了自己从文学转向绘画的心路历程，做了这样的概括——

> 艺术，对于社会人生是一种责任方式，对于自身是一种深刻的生命方式。我为文，更多追求前者；我作画，更多尽其后者。至于画风画法，一任自然而已。

关于艺术家，他又做了如下定义——

> 这便是我心中的艺术家，天生的苦行僧，拿生命祭奠美的圣徒，一群常人眼中的疯子、傻子。但如果没有他们，人类的才智便沉没于平庸，生活化为一片枯索的沙漠，好比没山，地球只是一个光秃秃的黯淡的球体。

画家与作家不同。作家只要出书即可，画家则难得多：一要出画集，二要办画展。只有办画展，观众才能看到原作，原作上的生命感，从印刷品上是看不出来的。于是，冯骥才制订了一个为期两年雄心勃勃的全国巡展计划：第一年从天津始发，然后是济南和上海；第二年是宁波和重庆，最后在北京中国美术馆收官。这就需要他和他的团队背着上百件卷轴画，大江南北跋山涉水奔波两个寒暑。这样一个宏大的计划没有一定的胆量和信心是做不到的，因为笼罩在他头上的最大光环是作家，知道他画画出身的人很少，他很怕自己的绘画在外地遭到冷遇。

这个计划的制订，还有一个更深层的意图——1989 年 10 月，他的父亲病逝，母亲痛楚难熬。他想了很多办法，如给母亲的房屋重新装修，改变母亲的生活环境，阻断她对往事的联想。但无论怎么做，都难以化解母亲的痛苦。

1991 年春，冯骥才画集出版不久，全国巡展第一站在天津艺术博物馆开幕了。展出的 80 幅作品全部是新作，吸引了国内外各界朋友前来参观道贺。在一片热闹喜庆的氛围中，他看到母亲脸上露出了久违的笑容，犹如春风化雨，打开了她的心结。他暗暗决定，全国巡展中要为母亲安排两个"特别节目"：一个是母亲的故乡山东济宁；一个是父亲的故乡浙江宁波。父母是在天津相识后成婚的，之后都未曾踏上各自的出生地。9 月，画展移师济南山东美术馆。在宾客蜂拥而至的开幕式之后，他陪同母亲看她半个世纪前生活过的魏公庄，重游大明湖，然后南下泰安。登泰山时，母亲恍惚入了"时光隧道"，口中叨念的全是幼时随外祖父和他的好友康有为登岱的情景。最后抵达故乡济宁。济宁城中，许多古老的建筑尚存，太白楼、铁塔寺、竹竿巷、老运河，以及一些风味小吃，都是她记忆中的模样。在外祖父住过的老街，居然有八旬老街坊称她"二小姐"，老乡见老乡，两眼泪汪汪。母亲返津后宛如换了一个人。

他的精心安排达到了预期效果。

在背着画卷走四方的日子里，冯骥才有机会饱览了祖国的名山大川和名胜古迹。从大足石刻到泰山华岩寺、从孟子故里到秋瑾故居、从三峡到水泊梁山，无一不触动他的感官和心灵。然而更令他触动和惊讶的是，这个悠久文明的根基正在现代化的进程中发生松动。

在上海举办画展时，《文汇报》《解放日报》媒体朋友肖关鸿、吴芝麟，建议他去江南古镇周庄一游。时值初冬，花木凋零，但粉墙黛瓦，小桥流水，景色依旧迷人。在乳白色雾霭的笼罩下，河边隐现着一座小木楼，楼前泊一小舟，犹如一幅水墨画。周庄陪同人员告诉他，小楼名曰"迷楼"，曾是一个小茶社，当年柳亚子成立"南社"，在此雅聚文友，吟诗论文、畅议时事。久而久之，镇上传出闲话，称这些文人常聚于此，是被店主的美丽女儿迷住，便有了"迷楼"之说。

"这座小楼看上去确实很美、很迷人。又有南社诗文，真是难得！"冯骥才感叹道。

"下次你再来就看不到了。"陪同人员说。

"为什么？"

"社会发展太快，古镇设施破旧，很多人都想卖了旧房置新房。"

"这座迷楼也要卖吗？"

"是的，听说要价三万元。"

他听了心里一动，便对肖、吴二人说："我卖一幅画，拿钱把它买下来吧！由你们报社管理，再有艺术家来上海玩，就在这里招待他们，写写画画，好的还可在报上发表。"

大家都说这个主意好。于是，他便将画展上一幅《李白诗意》卖给一个台湾人，得款三万元，兴冲冲地回到周庄。不料与"迷楼"房主一联系，涨价到五万元了。他说，那就再卖一幅画。结果再次涨价。因为他们一个劲儿想买，房主也弄明白了：这房子值钱，干脆不卖了，也不拆了。就这样，"迷楼"保下来了，成为周庄一个有名的旅游景点。

第二年春天，冯骥才在自己的老家宁波举办画展。宁波，埋着一条长长的通往他生命源头的根脉，回到宁波是他在血缘意义上的"回家"。所以他在"冯骥才画展"里加了"敬乡"二字。

他的老家在宁波江北的慈城。虽然他第一次踏上慈城的土地，却感到它如梦境一样出现在眼前：斑驳的老墙，苍劲的石坊，带着阳光与阴影的弯弯曲曲的胡同，尤其是老乡们亲切和善的面容，无不令他如沐春风。

此次还乡，他才知家族历史的深远。之前，他只是粗略地了解到最早的祖先是汉代的"大树将军"，这次在孔庙中看到一块冯氏家族牌，记载着家族自宋代以来得过进士的先人姓名，一数，居然有五十六位之多。慈城住着他的一位族姐冯一敏，收藏着他们家族的族谱和祖先的画像。一天，冯一敏邀他去家中做客。她家住在一条老街上，院内草木繁盛，房子矮小破旧。冯一敏先给他看了《慈溪冯氏启承词家谱》，然后从阁楼上取下几卷残破的带有霉味的卷轴画。打开之后，一种静穆冲和之气显示出唯有明代才有的韵致。画上画的都是他的冯氏祖先。从画上的题款可以证实，冯氏家族至少已绵延五百年。冯一敏的珍藏，令他得以一睹先人真容，不禁肃然起敬、惊喜不已。更令他意外的是，第二天，冯一敏便带着女儿，将这几轴祖先画像送到他客居的旅店，执意交给他保存："你现在是名人了，只有放在你那儿我才放心。"

他感觉自己像一株植物，与土地里的根脉相通，身体里吸收了这块土地清新、温暖和充沛的水分、养料和气息，从此与老家血肉相连、不可分割了。临别，他到百货商店买了两只玻璃杯，与儿子冯宽一起，从老家宅院中取了两杯土带回天津。一杯土在父亲迁坟时，与父亲骨灰一起合葬；另一杯放到他的书架上。

在宁波期间，他还做了一件善事：宁波市中心月湖旁，有一座唐代诗人贺知章的祠堂，由于已经破败，宁波市文联又无钱修葺，便准备近期拆除。他一打听，修葺需要耗资二十万元。因为有过为周庄"迷楼"卖画的经历，他脑袋一热便大包大揽："我来卖画，帮宁波文联把它保留下来吧！"被他的义举所感动，一位来自台湾的企业家应昌期先生买下他的《老夫老妻》等作品，贺知章祠堂由此保存下来，成为宁波一景。

不经意间，他的文化保护行动，从全国巡回画展时便开始了。

重庆画展之后，他将全国巡展的收官之作放在北京中国美术馆。开幕式上，冯牧、陈荒煤、吴祖光、丁聪、于洋、谢添、英若诚、张权等文化界名流悉数出席，钱锺书和杨绛、季羡林、严文井、叶君健等因身体原因未能到场，纷纷发来贺信。开幕式上，王蒙致辞，以幽默的话语，称赞了老友"弃文从画"所取得的显赫成果。首都媒体以《非画展，是人展》来形容当天画展开幕盛况。在这星光灿烂的文化界名人中，还有一位德高望重的文学大师——冰心因年事已高未能到场，是他格外惦念的。

"明天，我们去看望冰心老人吧！"他对妻子说。

### 3. 一片冰心在玉壶

第二天，冯骥才和妻子顾同昭并三两好友，相约到冰心老人家拜访。

时年九十有三的冰心老人，坐在轮椅上接待了冯骥才一行。与忘年交的老友相见，冰心格外兴奋、格外精神，说起话来，嗓音也格外洪亮。她把顾同昭叫到面前，让她俯下身，把自己的脸凑上去亲了她一下，又叫冯骥才亲亲顾同昭。大家都笑了，融融爱意瞬间充满冰心的书房。

冯骥才与冰心，是一对快乐的忘年交。冯骥才曾通过《致大海》一文，深情回忆了两人的交往经历，以及受到的人生启迪和教益

在场的朋友顺势起哄说："大冯，你总说给冰心磕头拜寿，我们谁也没见过！"

"他是个口头革命派！"冰心笑嘻嘻地说。

"冰心先生，我给您磕头了！"

言罢，只见冯骥才真的趴在地上给冰心磕了三个头。

"你怎么说来就来……"冰心坐在轮椅上，无法起身阻拦，被逗得止不住笑声，脸上的表情还有些发窘。

"照老规矩，晚辈磕头，您得给红包。"

冰心想了想，边拉抽屉，边说："我还真有件礼品给你。今年过生日时，有人给我印了一种寿卡，凡是朋友来拜寿，我就送他一张作纪念。现在，也奖给你一张吧！"

这是一张粉红色的卡片，精美雅致，上边印着金色寿字，背面是冰心手书的一句座右铭："有了爱便有了一切。"

"这寿卡是编号的，限量一百。这是他们为了叫我长命百岁。"冰心补充道。

冯骥才接过冰心给他的寿卡一看，编号77，便打趣说："我是77号，看来活不到一百了。"

"胡说。你又高又大，比我分量大多了。"冰心说着，要过他的寿卡，拿起桌上的圆珠笔，在两个"7"字横笔下勾了半个小圈儿，马上变成"99"了。然后又写上一句："骥才百寿，冰心，1992.12.20。"

大家看了无不惊诧：冰心老人的智慧、幽默、机敏，真是令人折服啊！

兴之所至，冰心回忆起六十年前，她和吴文藻在北京西山一个古庙后院的破屋里结婚度蜜月的情景，说得开心而快活，弄不清她是自嘲，还是为当年的苦中作乐而扬扬自得。

之后，她话锋一转，忽然问冯骥才："你们怎么结的婚？"

"我还不如您呐，我是'文革'高潮时结的婚。"

说完，他以为冰心会说几句同情和安慰的话。

不料，冰心却一脸严肃地告诉他："冯骥才，你不要抱怨生活。你们这样的结婚才能永远铭记。大鱼大肉的结婚都是大同小异，过后是什么也记不住的。"

意犹未尽，冰心又告诉他，前不久一位大人物来看她，说了些"长寿幸福"之类的吉祥话——

"我对他说，我虽然长寿，却不总是幸福的。我的一生正好就是'酸甜苦辣'四个字。我的少年时代留下许多辛酸，这是酸；青年时代留下一些甜美的记忆，这是甜；中年以后，苦不堪言，这是苦；现在老了，正如人们常说的，姜是老的辣！"

她说到"辣"字时，脖子一梗，显示出一种知识分子的风骨，给冯骥才的印象极为深刻。

继而，她问了冯骥才一个问题："要是碰到大人物，你敢说话吗？当然，要看你说什么。要说别人不敢说、又非说不可的话。冯骥才，你拿的工资可是人民给的，拿了人民的钱就得为人民说话，不要怕！"

说完，她还意味深长地看了他一眼。这一眼好厉害，似乎要嵌入他的骨子里。

他喜欢她此时的样子，很有气概，很威风。她吐字和写字一样，一笔一画，从不含糊。她一生都通达透彻，思维在脑海中宛若一颗颗美丽的石子，沉积在清澈见底的湖水中。

他的心仿佛被她融化了。

他曾为她画过一幅《海》。画幅不大，因为她的房间太窄。

但是她说："只要是海，都是无边的大。"

在与她的交往中，他懂得了什么是"大"。大，不是目空一切，不是作宏观状，不是从某种高度俯瞰天下。人只要有境界，都可以做到既博大又亲近，既辽阔又丰盈。那便是大智、大勇、大仁、大义、大爱，以及正大光明。

他耳畔响起了德彪西的《大海》。

## 4. 小白楼的"大树画馆"

在天津繁华的商业区小白楼开封道路口，有人发现一个小院子里新挂了一块牌子，上面镌刻四个苍劲的毛笔字："大树画馆。"题写者是冰心。

这是 1993 年秋。新时期以来，冯骥才一直将文学当成一种责任和使命。现在，他的主要兴趣都移情到绘画上，开始了一种个人化的艺术生活。这一年他顺风顺水，小说在国内外不断获奖，各种语言的新书接连出版。与此同时，他筹划已久的建立绘画工作室的工作有了着落。他用自己的画作换来一处房子。房子位于小白楼地区的开封道街口。开封道是旧时美租界的一条小街，夹在盛气凌人的英、德租界之间。房子紧挨着老字号的起士林西餐厅，对面是一排美式尖顶小楼。平日里各种小商品摊位云集，人来人往，很是热闹。房子并不临街。临街有一个低矮的方形门洞，钻过门洞是一个长圆形的院落，中间是长长的花池，种着几株歪斜的老树，院子周围环绕着一圈三层公寓楼。他的画室便在公寓楼一层的一套居室里。

他得到这套居室后马上动手装修，很快就依照自己的审美建成一个充满浪漫气质的艺术工作室，取名"大树画馆"。为何取名"大树画馆"呢？开馆时，他写下这样一段介绍文字——

> 大树画馆乃我理想的艺术天堂。它是我个人的书斋画室，也是以文会友与广结艺缘之沙龙。但求书香融墨香，慧见启哲思，修心亦修行。
>
> 大树画馆之"大树"二字，取意于冯氏先祖汉将冯异，立功为国，但不求功名利禄，每见众将论功，则避于一棵大树之下，因此被尊为"大树将军"。敬我先祖高风亮节，故以大树为名。我老家慈城人皆知一副对联："大树将军后，凌云学士家"，取此名还有一种故乡情结。

画馆建好，他请冰心老人为画馆题写匾额。馆内摆上巨型画案和书架，墙上挂画，四处陈列他珍藏的精美古代石雕、木刻、彩陶、瓷器和民俗文物。还请来一位年轻键盘手帮他打字。于是，他所期望的诗文书画的艺术家生涯便由此揭开了序幕。

就这样，他一路顺风顺水地走进了1994年。新年伊始，他就把一组包括七八个短篇的《市井人物》发表出来。这是他继《神鞭》《三寸金莲》后，在文化反思小说创作上迈出的新步伐。此时的文坛，很多作家竞相落入师法西洋的泥淖，他却立足本土，欲从唐宋传奇、笔记小说和《聊斋志异》等古典文学中汲取营养。他要在这片文学故土中，开出几朵自己的"矢车菊"。

二十世纪九十年代初，冯骥才重拾画笔，灵感频现，佳作迭出，在多地举办"冯骥才画展"，不久又成立了他的美术工作室——"大树画馆"

他对这组小说的设计是：通过塑造一个个独特的有个性的人物，表现天津人的文化共性和集体性格；讲究文字的精简并与方言相融合，以及将"非常的"细节作为一种点石成金的法器。遗憾的是，由于他不久后投身文化保护事业，拟议中的小说只写了一小部分，便不得不暂时搁笔了。

在此期间，他的家庭生活也发生了一些变化：他的儿子冯宽大学毕业后被安排到电视台工作，并与相爱的女友结婚，有了自己温馨的小家。1997年他又有了心爱的孙女，他为她取名"倚文"，希望她与文相倚。他的妻子作为他的贤内助，承担起全部家务，帮助他打理日常生活之必需。关于他自己，一次在与友人的交谈中，他诙谐地给自己画了一幅像——

我与一般作家有很大不同。在一般人眼中，作家应该像张贤亮那样，戴副金丝眼镜，西装革履，文质彬彬。我呢，首先是个不修边幅的人，站没站相，坐没坐相，吃没吃相，头发乱七八糟，衣扣经常扣错，袜子经常穿反；偶尔穿一次西装，打在脖子上的领带像是拴牲口的绳子，走在街上，还以为是一头老牛跑出来了……

"哪里，我看过你穿西装的样子，很帅的！"友人被他的"自画像"笑喷了。

"正式场合可能好一点。作家的逻辑性较强，而我却喜欢感情用事，心血来潮。有一天早晨，我本来情绪不佳，可一欣赏西洋古典音乐，一瞬间仿佛云开雾散，神清气朗，当即铺纸濡毫，写出一条幅：'万般愁绪，百挥不去，一呼即来，十足精神。'被人当作书法'神品'索去。总之，从我的外形到我对生活的感觉方式，我身上具有的特征大部分是画家的而非作家的。"

在中国各地举办巡回画展后，他还应邀将画展搬到海外。首站是奥地利首都维也纳。他和他的团队将几十幅作品卷成一卷带到国外，当地专业布展人员可以把画展做得十分完美。这样一来，开幕式后，他和妻子便有时间观光游览，结交朋友。他看异国风貌，总是离不开艺术审美和中西文化比较的角度。奥地利这个充满巴洛克式华美艺术精神的国度，令他不仅得到美的享受，也得到许多感悟和启迪。在他看来，最美的生活不是物质的享受，而是精神的欢愉和满足。

在多瑙河谷如诗如画的小城瓦豪，他和妻子沉醉在美丽的湖光山色中。

"还记得吗？我对你说过，要带着你到世界各国去游玩。"

"那时怎么可能出国？你纯粹是骗我。"

"幸福有时需要自己骗自己。没有理想，我们能度过那个年代吗？"

"是啊，现在想起来，真像做梦一样。"

第二站是新加坡。在新加坡，由于人口百分之七十以上是华人，他在当地媒体人和作家中朋友较多，演讲时听众们最关心的也是中国最热门的小说。

第三站是日本。画展选址在东京中日友好会馆。邀请方朝日新闻社将画展做得很精心，不但采用形制与色彩一致的镜框，还精印了画集，并请平山郁夫先生作序。日本是一个崇尚精致和重视视觉美的民族，与他们在一起可以将艺术的话题谈得很深。

他曾问一个日本人："如果张三比你强，你是否嫉妒他？"

日本人说："为什么要嫉妒？我要努力向他学习，把他的本事学到手，然后再超过他！"

日本人问他："你认为日本人最大的优点是什么？"

他回答："日本化。"

过去，人们一直认为中日两国是"一衣带水"的邻邦，两国的文化同宗同源，是母文化和子文化的关系。中国人到日本，不仅模样相似（在西方经常被混淆），连日常生活中使用的筷子、毛笔、灯笼、汉字，乃至一些礼节、风俗亦如出一辙，因而很少对中日文化的差异进行比较。他认为，中日在民族精神和文化特质上只有表面的相似，骨子里完全不同。他说，日本自平安时代，不过用百十年工夫，便把中国的唐文化全盘端走，经过消化吸收，适合的保留，不适合的摒弃，变成日本的东西。例如，雨伞和团扇是中国发明的，传到日本后，日本人把伞的原理运用到扇子上，发明了折扇又传回到中国来。又如门，日本人把中国形形色色的门都学走了，唯独留下拉门，适应其国土狭窄、空间宝贵的特点。日本家庭广泛使用的"榻榻米"及席地而坐的习惯，则源于中国汉代……无数的例子表明，日本人不仅对外来文化的消化吸收能力很强，而且不乏民族自信心。他正把这些观察与研究写进一本新作《穿西服的日本人》中。

## 5. 古罗马废墟上的东方人

1995 年，冯骥才对他期待已久的文明古国意大利进行了访问。这次访问使他对中西方文化比较学的研究达到了新的高度。

据说，十九世纪意大利画家最爱的题材，是夕阳中的古罗马废墟。当他置身于这一特定氛围中时，恍若进入漫长的时光隧道，回到那个曾使霸业横跨欧、亚、非大陆的罗马帝国。这是一部依然活着的历史，而非历史的零件、死鸟的零散羽毛、博物馆里的复制品——不妨说，整座城市就是一座硕大无朋、包罗万象的博物馆。

在这座用石头筑造的城市里，到处是古都的残垣断壁，到处是雄伟博大的建筑和精美绝伦的塑像和雕刻。在古罗马斗兽场的废墟上，经历了千年风雨侵蚀的碎石仍静静地躺在草丛中，从未被喧嚣的现代社会所惊扰。严格的法律制度和居民的文物保护意识使它们永世长存。倘若一座古建筑的砖石损坏了，还要用那个时代的砖石修补。修复一座城市宛如修复一件珍贵文物。

除了罗马，他还去了另外三座文化积淀深厚的城市：佛罗伦萨、威尼斯和米兰。令他惊异的是，四座城市风格迥异，竟如四个不同国度！在佛罗伦萨，文艺复兴时期那弥漫着人文主义气息的斑驳清灵，渗透到每一条街道、每一座建筑中。而威尼斯流淌的诗意，更使人陶然流连忘返。他曾于黄昏的静谧时分，独步石子铺就的通幽曲径，观赏那旧式的铁栅、任其剥落的墙皮和一盏盏悄然亮起的古老路灯，细细咀嚼着达·芬奇的《最后的晚餐》，米开朗基罗的《大卫》《母爱》，以及贝尔尼尼、波洛尼亚、巴托洛梅等大师的雕塑，提香、拉斐尔、波提切利、乔尔乔内等巨匠油画作品中的意蕴。

佛罗伦萨的乌菲齐博物馆。他从排队等候参观的长龙中间，迈开大步走了274步才到"龙尾"，排了一个多小时的队伍才进馆。数不清的艺术大师的保存完好如初的原作，其精美和繁复的程度，令人瞠目结舌，艺术和文化的密度令人难以想象。四小时后，他精疲力竭地忍痛"逃"出博物馆！

这种身临其境的感受，是任何其他感知形式所不能取代和比拟的。他感到面前展开了一幅从古罗马到文艺复兴、到巴洛克时代艺术史的鲜活画面。尤其是从中世纪罗马教皇禁锢下"复活"的艺术和人文主义精神，被马克思称为"需要巨人和产生了巨人的时代"，更令他热血沸腾、激动不已。因为他就站在两种艺术——从神到人的转换中间。中世纪的圣母画像千篇一律、呆板僵滞；一到波提切利，人的感觉就出来了，画像变成了美的精灵；到拉斐尔，画像又变成有血有肉的世俗妇女，连皮肤的温度都依稀可感。而达·芬奇，集天文学家、物理学家、哲人、诗人和画家于一身，几乎无所不能，让人只能望其项背、须仰视才见的巨人风范，更给后世留下无尽的深思与惶惑。

频繁的出访使他有机会看到色彩斑斓的大千世界、掌握大量可供研究的第一手资料。作家、艺术家必须以独特视角看世界。无论走到哪儿，他都把搜集到的"菜"，放到自己的"饭锅"里。他的"饭锅"，亦即他准备研究的"点"（视角）——东西方文化比较学。

但是，他的研究又与其他学者不同。以往的研究，切入点往往是东西方文化之间的差异，如中西方文化的"异"、中日文化的"同"。几年前，他写过一本《海外趣谈》，便是通过各种幽默风趣的小故事，寻找一个个"点"，揭示中西方文化的差异，如中国人多喜欢保守，西方人多喜欢冒险；中国人主要花过去的钱，西方人主要花未来的钱；如此等等。如今，他为自己确定的目标是"逆向"研究，即研究中西方

133

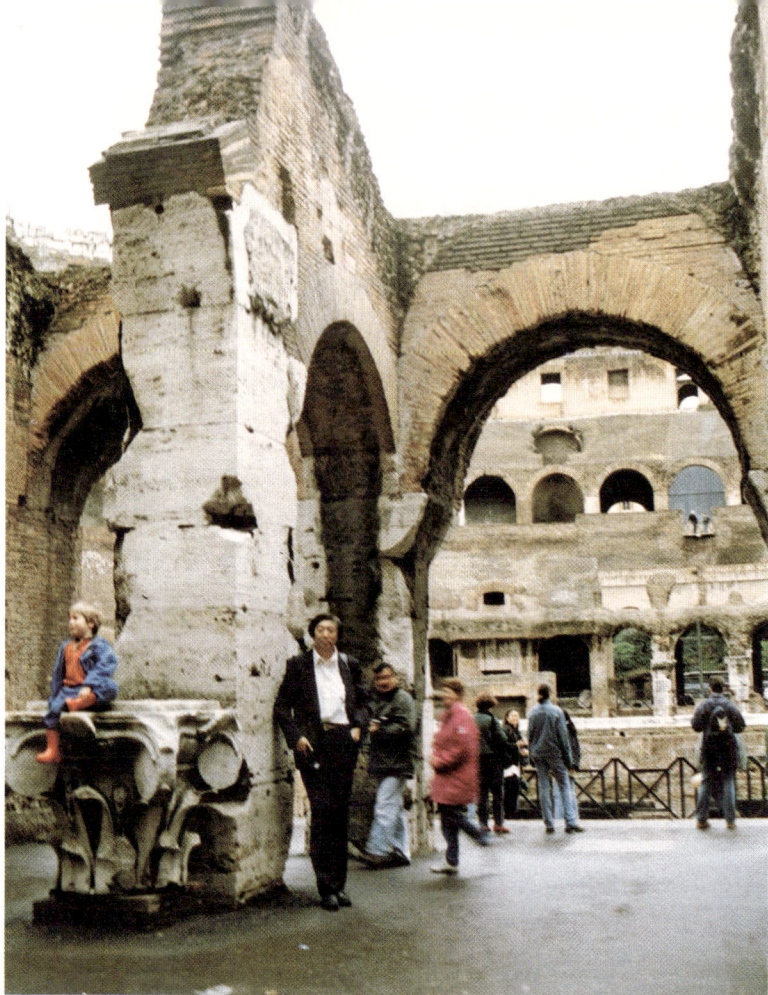

　　冯骥才的触角也伸向世界，热衷于东西方文化比较学的研究。1995年在意大利，他以罗马、佛罗伦萨和威尼斯的文化保护精神，与国内一些古都对比，反问自己：为什么我们不重视自己的历史？

文化的"同"、中日文化的"异"。

　　此番访意，他发现中西方文化存在着大量的、神秘莫测的相同和相近之处。例如，在关于天堂的雕塑中，仙女手中所持乐器，与敦煌壁画"飞天"手中的乐器有异曲同工之妙。古罗马多利克式石柱，中间稍有膨胀，有些柱形干脆演化为大力士，与中国唐代石柱"大力士"只是形象不同而已。在米开朗基罗设计的世界第一大教堂圣彼得大教堂内，他还发现用大理石拼装的地板上，竟有类似中国古代八卦的图形……还有哲学的、美学的、宗教的、社会生活的方方面面，都有惊人的相似——不能不想到，罗马曾是"丝绸之路"西渐的终端！但有谁做过这方面系统性的比较研究？

他想起几年前，他在英国一家酒店进餐，陪同者中，有诺贝尔文学奖获得者威廉·戈尔登，这个小老头起初缄默无语，只顾吃自己的饭，后来终于开口问了一个问题："请问冯先生，中国人为何用黑颜色作画（指中国水墨画）？"

他不假思索地答："因为墨是一种语言。"

戈尔登先生一言不发，面无表情，大概觉得此话没什么意思。

他思忖片刻，又补充道："因为中国人从不把画当真的。"

他举出若干事例，如中国戏曲舞台没有布景，环境和动作是虚拟的；再比如中国画"画鱼不画水，画鸟不画天"，水与天都借用白纸，等等。

戈尔登听了觉得蛮有意思，连说："中国人的审美观太独特了！"

很显然，西方人根本不理解中国文化，或者说，仅仅把它当成一种符号，以满足其猎奇心理。

为何东西方文化长期隔绝，不能相互沟通呢？他认为，除了缺乏共同的历史和文化背景、"西方文化中心主义"作祟等因素外，还因西方人对中国文化有一种由来已久而又根深蒂固的误解。1840 年鸦片战争前后，中国社会处于落后封闭状态。随着西方列强的入侵，最早来华的外国人中有一批传教士，这些传教士回国后，大都撰写了有关中国的回忆录，被称为"传教士文化"。其中，最有代表性的一本被译成汉语，作者亚瑟·史密斯从西方人的视角观察那个时代的中国，其是一种霸权主义理论，是征服者为证明自己"正确"而产生的理论。

从东方到西方、从西方到本土，他在跨越时空的文化探索中，感到了一种压力、一种责任。

中国历史上曾有何等辉煌的时代，漫长的"丝绸之路"横贯亚欧大陆，将先进的璀璨的华夏文化传播到四方，令世人仰慕。现在，当

135

中国进入开放的现代社会时，应寻找一种什么样的方式，使中国文化在世界上发扬光大，开辟中西方文化交流的现代"丝绸之路"呢？

这既是一种机会，也是一种挑战。

在冯骥才的出访活动中，1987年和1997年的两次出访有些特殊——都与一个国际组织有关，这个组织名为"联合国教科文民间艺术国际组织"（IOV）。1987年，由他和舞蹈家贾作光率领中国文联代表团访问欧洲，接待单位便是这个组织，秘书长是法格尔先生。法格尔先生是奥地利人，长着一头浅栗色的头发和一张坚毅的面孔，腰板挺直，态度和善，喜欢穿着奥地利山地民族服装，工作起来总是不知疲倦。他认为民间艺术交流是人类最纯洁的本色的交流，于是白手起家做起这个纯民间又不营利的组织。为此，他不惜捐出个人积蓄，甚至变卖家产来维持组织的运营。

在一定意义上说，正是法格尔先生，使他开始关注传统文化的另一半——广泛的、斑斓的、充满生命活力的民间文化遗产。当时他并未想到，多年之后，他竟走进田野，走进民间文化，并与之完全融为一体。

1997年夏天，联合国教科文民间艺术国际组织在维也纳开会，冯骥才当选为该组织的东亚区主席。

## 6. 走进"人类的敦煌"

1996年夏末秋初，在美国生活了几年又返回北京的李陀，忽然给冯骥才打来一个电话："大冯啊，最近在忙什么？"

"嗐，别提了，本想在我的'大树画馆'专心画画的，谁知文化保护的差事又找上我了。"

"我也来找你。中央电视台想拍一部大型电视片，全面、深入、历史地介绍敦煌。导演是孙曾田，他想用散文化加情景再现的方式表现华夏文明的缤纷多彩，这样的文学剧本只有老兄你写最合适了！"

"是不是想拍成美国系列纪录片《失落的文明》的样式？这个片子我看了，确实拍得不错。"

"你说对了。我想他们一定是受到这个片子的启发。怎么样,有兴趣吗?"

"说实话,在中国真正让我敬畏得五体投地的文化圣地就是敦煌。这是我一个斑斓而神奇的梦。"

"就是说,你同意了?"

"同意是同意,我对自己能否胜任没有太大把握。"

"为什么?"

"你想,近百年来,多少文化精英都与敦煌有过交往,陈寅恪、王国维、罗振玉、张大千、季羡林、常书鸿等,很多敦煌学者穷其一生,也未能破解这座文化宝库所隐藏的全部奥秘。"

"这样吧,我和孙导商量一下,我们先到敦煌走一趟,如何?"

"好哇,我们先去敦煌朝拜一下!"

放下电话,冯骥才心想,今年真是我的"沙漠年"——春天里,他刚刚访问过埃及,在尼罗河畔的帝王谷踩着被阳光烤热的沙砾,去寻找埋葬在大山深处的法老们的精灵。几个月后,他又要到中国的大西北,同样踩着烫脚的荒漠,通过千年丝绸古道,走进充满神奇色彩的敦煌石窟。

几天后,孙曾田邀请冯骥才夫妇、李陀和作曲家瞿小松组成一个小组,乘飞机抵达兰州,然后转乘面包车前往敦煌。

孙曾田富有才气、缄默内向,主意却很多。在兰州,他租用了一辆破旧的面包车,沿着当年张骞通西域经过的河西走廊前往敦煌。冯骥才后来才意识到,这辆破车选得真好:只有在这种破车的颠簸摇晃中,才能寻觅到当年那古道牛车的感觉。这条没有任何现代生活痕迹的千里之途好比一条时光隧道,他在不知不觉中被带入了历史。当他在一条通往玉门关即玄奘走过的丝绸古道上激动得大喊大叫时,他发现孙曾田的眼睛异常明亮。那是一种猎人捕捉到猎物时的目光。他已经如痴如醉地中了他的"圈套",说服一个作家的最好方式是让他深深感动。于是他主动请缨接过了这一写作任务。敦煌已将他对历史、文化、佛教和艺术的想象疯狂地燃烧起来。任何作家在创作激情到来时,都会妄自尊大。这时他甚至狂妄地认为：这件事非我莫属！

在敦煌，敦煌研究院向他敞开了它的全部——莫高窟、榆林窟、东西千佛洞。此时，最著名的 220 号窟正在拍摄高清照片，洞窟内架设了许多照明灯，全部为他打开，画满洞窟的敦煌壁画色彩艳丽而独异，形象繁复而神奇，使他眼花缭乱，恍如置身天国。这时，他眼前仿佛浮现出古代画工们一手举着油灯、一手执笔作画的情景。他们画到哪里，哪里才有光亮，而数不尽的天国景象、佛陀故事、梵山圣水、人间百态、域外珍奇，竟都出自这些无名的画工手中。这是何等智慧、何等技巧、何等卓绝的劳动结晶……经过一番实地观察和体验，中西文明交流史、佛教东渐史、中国绘画史和西北少数民族史等，几条巨大的历史线索在他的头脑中渐渐清晰了，整个文学剧本的架构和脉络也有了一个大致的雏形。

回到天津以后，他便将搜集到的有关敦煌的各种图书典籍、资料画册堆满书房，一步步理清敦煌艺术史上大大小小每条线索、每个细节。例如，敦煌飞天，从北魏到晚唐，人物造型究竟发生了怎样奇妙的变化，这些变化说明了什么，以及这些变化来自哪个洞窟、哪个位置、哪个画面，一一标记在文学剧本上。史诗性是他写作的基调和起点，几条大的历史线索，缺少任何一条都无法涵盖敦煌的博大恢宏。他需要将浩如烟海的庞杂素材全部打碎，按照不同的主题立意重新排列组合，构成一个个动人的形象、构建出深邃的历史空间。这种写法近似于文学创作。

"当我进入写作后，才知道我已经把一个巨大而沉重的历史文化大山压在自己的脊背上，"他告诉妻子说，"将近一年的写作时间，我常常会听到自己的脊梁骨嘎嘎作响。"

"我看你有点自讨苦吃。没人像你这么专注。"妻子半是责怪、半是心疼地说。

"是呀，可能我过于自信了。一旦动笔，才尝到陈寅恪先生所言敦煌学的浩瀚与艰深。有多少空间，由得我来纵横捭阖、恣意挥洒？行笔之间，时时感到笔尖下到处是学问的陷阱，光是敦煌壁画就有四万五千米之多。但不管多难，我都要坚持到底，因为敦煌是我至今遇到的最大和最迷人的写作。"

一年之后，他终于将这部 22 万字的文学剧本写出来了。作品名为《人类的敦煌》。采用"人类"二字，盖因敦煌既是中国的文化瑰宝，也是全人类的文化遗产。脱稿时，他将手中的笔扔在桌上，一人在书房中独坐了许久。他感到塞满躯体的广博浩繁的素材，连同自己的血肉精神，全都搬到一堆稿纸上，留下的是一种美好的空洞感。

《人类的敦煌》出版后在北京召开了研讨会，得到许多敦煌学者的首肯和支持。仿佛意犹未尽，电视片剧本完成后，他又着手写了一本书《敦煌痛史》，书中，他这样写道——

> 1996 年我应中央电视台之邀，创作大型电视片文学剧本《人类的敦煌》。在长达一年多的写作中，我一边沉浸在被敦煌与丝绸之路激扬起的浩荡的情感之中，一边经历了一种异样而强烈的写作感受——即对文化的痛惜。那始自 1900 年的灾难性的敦煌发现史，其实就是近代中华民族文化命运的浓缩。它戏剧性的坎坷经历里，全是历史与时代的重重阴影。
>
> 幸好，从 20 世纪初开始，一代代杰出的知识分子奋力抢救与保护着敦煌。他们虽然是一介书生，势单力孤，但是他们单薄的手臂始终拥抱着那些岌岌可危的文化宝藏。不辞劳苦，耗尽终生。他们的那种文化远见，那种文化责任感，那种文化的正气，连同对处于磨难中的文化的痛惜之情，无不深深地感染着我们！我以为每一代人都有一种责任。那就是把前一代最宝贵的东西传递给后人。

当冯骥才把中国第一批文化保护者当作精神偶像时，当他感到自己与这些文化先辈血脉相通时，便义无反顾地向着文化遗产保护事业，向着下一个时代洪流勇敢冲击！

## 第六章

# 把老城留在画页中

没人推我，我是
情不自禁跳进来的。

## 1.办个年画艺术节

舞台上，正在上演京剧《三岔口》。只见一个白衣武生和一个黑衣"二花脸"，在"黑暗"中相互搜索、缠斗，演到精彩处，台下响起一片叫好声。台下茶座式观众席上，坐着一众身着清末民初服饰的男女老少；几个斟茶倒水、叫卖香烟零食、投掷热手巾把的小伙计穿梭其间……舞台上下，仿佛唱起了对台戏……眼前的一切，使人恍如穿越时空，回到百年前津沽老戏园的氛围中。原来，观众和伙计都是天津人艺演员扮演的，很像后来流行的"沉浸式体验"。

这是二十世纪九十年代初，"天津杨柳青国际年画节"开幕式上的一幕。年画节由天津市文联和天津杨柳青画社联合主办，总策划便是冯骥才和画社社长李志强。开幕式活动的地点特意选择在历史悠久、建筑华美的天津老城里的广东会馆。这一天可谓热闹非凡：各道皇会、中幡、泥人张、风筝魏、面具刘等民间技艺八仙过海，各显其能；现场，杨柳青画师正在表演"勾、刻、印、画、裱"，让观众了解杨柳青木版年画的制作过程和精湛技艺，这在以往的民间艺术展中是从未有过的。而在雕梁画栋、古色古香的戏楼上演出的《三岔口》，则将开幕式气氛推向高潮。专程从北京赶来出席开幕式的吴祖光、新凤霞、黄苗子、杨宪益、王世襄、黄宗江、凌子风、于洋等一众名人，看得如痴如醉，深为津门深厚浓郁的民间文化氛围所感染和折服。

闭幕式在年画之乡杨柳青镇的石家大院举行。这一天正是元宵佳节，到处张灯结彩、火树银花、游人如织；更有民间艺人们踩高跷、舞龙灯，表演各自的拿手节目，洋溢着一派欢乐祥和的景象。如今，城市里的年味儿愈来愈淡，但这里的人们对传统文化情深如故，这令冯骥才倍感欢欣鼓舞。

有记者问："你搞杨柳青年画节，最初的动力来自哪里？"

冯骥才与民间艺术家情同手足

他略加思考说："一种情怀，应该是一种作家的情怀。"

"为什么是作家的情怀？"

"情怀是作家与生俱来的。作家是理性的，更是感性的。在作家眼里，民间文化不是一门学问，而是民间一种美好的精神生活及其情感表达方式。例如，杨柳青年画中最具象征性的《连年有余》，便寄托了人们对幸福、富足生活的美好憧憬。"

"你为什么对年画有兴趣？"

"首先，我是画家，对各个画种都有兴趣；其次，杨柳青这个地方，年文化的味道十分浓郁，又是中国最大的年画产地；第三，我对即将消失的美好事物，有一种想紧紧抓住不放的情感。"

杨柳青年画起源于明万历年间，到清光绪年间，杨柳青已成为北方年画重镇，一时聚集了众多知名画师和雕版艺人，号称"家家会点染，户户擅丹青"。在艺术上，杨柳青年画细腻精美，典雅含蓄，绘画性强。之所以如此，是因天津作为北京的门户，受宫廷绘画和文人画影响较大，从而造就了一批民间丹青妙手。

遗憾的是，由于时代变迁，人们生活方式和审美情趣的变化，曾经驰名天下的杨柳青年画已经难得一见。有一次，他跑遍杨柳青竟然一个年画摊也未找到。

我们的文化香火就这样断了吗？他站在这个徒有其名的"年画之乡"，心中一片茫然。

1990年春节，央视记者敬一丹约冯骥才去杨柳青镇子牙河边一个四合院，录制一期民间过年的节目。央视的消息灵通。他们听说镇上有一家年画老店玉成号霍氏一家，近日将中断的祖传技艺重新传承起来。到了录制现场，冯骥才看到霍家老少三代齐上阵，"婆领媳做"、你印我画一条龙，内心很受震动——这寂寞了太久的杨柳青木版年画，又有了起死回生的希望。他暗想，怎样才能将古老的年画技艺保住、用心呵护，让它重新焕发勃勃生机呢？

他与天津杨柳青画社社长李志强是好友，两人都是画家，都酷爱乡土艺术。冯骥才将他的想法一说，两人一拍即合。天津民间文化资源丰厚，是戏曲和曲艺之乡，民俗、民艺、工艺、建筑等，均有独特风貌。如果将这些资源统统调动起来，就不仅是一个年画节，而是整个城市的文化节了。于是，"天津杨柳青国际年画节"便在他们的策划组织下粉墨登场了。

关于这次年画节的意义，冯骥才曾总结了这样两点：第一，为民间年画举办艺术节，在中华大地属于首创，具有示范意义；第二，围绕艺术节的行动和思考，还出现了一些超出"情怀"的东西，即首次提出的优秀民间文化也是"文化遗产"这个概念。这应该是十年后，他倡导在全国范围内进行"民间文化遗产抢救"思想的由来。

## 2.一次关于"年"文化的对话

冯骥才爱过年。每年腊月二十三前后，他都要往两个地方跑一跑。一是天后宫的传统年货市场，全是应时的用品与饰物，如鲜花、金鱼、窗花、吊钱、对联、福字、年画、香烛等，红红火火，喜庆吉祥。二是去津西的几个乡镇——杨柳青、独流和静海的集市里挤一挤。他认为农民过年的劲头都是在集市上"挤"出来的。为何往农村跑？因为大城市里"年味"愈来愈淡了。但他家里的"年味"从来不淡。除夕当日，他要为高龄老母精心准备八样年货：娘娘宫的绒花"聚宝盆""石榴花"，是为老太太祝寿的；其他如鲜花美酒、茉莉花茶、鱼肉海鲜、干鲜果品，一应俱全。在他看来，敬老爱老，让老人过好年，是我们必须传承的传统美德。除夕夜，全家人欢聚一堂，祭奠祖先，吃年夜饭，燃放鞭炮；初一到初四，他便躲到一个隐蔽之所，关上手机，写字画画，体会一种"关门进深山"的感觉。初五，他还要邀集一众文人雅士品茗聊天，聚拢天津的文化精魂。初六，他照例要搞一次签名售书活动，与他的读者见个面。

为什么改革开放了，经济发展了，年味反而变"淡"了呢？

于是，一次友人给他拜年时，两人有了如下关于年文化的对话——

友人：大冯，过年好！除夕午夜给你打电话，怎么没人接？

冯骥才：嘿嘿，那会儿我到室外放鞭炮去了。

友人：噢？想不到你过年时还有这份兴致。

冯骥才：是啊，我每逢过年都兴高采烈。但今年春节来得过早。我刚从北京办画展回来，很累，有一大堆事务等着处理。到了年根底下，忽然觉得一点年味都没有。我急了，跑了三趟娘娘宫，又到西郊静海、独流、杨柳青等地的年集上采风，选购民间民俗用品。在那些兴致勃勃预备过年的老乡中间一挤，年味就来了。年味在哪儿？一是在自己心里，一是在相互之间，年味是相互感染的。大家都有兴致过年，你也就身在其中了。

友人：看来，你不但爱过年，还得有仪式感。

冯骥才：没错。每逢过年，我都要把屋里西洋风味的陈设收一收，将应时的年节物品花花绿绿地摆出来。我把自己的画也统统摘下，换上珍藏的古版杨柳青年画。我想从中重温祖祖辈辈的生活方式，体验他们对生活独有而深挚的情感，感受深藏在中华大地上的文化底蕴与朗朗精神。每逢过年，我觉得土地是热的，民族这个概念也变得更实在、更动情。

友人：我想，这可能是具有作家和画家双重身份的你，对"年"的一种偏爱吧！作家看问题总是有自己独特的视角，你能从人群中"挤"出年味，又从年味中体验到华夏文化的深厚底蕴；但一个不可否认的事实是，普通人过年的意识已经淡薄了。这是为什么呢？

冯骥才：从文化上看，古老的东方向现代文明迈进之初，自己原有的文化必然受到冲击。这是近年来春节气氛趋向淡化的主要原因。外来文化以先进科技为载体，传播很快，对年轻一代影响最大；原因之二是人们的社会活动与经济行为多了，平时很累，加上现代人喜欢简便、快捷与舒适，不愿再遵循传统的繁文缛节；原因之三是现代生活方式与工具渗透到年俗中，悄悄起到移风易俗作用。比如电话拜年，免去徒步串门之劳；再比如央视春节晚会已成了人们精神上的"年夜饭"。

友人：听了你的一席话，我忽然觉得这"年"的学问还真不小。其中既有民俗学，又有美学、社会心理学、中西方文化比较学。这些东西看起来有点儿玄秘，仔细思量与每个现代人都不无关系，只是，我们没有像你那样从理论上深入挖掘罢了。

冯骥才：好，那我继续给你"挖掘"。新旧两岁更替，即是过年。此时，冬去春来，万象更新，四季开始新的轮回。中国是个农业大国，十分注重节气；节气即收成，收成即生活。所以非常看重这个除旧更新的年。中国的年又在农闲期，火爆热闹的过年象征着生活的蓬勃与生命的旺盛。千百年来，一代代中国人创造出无数方式，使年充满情趣、快感与魅力，构成庞大深厚的年文化。在这年文化中，最深刻、最淋漓尽致地倾注了中国人的民族精神与民族情感，最集中、最鲜明地表现了中国人的凝聚力、亲和力、向心力和浓重的乡恋与黄土情。年根底下，身在异乡异地的人，背着几包当地土特产，嘴里叼着火车票挤上车，说什么也要在大年三十之前赶到亲人中间；拜年的时候，要说吉祥高兴的话，不能找别扭，那种亲情与平时串门截然不同。过年是人们自发搞好团结、加深人情的时候。中国的年是最有人情味儿的节日；中国人每过一次年，就增强一次我们民族的亲和力、凝聚力，也就是加强民族的生命力。所以要让人们过好年。中华民族五千多年来，几经国家危亡之难，但最终转危为安，这就是中华文化的力量。任何一个发达国家在现代化及与世界交流的同时，都注重尊重传统，保护自己的文化。一个民族独有的文化就是这一民族的"根"。淡化传统是自我削弱。我想，那些主张淡化过年意识的人应该研究一下我们的民族史，同时弄懂现代化的真正内涵。

友人：我有个感觉，天津人的过年意识似乎特别强。

冯骥才：的确，在北方大城市中，天津要算年俗氛围最浓、年意最深的一个。原因有很多，一是天津外来人口多，很多居民来自农村，农村的年俗强有力地影响着天津的地方习俗。比如，天津人那么热衷于吊钱和花会，这在其他大城市是少有的。二是由于天津是由码头发展而成的商埠，市民阶层大，百姓重实利，理想的目标既短暂又具体，生活要求很实在，这种心态就很自然地寄寓在各种年俗中。造成地方年文化的烦琐与浓郁、挥霍与火爆、过激与炽烈并存，地域特色非常鲜明。三是位于旧城东的天后宫是天津最早的市中心，也是天津地方年文化的源泉。这一地区对年文化起到固化作用。由于天津赋予年文化生长浓厚的土壤，才使得杨柳青年画、易德元剪纸、天津皇会等民间艺术名扬四海。这些民间艺术反过来增强了年文化的魅力与持久性。至今天津人过年时，采买年俗物品和应时点缀都要到天后宫来。天津人仍在丰富自己的年文化。

友人：对现在各地出台的"禁炮"规定，你有何看法？

冯骥才：鞭炮不是一种罪过，而是一种民俗，谈不到"严禁"二字。民俗是被公众认可的、历代传衍下来的一种文化生活方式和民族情感的表达方式。一旦这种方式形成，便成了这个节日的象征。中国人在深夜12点时燃放爆竹除旧更新，如同西方人在圣诞之夜狂欢一样，既是万民同庆，也是各自心情的宣泄。表达喜悦也好，避邪驱"小人"也好，都是为了达到一种轻松、一种欢快、一种释放。深深的年意也融于其中。倘若大年夜隔窗望去，外边万籁俱寂，云天漆黑，那是一种什么感受？西班牙人斗牛时充满风险，但西班牙人不会禁止这一风俗，这样的例子在世界上不胜枚举。因为风俗浸透着一个民族的精神与情感。对一种浓郁地表现民情民意的风俗，最好不用禁令。一个民族的文化方式被戛然而止，恐怕也不可能。

这次对话之后，冯骥才又在《今晚报》上发表文章《禁炮不如限炮》，引发强烈社会反响，致使市人大会议上做出"暂不禁炮"的决定。他闻讯又写了一篇《此举甚妙甚好》，称赞政府"体恤民情，顺乎民意"。他这两篇有理有据的文章，直接影响了政府的决策，使天津市民在喜庆的鞭炮声中，迎来一个个充满希望的春天。

## 3. 把老城留在画页中

天有不测风云，1994年岁末，忽然从媒体上传来一个消息：马上就要到建城六百周年的天津老城即将拆除，全部荡平，片瓦不留，然后建起一片商业化的新城区。冯骥才听到这个消息有如五雷轰顶。谁也不会怀疑这一消息的真实性。因为有一个口号已经响彻中国大地：旧城改造！他万万没想到这个翻天覆地的城市改造大潮，瞬间来到自己的城市，一下子扑到自己身上！

据说老城区拆除后，将由天津和香港开发商联合建造一座"龙城"。正在猜想未来的"龙城"是何模样时，他收到一张彩印的"龙城"广告。广告这样描绘了其规划：老城南部以摩天轮、室内过山车和4D数码影院为主；城厢地带建设高档写字楼、酒店与商务中心；老城东部将建起一片流光溢彩的"铜锣湾广场"。广告上还用大字宣称它是"纯粹香港风情，让人忘了身在天津！"

让天津人身在天津，忘了天津？

荒谬！荒唐！他感觉自己一下子蹦了起来。

几乎一夜之间，他刚刚建起的"大树画馆"好像改变了性质。进进出出的已不是谈诗论画的文人雅士，而是风风火火为老城"告急"的友人。这些人都是与他在本土文化上志趣相投者，还有一些本地乡贤及"天津通"。其中，情绪最焦虑的是他的老友张仲，此地的文化人中，没有一个比他更爱天津。老城的历史变迁、风土人情、民间俚语、烟火气息都深藏在他的内心和情感里，被誉为天津的"活字典"。

他用一口纯正的天津话对冯骥才说："大冯，老城可是咱天津的活化石，我们总不能眼睁睁地看着它说没就没了！"

"谁说不是呢！我的大量小说和散文都来自老城，作家与他笔下的人物和土地命运攸关，我怎么能接受老城消失于无形呢！"

"那怎么办呢？"

"你要知道，政府对一座城所做的决定是不可逆的。现在只有一个办法：拍照。用影像把老城记录下来，保留在画页里。"

"这个主意好。"

"这是我们能做的和必须做的。我们是个文化大国，但长期以来，不重视自己的文化，文化流失比较严重。所以，保护文化遗产迫在眉睫。它虽不能产生立竿见影的效果，但积累起来，多少年后，可能影响一个地区、城市乃至国家的精神风貌和文明素质。"

对老城进行摄影采风，他的这个主意与他22岁时用一架破旧的"海鸥"相机调查和记录老城的砖刻艺术，有一脉相承的关系。不同的

是，那次是他一个人独立完成的，这次工作量浩大，需要团队作战；而且这是纯粹的民间行动，必须全是志愿者。这个团队要由两部分人组成：一部分是精通天津历史的专家，另一部分是摄影家。因为他与这两部分人平时多有交往，也因为他的社会职务、知名度和影响力，很快，几十个热衷于文化保护的志愿者纷纷聚集在他身边，其中包括张仲、崔锦、黄殿祺、林开明等文史和民俗专家，刘震、池士潭、李大平、李瑞雨等摄影家。

老城的居民们惊奇地发现：近来，不知从哪里来了一些身穿红色摄影背心，拿着照相机走街串巷、登高上房四处拍照的人。还询问，每条街道、胡同的名称是什么，有什么来历和故事；还有人像测绘师一样，把它们画在"老城地图"上。不仅分区划块，还分门别类，诸如城区风貌、名人故居、历史遗址、商铺店面、院落民居、街头巷尾、生活民俗等，一一记录在案。一问才知，这就是冯骥才组织的"老城采风队"。每天，采风队员都把拍摄完成的胶卷送到"大树画馆"，然后冲洗照片、分类整理和编写说明。其中产生的费用均由冯骥才和他的画馆担负。他的办法依然是卖画。所得款项用于购买胶片、租车费和工作餐等。而志愿者们的动机都非常纯粹，常常自掏腰包不找画馆报销。

在对老城的地毯式搜索中，冯骥才惊异地发现：城里的胡同拐来拐去，拐弯处的墙角都被抹成圆形，抹得五花八门，煞是好看，表现出城里人巧用空间的智慧。还有民房上的烟囱形态各异：雕花的、大福字的、亭阁式的，不下十几种。那些封闭的、层层递进的、带绣楼和花园的豪门宅院，建筑形式亦很独特，与北京的四合院迥然不同。此外，他们还发现了一些具有文物价值的历史遗迹，如明代的水井、被八国联军枪弹射穿的大门、日本江户时期大漆描金雕花佛龛、清末画家吴昌硕的书信等。

他原本以为，他们的艺术行动，是知识分子和文化人的事情，与老百姓的现实利益距离较远，不会引起人们的多大兴趣。这次下去，感到老百姓对自己创造的文化有一种割舍不断的感情。一位八旬老翁，主动献来珍藏多年的拆除前的鼓楼照片；在街上采风，常有热心人当向导、送梯子，提供种种方便。而当他们谈起砖刻大师马顺清、刘凤鸣，大书法家华世奎，以及曾经居住在城里的其他文人墨客、达官显贵时，那种荣耀感与自豪感溢于言表。

一个月后，春节将至，为了记录六百年老城的最后一个春节，冯骥才灵机一动，请一位摄影家除夕登上城北一座最高的酒楼顶上，记录下老城子时燃放鞭炮的热闹景象。一时烟花腾空，万炮齐鸣，烟雾弥漫，震耳欲聋。城中十万百姓，仿佛在向世代生养自己的老城做最后的告别。冯骥才无限感慨道："看到这幅照片，我几乎掉下泪来。这座古城的辉煌就此定格了。我们无法挽救它，但也无愧于它，因为我们把它的'遗容'完整地保存在一部画册里了。"

对老城的抢救行动一直持续到1995年初夏。在此期间，冯骥才以市文联主席、知名作家等身份，与政府方面就老城文物保护问题进行了交涉。他的奔走呼号感动了市领导。在市领导的支持下，终于将老城中心的鼓楼一带和东门里大街原生态地保留了下来。

不久，老城摄影采风的成果浮出水面——《旧城遗韵》大型历史文化图集出版了。冯骥才在序言中深情写道——

151

天津老城自明代永乐二年（1404）建立，于今五百九十年矣！世上万事，皆有兴衰枯荣，津城亦然……而城中十余万天津人世世代代繁衍生息于此，渐渐形成其独特的生活方式和文化形态，并留下大量历史遗存。这些遗存是天津人独自的创造，是他们个性、气质、才智与勤劳凝结而成的历史见证……而津城将拆，风物将灭，此间景物，谁予惜之？于是，本地一些文化、博物、民俗、建筑、摄影界有识之士，情投意合，结伴入城，踏访故居，一边寻访历史遗迹，一边将所见所闻、所察所获，或笔录于纸，或摄入镜头。此举应是有史以来对老城文化的一次规模最大的综合和系统的考察。我称此举是一次文化行动。

令冯骥才意外的是，画册出版后竟然也帮了古董贩子的忙，他们按图索骥，到老城翻箱倒柜、搜奇觅宝。竟然还有贩子找上门来，请冯骥才为他们趸摸来的东西"掌眼"。冯骥才觉得问题严重，决定跟他们到老城走一趟。

冯骥才一到老城就听到了推土机的轰鸣声，只见尘土飞扬，到处是残垣断壁、成堆的废墟，以及被丢弃的杂物。一些人家卖掉的东西中，混杂着不少有价值的历史遗物。数百年积淀的历史正被现代化的大潮摧枯拉朽，场面令人触目惊心！

他随古董贩子走进一座仓库似的大屋，里面堆满旧家具和从老房拆下的梁柱门窗、镂花隔扇、砖雕石刻。这些被拆得七零八落的东西，带着旧尘老土的气息，黑乎乎、破破烂烂，犹如一堆残肢断臂。上前细看，这些建筑构件，无不精致考究。尤其是那些隔扇门，高达丈许，铺地锦图案，其古雅沉静的形制，一看便知是清中期豪门巨富的家居用品。一问，果然是享誉津门二百多年的金家老宅。这金家始自康熙年间山水画大家金玉岗，以丹青翰墨世代相传，后人皆为学者名士，濡染了老城一方水土的文雅之风。这可能是老城最后的一点文化遗存了。

贩子们可能揣摩到他的心理，极力请他为这些从老城搜罗到的文物"掌眼"：从刻竹对联、墀头砖雕，到书轴版画、孟广慧的信札……他生怕这些文物流散，连连称好，结果中了小贩的圈套。待他问价时，小贩脱口便是天价。他只好出高价买下。此刻他真的感到：人间万物皆有命。小到一个杯子，大到一座城池，该兴则兴、该亡则亡。轮到消亡之日，一如风吹尘散，谁也阻挡不住。

在市政府的一次会议上，冯骥才见到主管城市建设的副市长。这位副市长是学建筑出身的，有些文化眼光。冯骥才对他说："天津人在老城用六百年时光凝聚的历史文化元气马上就要消散了，现在各地来了很多古董贩子正在趁火打劫。"

"你有什么应对之策吗？"副市长问。

"我们应该建一座博物馆，把属于老城的有价值的东西放进去。再晚就什么也没有了。"

"我也想到建博物馆了。可是馆藏的东西从哪儿去弄?"

"博物馆的东西不用政府购买,最好发动老百姓来捐。这事我可以牵头做,建博物馆的事得由您来发话。"

第二天,副市长就叫南开区区长带着城建、文化等部门的主管干部来到"大树画馆",商量建老城博物馆的相关事宜。这令冯骥才十分感动。很快他们就将各项工作及推进办法确定下来。馆址选在老城保留下来的鼓楼东一座临街的四进宅院,其间量阔大,精致规整,是原南开区环卫局办公大院,现在空着,作老城博物馆最合适不过。不出两个月,院落就装修好,冯骥才为"天津老城博物馆"题写了牌匾。然后择日举办了开馆仪式。

开馆仪式上,他动情地说:"我们天津人能够保留自己的文化。今天开馆的老城博物馆,可以让青年人认识自己城市的历史、发祥的原因、祖辈生活的形态,以及他们如何通过自己的经验、智慧,将一片荒碱地建成一座国际大都市。老城文化具有独特的认识价值。这实际上也是一种'寻根'。一个海外游子归来,一方面希望家乡旧貌换新颜,另一方面也希望有迹可循,感情有一个依附、排遣的地方,可抒情、怀旧的地方。这就是根的感情。"

随后,他将此前从贩子手中买到的几件木雕石刻带头捐赠给博物馆。媒体宣传出去,老城百姓踊跃捐赠,大量属于老城历史记忆的珍贵物品源源不断聚拢而来。

老城消失了,它的精魂却被留在了画页和博物馆中。

## 4. 走遍"三个空间"

老城被留在画页中了,接踵而至的一个问题是:老城可以代表天津文化的全部吗?答案是否定的。根据史学界以往的结论,认为天津城市文化特征分为本土文化和租界文化两大块。冯骥才经过近年来的实地勘察,首次发现老城区与海河沿岸不属于同一种文化空间——老城文化为儒家精神所笼罩，严正整饬，具有中国北方古城那种规范化的特征；而老城之外的"宫南宫北、河东水西"，则表现为一种强悍好胜、生猛鲜活的"码头文化"。《神鞭》基本属于"码头文化"。《三寸金莲》反映的基本是老城文化。而"租界文化"，基本是一种受西方文化影响较多的上层文化，曹禺的《雷雨》《日出》即以这种"租界文化"为背景。

也就是说，天津的文化存在"三个空间"。"三个空间"的概念厘清了，也就把握了这个北方大商埠风格独特的人文背景、斑斓夺目的文化色彩和城市性格。所以，在完成了对老城的摄影采风后，冯骥才又率领他的团队，马不停蹄地展开了对天津九国租界的小洋楼和"宫南宫北、河东水西"的调查采风活动。准备继《旧城遗韵》后，再推出《小洋楼风情》《东西南北》和两部大型历史文化图集。

天津，被称为"万国建筑博物馆"，毛泽东有句名言："北京的四合院，天津的小洋楼。"足以证明小洋楼乃津城最显著的建筑特色。冯骥才即出生在英租界的五大道地区，对这里的一街一巷、一草一木都了如指掌、感情深厚。

"天下任何名城的魅力，首先都来自它独特的建筑美。它是城市情感和精神的化身，是一方水土不可替代的人文创造。"在与几名文史专家讨论小洋楼考察采风计划时，冯骥才说，"不错，小洋楼是中国处于半殖民地半封建社会时期的历史产物，是西方对中国政治和文化上的一种强加。但是，我们可以否定一段历史，却不能铲除这些历史的遗存。正如黑格尔所说，不能倒洗澡水时，连孩子一起倒掉。作为历史遗存，它具有历史价值、文化价值和审美价值。这种价值不仅属于历史，更属于未来。"

为了将小洋楼风貌凝固在画面中，冯骥才组织四十余位摄影家，穿街入巷，有序开展摄影采风。为选择一个最佳角度，等候一个最佳光线，摄影家们常常一连多日守在景物面前，以获得最佳光影效果。在拍摄过程中，他们深感小洋楼多姿多彩、风格迥异、造型精美，以至于一扇门、一根柱子、一处墙饰和一个阳台，都极尽华美，极大地刺激了他们的创作激情。历经春风秋露、夏暑冬寒，一年之中，居然拍摄小洋楼图片一万五千多帧，以致在后期编辑画集时，不得不大量删减，忍痛割爱。

一天，一位主管文教的市委副书记找到冯骥才说，市里有个想法，想把五大道中心的民园体育场迁到市郊，将这块地皮交给香港一个开发商建设一片高楼，问他有什么意见。

冯骥才一听就急了："书记，这可不行，五大道是天津最美的城区之一，各国各式建筑琳琅满目，名人故居比比皆是，如果中间盖一片高楼，这片街区就毁了，天津城市的独特性和整体性就没了。"

"明白了，我会把你的意见转达给其他领导。"

一周后，副书记打电话告诉他："你的意见领导们同意了，民园体育场不动了！"

他听了既高兴又欣慰——看来，他通过"两会"和媒体不断呼吁提高全民的文化保护意识，让知识分子参与城市发展规划的努力，已经初见成效了！

在小洋楼摄影采风的第二年，冯骥才又组织了对天津第三个文化空间的摄影采风行动。这是一个往往会被忽视的文化空间：它沿天津的母亲河海河而存在，远在老城和租界之前便已形成，是一种蓬勃强劲、充满活力和张力的文化空间，是地地道道的码头文化。具体地说，它东起大直沽、西到水西庄，正中是以天后宫为中心的宫南宫北。

与老城和小洋楼相比，码头文化的采风难度最大。因为这个地区的文化，没有规模，很少群体，遗存不多，只剩一些散落孤零的细节。所以冯骥才称其为"历史的拾遗"。例如，乾隆皇帝曾四次驻跸的水西庄，位于城西北的南运河畔，是天津盐商查日乾、查为仁父子所筑园林，历史上曾是文人雅集之地，繁盛一时，后逐渐衰落，至今已荡然无存，只余两只石狮。至于大直沽，素有"先有大直沽，后有天津卫"之说，最早形成于元代。而元代之前的历史，则是当地居民的"口头传说"，无以为证。所以这次采风明显带有发现、探索和研究的意味。而张仲、崔锦、魏克晶、陈雍、李健新等专家学者和李瑞雨、段新培、

田丕津等摄影师，极具文化传承的责任感和敬业精神，凭着一把精神的"洛阳铲"，努力挖掘被时光尘封的人文光辉，将一个个历史遗落的细节、支离破碎的景象重新构筑起来。考察中他们了解到，大直沽从前有座天妃宫，被八国联军烧掉了。不久前，这块地皮被开发商买下拟建商品房。有庙宇的地方往往是城市最早的聚落中心，于是，他们请考古队去进行考古挖掘。考古队一层层往下挖，犹如掀开一页页史书。结果，挖出了宋末元初的文物，证明这个地方便是天津的"根"了。冯骥才马上给市领导写信，请求保护这块城市的"胎记"。市里采纳了他的建议，花三千多万元回购了这块地皮，并在此盖起一座"天妃宫遗址博物馆"。

1999 年，兔年新春，在以娘娘宫和宫南宫北为基础建起的天津古文化街，出现了一次罕见的人文景观：来自这座城市四面八方的人们一大早就排起长龙，为的是购买由冯骥才主编的大型历史文化图集《小洋楼风情》和《东西南北》。

一位中年妇女，被问到为何要买这本图集时说："我以前住在老城区，天天惦记着住新房；现在住上新房了，偏偏又怀念老房子。翻开这本画册，我好像又回来了。"

更有趣的是，一位老者请冯骥才在画册上题写"给我的孙子"，问他孙子姓甚名谁，老者扑哧笑了："孙子还没生出来，就想让未来的孙子知道祖辈住在什么地方，住的地方是什么样儿。"

图集的出版也惊动了海外。奥地利驻华公使在致冯骥才的贺电中说："您的行动堪称创举，它们对拯救那些值得保留的古建筑意义重大。"法国驻华大使毛磊在信中说："您作为一位著名的备受关注的作家，不辞劳苦地组织起一支富于才华的创作班子，完成了这一要求甚高的计划，对此我深表赞赏！""这些跨越历史长河而幸存于贵市的建筑，如今已成为人类共同的遗产，法国读者自然会深受触动！"

冯骥才则笑言，这是他和一群文化志愿者给天津人民留下的一张"爷爷奶奶的照片"。

## 5. 依旧活着的空间

冯骥才关于老城的抢救行动，引起了一位外国人的特别关注。他便是法国驻华大使毛磊。毛磊再次邀请他和夫人于2000年秋访法，计划时间两个月，扎营在巴黎古老的拉丁区，紧挨着富于浪漫气质的圣·米歇尔广场。进入拉丁区腹地，他马上被弥漫着动人古典气息的老街，鳞次栉比的百年老店，弯弯曲曲的小巷和被岁月磨光的凹陷的石子路包围了，恍如坠入了巴尔扎克小说所描绘的世界。

巴黎，有着浓郁的历史感、厚实的文化积淀和深入骨髓的人文精神。

初到巴黎，冯骥才夫妇受到主人热情接待，被安排了专车和翻译人员随行。原以为会下榻一个比较讲究的星级饭店，孰料，专车送他们到了一条狭窄的旧街，穿过一个古老的门洞，进入一家老式旅馆。旅馆内的"老爷电梯"只能容纳两个人。因此，大冯夫妇只好自己提着行李箱爬上三楼的客房。令他们颇感意外的是，客房内的卫生间却是现代化的。旅馆内古堡式的地下室和会客厅内，亦陈列着昂贵的古董。

陪同的法方翻译问："冯先生，您觉得这个旅馆如何？"

冯答："很有味道。"

翻译说："您住的是典型的巴黎老宅，您喜欢这样的房子我们特别高兴！"

这时，冯骥才明白了巴黎人的一个基本理念：现代化固然是美好的，在昔日的历史空间中生活则更合他们的口味——他们更爱自己的文化！

巴黎有一个古老的街区沃日广场，广场上花团锦簇，周围是一圈回廊式的古典建筑。尽管这里房价奇贵，巴黎人却以居此为荣。他们会有根有据地告诉客人：维克多·雨果曾在哪栋楼房居住；莫泊桑曾在哪间房里写作；莫奈曾在哪家咖啡馆与毕加索聊天……加上冯骥才参观的巴尔扎克故居、达·芬奇故居，仿佛每座老房子都在讲述着各自的故事；这些艺术的巨匠们走了，但他们生活过的空间仍旧活着。

巴黎到处都是工地——不是盖新房，而是维修旧房。早在十八世纪末，这里就有城市保护法；二十世纪七八十年代，国家又颁布了文物保护法，规定在名建筑周围 500 米以内不得擅自动迁，必须动迁的要经规划部门专家定夺。在阿尔斯纳尔馆——巴黎城市规划展览中心，冯骥才不仅看到巴黎市的历史变迁，而且通过电脑洞悉了今后一百年巴黎的远景规划，包括每条区街、每个细节，如巴黎圣母院的未来格局。

法国人为修复自己的文物兴师动众，不惜血本。据说，他们维修凡尔赛宫的一把椅子耗时一年；修复路易十六皇后的一间会客室竟用了三十年！这间十几平方米的小屋，从墙布、家具到壁炉，均按原貌加以修复，而一小块原始的墙布被镶在镜框里悬于壁上，以表示他们对历史的尊重！

就"整旧如旧"的问题，冯骥才问法国文物局一官员："整旧如旧，究竟是哪个'旧'？"

官员说："你的问题特别好。你的观点是什么？"

"我主张用'减法'而不用'加法'，标准有三：一是修复损坏的部分；二是清理尘土、油烟、雨水冲刷的痕迹；三是清除对古物有害的细菌。总之，'减'什么都不能将时间感、历史沧桑感减掉，要使'整旧如旧'后的建筑或文物具有审美的历史感。"

"你说得很好，我们的观点是一致的。"

问到法国何以能斥巨资保护文化生态时，这位官员的回答意味深长："不错，我们花的钱是没数的，但赚的钱更多。法国有 6200 万人，每年到法国旅游的人数达 6500 万。比法国人口还多的人赚了钱来这儿消费，这是我们一笔永恒的财富！"

在现代化进程中，世界各国面临一个共同的课题：如何在大规模的城市改造中，保护其固有的文化生态。作为一个文化人，冯骥才近年来做了许多相关的呼吁和工作。他认为，与一些西方发达国家相比，我们城市人文的东西比较稀缺，如果我们不重视这个问题，再过二十年，城市之间的特色便会趋同；而一旦其原有的风貌遭到破坏，再恢复就不可能了。

他的观点引起西方媒体的关注。这也是法国外交部邀他访法，就城市规划、保护和维修措施进行交流的原因。

而文化交流的首要意义在于相互启示。在法国，冯骥才了解到作家在文化保护中的特殊作用。曾经站在巴黎城市保护前沿的三位作家——雨果、梅里美和马尔罗，以他们敏锐的文化眼光和作家的情怀，率先提出了人类遗产除了个人私有财产外，还有一种公共文化遗产，是必须加以继承和保护的。早在1832年，雨果便撰文《向文物的破坏者宣战》；马尔罗做过法国文化部部长，他将自己的影响力融入国家公器，其文化保护便有了双倍的效力。在此基础上，法国人又做了一件极其重要的事情：他们在1984年将每年9月的第三个周末确定为"文化遗产日"。由此，人们的文化情感和保护意识便得到了固化和提升。这些经验无疑是值得我们学习和借鉴的。

除了借鉴法国文化保护的"他山之石"，他也向法国朋友介绍了中国的经验，特别是天津五大道、解放路恢复历史原貌的经验，以及在天津的发祥地之一大直沽，当一家房地产公司兴建住宅，从地下发掘出一些有价值的历史文物时，市领导亲临现场视察，并很快做出决定，由市政府斥巨资收回地皮，保护这一难得的历史文化遗存。

法国友人说："祝贺你们，你们保护了自己的文化，也保护了整个人类的文化。"

冯骥才说："世界各民族创造了自己独有的文化；文化虽不是共有的，却是共享的！"

法国友人又说："你们一定会找到保护自己文化的最好方法。"

冯骥才表示赞同："是的。每个女人都是最会打扮自己的。"

法国人天性浪漫，他们对这个幽默的比喻马上心领神会。

第七章

# 回报生命的源头

人生到了一个甲子，我渴望生命仍保持一种张力。

## 1. 生命的"蛋糕"被"瓜分"了

人类社会进入了二十一世纪。不知为何，二十一世纪不是从 2000 年算起，而是从 2001 年算起的，为此，人们还曾有过争议。

"生命的洪流缓缓穿过世纪末深邃的峡谷，流入新世纪；那一瞬间，我感到自己进入一个辽阔、闪闪发光、无边无际的时空里。生命跨越世纪是奇妙的，而且绝不会平平常常。"

冯骥才在 2001 年元旦那天，写下这样一句话。

他的预判是准确的。刚刚进入二十一世纪，他便遇上两件从此改变了他人生轨迹的大事：一是天津大学要建立一个以他的名字命名的研究院，聘请他为院长和终身教授；二是他当选为中国民间文艺家协会主席。

2000 年岁末，他在北京的一个会议上见到了中国文联党组书记高占祥。

"民协要换届了，大家都希望你去做民协的主席。"高占祥态度诚恳地说。

"为什么是我？"

"历史上的民协主席常常是有影响力的作家担任的，比如郭沫若、周扬、老舍等。"

"需要坐班吗？"

"我就知道你最关心这个。放心吧，不会占用你太多时间。你不用常驻北京，民协有重要活动你露个面就行了。"

"好吧，我确实一向偏爱民间文化。"

"民协需要你的影响力。"

"谢谢你一向这么器重我。"

话分两头。

一个早春的日子，天津大学校领导与冯骥才一起，为即将成立的冯骥才文学艺术研究院选址。走到天津大学太雷路毗邻青年湖的一块开阔地时，阳光明媚，微风拂面，冯骥才顿生一种"有山有水"的感觉，不觉脱口而出："把这块宝地给我吧！"

"好，那我们就拍板了！"校领导亦答应得十分爽快。

冯骥才文学艺术研究院的建筑形式和风格，对画家出身的冯骥才来说，也是马虎不得的。由谁来设计这座建筑？举棋不定间，有人毛遂自荐了。他叫周恺，曾留学德国，是一位长相帅气又有才干的青年建筑设计师。二十世纪九十年代，冯骥才在德国一所大学演讲时，周恺曾在现场聆听并获益匪浅。学成回国后，担任了天津估衣街拆迁改造的设计师，曾主动请教冯骥才如何在老城改造中，保护历史文化遗存。

两人应该算是老相识了。一见面，周恺便对冯骥才说："我想给你盖一座现代建筑。"

"随你，我也喜欢现代建筑。"冯骥才笑了笑说。

"我要把围墙盖得和房子一般高。"

"我可不想蹲在炮楼里。"

"我要在墙上开出一些大小和形状不同的方洞，那是一些挂在墙上的巨大画框。画框里的画是活的。天上有云时，画框里就有云。鸟儿飞过时，它就在画框里飞。"

"你的想法很美、很梦幻。建议你设计这些画框时，看看蒙德里安的'格子画'。"

"我也想到蒙德里安了。"

冯骥才笑了，他欣赏周恺的审美。

为了让周恺更好地理解他的意图，他连夜写了一篇文章《对一座建筑的向往》，阐述了他对这座建筑从总体构想到使用功能，包括人与自然的关系、文化与建筑的关系等，让周恺拿回去参考。

三天后，周恺兴冲冲地来电说，图纸设计出来了！冯骥才当即请他到"大树画馆"商谈。

那天的情景，让他想起赵丹拍摄的电影《聂耳》中的一个镜头，当

时，周恺让他看一张，往地上扔一张，扔得满地都是图纸，可见他对自己的设计是多么激动和得意。

"你的构思很厉害，超出我的想象。"

"你就没有修改意见了吗？"

"基本没有。我支持你完成自己的想法。"

周恺的设计得到了相关部门批准，6月份就试桩了。

这样，天津大学便实实在在将他"关"在这座研究院里了。他是个酷爱在空间里发挥想象的人。虽然建筑实体还要几年后才能竣工，但是他已经开始构思自己理想的世界。他想把未来的研究院办成一座艺术博物馆式的研究院，将从北京和各地搜集来的艺术品和文物分布在画馆的里里外外。有北宋的翁仲、东魏的佛首、乾隆二年（1737）砖雕的司马光家训、嘉庆九年（1804）的彩绘屏风、山西豪门的马车和上马石等。

3月19日，他当选中国民间文艺家协会主席。当晚，他就在自己的日记上画了一个圆圈。这个圆圈是他一年三百六十五天的时间，是他的"生命蛋糕"。他本来事情就多，如今又新增了民协和天大两项工作，就必须认真切一下"蛋糕"，分配一下自己的时间了。

他是这样分配的：写作，75天；研究院，75天；城市保护，30天；绘画，30天；市文联，15天；中国文联，15天；中国民协，15天；民主党派，15天；小说学会，9天；全国政协，21天。

一年中三分之二以上的时间都给了社会。他自己呢？

三年前，他喜迁新居。新居位于天津市南开区卫津路的一幢公寓里。与市中心南京路云峰楼的喧闹相比，这里相对偏僻清幽，适合他在没有外界干扰的状态下，一个人静静地写作和画画。这是他在天津居住的第十一个地方。

新房是跃层式的，分上下两层。装修偏向欧洲古典风格，沙发、壁炉、油画、花卉和绿植，是必不可少的构成元素。而他多年收藏的古瓷、彩陶、佛像、石雕、民间艺术等中国元素亦点缀其间，营造出一种中西合璧、高贵典雅的艺术氛围。在家具中他偏爱椅子——不是一般椅子，而是看上去舒服、款式又别致的椅子。一旦遇上，便想将它请入家中。这样的椅子不是用来坐的，而是一种摆设，一种颇具审美意味的"生活雕塑"。

他的画室里不放椅子。无论写字或作画，他都喜欢站着完成。画国画有个特点，因为宣纸会被水墨洇湿，必须等画面晾干才能再画。这时，便可坐下小憩片刻了。画室无椅，他便到走廊上小坐。走廊一端通着画室，一端连接书房。两端花木葱茏，绿蔓缠绕；几把藤编或木构的椅子掩映在花木簇拥中，犹如置身田园。景色一直延伸到他的封闭式阳台。这里有随季节变换的绿植、不会凋谢的干花，也有悬吊在空中的绿萝和葫芦。他沏上一杯茶，打开音乐，优哉游哉地享受这一切。待到水墨干得差不多了，便起身回到画室，染翰挥毫，一任性情，让心中的风景跃然纸上。

## 2. 甲子回乡摆寿宴

"老冯，今年是你六十大寿了，你打算怎么过？"新年伊始，妻子就想到了这个问题。

"我想在父亲的家乡宁波、母亲的家乡济南和自己出生的燕赵之地举办画展，感激家乡的养育之恩，表达对生命的敬畏。你觉得如何？"

"好哇，我赞成。宁波你已经有十年没去了，当地不是还请你去考察吗！"

"是的，我还要再画些新画！"

他生在春天。春天的脚步临近时，他也收拾行装出发了。

2002年3月，宁波。阔别十载，属马的冯骥才千里迢迢，载着他的一车书画和书籍，回宁波老家省亲来了。于是，浓烈得如甘饴似醇酒的乡情、亲情、友情，便伴着他的身影，弥漫在古老的天一阁藏书楼、慈城的百年老屋、书店以及每一处他与故乡"对话"的地方。那里有等候他签名的长龙。

3月28日清晨，宁波天一阁笼罩在一片迷蒙细雨中。冯骥才甲子

昔日入故里乡
情憧满怀中
年成一梦又
墨再归来

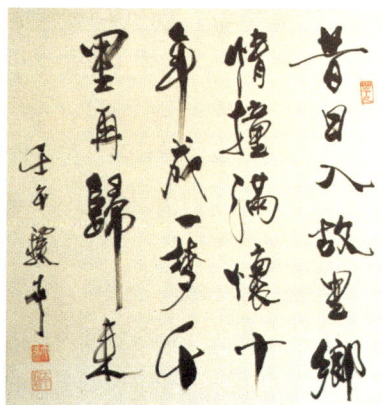

2002年是冯骥才甲子之年，他"豪情依旧"，分别在天津、宁波、济南和石家庄举办画展

省亲画展即将开幕，雨仍无停歇的迹象。而此刻，冯骥才却显得胸有成竹。因为他有过类似的经历：每次都是在关键时刻"拨开云雾见日头"。果然，上午8时许，滴滴答答的雨点声停歇了，铅灰色的云层中渐渐透出一片蔚蓝。他的运气真是势不可当。

开幕式上，他情绪激动地对宁波老乡说："我们从沙尘暴肆虐的北方来到家乡，听到、看到的一切都是美好的，包括天气。真得感谢上苍，感谢大地！""我于甲子之年回乡省亲，是在生命的源头回报生命的源头。所有艺术家的画展都是一种艺术行为，唯有我的这个画展是一种情感行为。"

他的讲话激起全场会意的笑声和掌声。

"冯骥才甲子省亲画展"共展出他的绘画、书法作品68幅，用中文、英文、法文、西班牙文等文字出版的文学作品120种。与十年前相比，冯骥才的画作内涵更加丰富，形式更趋完美，笔墨线条之间，涌动着一种浩荡、昂扬之气。例如，《豪情依旧》《春天的形态》《光之美》《秋天的风采》等，寓情于景、借物咏志，表达了画家对人本的关怀、对生命的感悟，以及对绘画"散文化"风格的一贯探索。

3月29日上午，慈城——宁波近郊的一个小镇，多少年来"藏在深闺人未识"，今天却成了公众关注的焦点。这一天，山清水秀、古韵犹存的小镇迎来一位远方来客——1.92米的魁梧身材，一件深蓝色中式粗布夹袄，使自发聚集在冯骥才祖居民主路161号门前的乡亲们一眼便认出了他——

"大冯，大冯来了！"

等候已久的小伙子们，兴冲冲地点燃了两挂大红鞭炮。"噼里啪啦"的脆响震耳欲聋，呛人的硝烟在里巷间迅速弥漫开来。随着冯骥才夫妇及儿媳、孙女一行的临近，人群中爆发出一阵热烈的掌声。身着一袭袭红色旗袍的俊俏姑娘们，则把鲜花送到冯骥才夫妇怀中。

"回来了，我又回来了！"

冯骥才抑制不住内心的激动，一把抱起四岁的小孙女妞妞，指着墙上的门牌说："妞妞，这儿就是咱们的老家，你老祖生活过的院子！"

年逾古稀、鬓发斑白的两位老人迎出来了，他们是冯骥才的堂兄冯涵才和老嫂子。冯骥才亲热地拉着他们的手，嘘寒问暖，聊起家常。在老人居住的小屋里，冯骥才饶有兴趣地翻开一本相册，从一张张颜色已发黄的老照片中，辨认着在世的和已故的亲人们。

在青草满地、翠竹摇曳的庭院里，冯骥才回忆起爷爷讲的一个笑话：当年，爸爸常在村里的一片竹林后面解手，一不小心就会被突然长高的竹笋扎了屁股。爷爷还说，那时的家乡一半是马路，一半是河流，交口处还有一座小桥叫五马桥。桂花盛开时，不时有花瓣飘落，被人扫到河中。于是，一河花瓣散着沁鼻的幽香漂流而去，如诗如画，美不胜收。

美好而遥远的记忆，使冯骥才对故乡产生了一种浓烈得化解不开的情结。他出生在天津，不会说宁波话，笑称听起来像法语；但自从十年前他首次回宁波举办省亲画展之后，宁波便成为他魂牵梦萦的地方。

有媒体记者问冯骥才："您的六十大寿为何要到宁波来过？"

冯骥才深情回答："我们都生在这片土地上，是她给了我们生命，给了我们营养和水分。我们就像植物一样，要开很多花、结很多果，才能回报生命的源头，回报这片土地……"

"您对慈城有怎样的印象？"

"十年前，我首次回乡时，觉得慈城人杰地灵，文化遗存深厚，只是'藏在深闺人未识'；今天，她却出落得楚楚动人，有望成为浙东第一古镇。"

"您的这次画展要表达怎样的理念？"

"我知道我的人生到了一个甲子，我怕我退缩，不再开拓进取了；我渴望我的生命仍保持一种张力，于是就画了一幅画来试验，画完后我特别感动——觉得它比以前更具一种浩荡、激昂之气。我为它取名《豪情依旧》，并配上一个金色的画框，象征自己到了一个金色的年华……"

在慈城，他做的头一件事是，花费大半天时间，专程到几十公里之外的慈溪家具古玩市场，在从民间收集或仿制的成千上万件明清及近代旧家具中精挑细选；用此次画展卖画所得款项，为即将重新按历史原貌修复的祖居配备了全部家当：书柜、条案、八仙桌、太师椅、雕花窗扇……他要将祖居配上祖父时代的家具，挂上老照片和书画作品，书柜里装满各种书籍，为村民创造一片文化气息浓郁的休闲娱乐空间。

第二件事是迈开双脚实地考察，摸清慈城及其周边地区历史文化遗存的现状。

在慈城的一间俞姓百年老屋里，他发现主人将自家的雕花木格窗保护得完好无损，十分高兴。他轻轻摩挲着木窗上细密的裂纹，诙谐地说："这些裂纹都是自然形态的，犹如一张布满皱纹的老人的脸，不能抻平，抻平便无历史感了。"他认为，残缺也是一种美。在意大利，如果一座古老的石头建筑坍塌了，人们决不会随意移动，因为这是"历

宁波慈城，冯骥才的祖籍。家乡人民以最热情真挚的形式拥抱了自己的骄子。而冯骥才亦辟出祖居一隅，购置家具，为村民提供一个休闲娱乐场地

史的手"将其"推"倒的。他说，古建筑的剥落、开裂、残破，都是历史的痕迹；如何"整旧如旧"，保持原汁原味，是一个值得研究的课题。

冯骥才在参观了全国重点文物保护单位——东钱湖石刻群史渐墓道中的南宋石刻像后，深感震惊。其中一尊文官像，其衣纹有一种下垂感；脸部的雕刻细腻而富质感，让人直想用手去捏他的面颊。"这是我迄今看到过的最好的石刻。"他说。

梁祝凄婉的爱情传说源远流长。在梁祝文化公园，冯骥才见到他题写的一首七言诗"千古佳话万古传，此情犹然在人间，每见彩蝶双飞舞，梁祝翩翩到眼前"已被镌刻于碑林中，颇为得意地与妻子在石碑前合影。他还冒着蒙蒙细雨，与妻子一起挥锹掘土，种上一株"爱情树"。当公园负责人告诉他树的编号为"276"时，他笑道："这是我们爱情生命的编码。"

在公园负责人向冯骥才颁发"梁祝文化公园艺术顾问"荣誉证书

后，冯骥才向当地媒体发表了感想——

> 我们民族历来有自己的精神、情感和道德的操守。一个民间故事能流传这么久远，有这么多优美的剧种剧目，有这么多地方建有梁祝墓（尽管许多是"克隆"的），无不证明我们已建立了一种民间的有关爱情的信仰。忠贞，恪守爱情的最初誓言，这才是真正的爱情。从梁祝化蝶到牛郎织女天河配，我们的古人多么浪漫，多么富有想象力！善于将爱情理想化，又将理想现实化，这是中国人的独特创造，也是我们的一种文化模式。我们应当保存它，维护它，弘扬它。

文化底蕴深厚的宁波人，喜欢冯骥才的画，也喜欢他的小说。

3月30日下午，当冯骥才来到位于宁波繁华商业街的新华书店签名售书时，门前早已排起数百人的长龙。在将近两个小时的签售中，他"马不停蹄"地为拥趸逐一签名。《巴黎，艺术至上》《画外语》《俗世奇人》等600多册新著，迅速被抢购一空。其中，有些十年前请他签过名的读者，特意把纸页已发旧发黄的书带来，请他再次签名。最令人感动的是，一位读者捧着一本《鲁迅小说选》来到他面前，工作人员上前阻拦说："对不起，这不是冯先生的作品，不能签名。"冯骥才却和颜悦色地从读者手中接过《鲁迅小说选》，然后在扉页上写道："我也喜欢读鲁迅的小说。"既巧妙地化解了矛盾，又满足了读者的愿望。

"读者是为我捧场来的，不论有何要求都应尽量满足，对家乡人更应如此。"

3月31日，冯骥才接受了当地政府颁发的"冯骥才祖居"房屋产权证书。慈城是浙江省历史文化保护区，历史悠久，人杰地灵，自唐代以来出过状元5人，进士519人；当代更出了周信芳、秦润卿、应昌期、冯骥才、余秋雨等名人，享誉海内外。

在被媒体记者和乡亲们挤得水泄不通的故居里，冯骥才动情地说："回到祖居有一种特别的感受，仿佛触摸到了自己生命的根。这是一种难以言喻的莫名的情感，也是一种最深刻的情感。这房子是我爷爷当年盖的，是我父亲的出生地。1989年，父亲去世，母亲的悲痛长久拂之不去，我做的第一件事，便是在她的老家山东开了一个画展，然后又带母亲回到父亲的老家，让她触摸了父亲的那段依然'活着'的历史，终于使母亲从痛苦中解脱出来。我想，这就是故乡的意义，历史的意义，也是我们今天致力于保护先人创造的历史文化遗产的原因所在。"

## 3. 在俄罗斯的广阔原野上

在冯骥才2002年的"生命蛋糕"里，似乎没有外访这一块。所以，夏天他率中国文联代表团访问俄罗斯的行程是计划外的。他也因为这个"计划外"而兴奋不已。

俄罗斯的文学艺术是世界一流的。这个诞生过普希金、托尔斯泰、

冯骥才的文学创作受俄罗斯文学影响很深。访俄期间，他特意到托尔斯泰等人的故居拜谒，到契诃夫墓前献花

契诃夫、柴可夫斯基、斯坦尼斯拉夫斯基、列宾和列维坦的国度，曾经如此深刻地影响了一代中国作家和艺术家，包括冯骥才。年轻时他大量阅读过这些作家的作品，对他影响最大的是契诃夫。读高中时，他的外语课选学的是俄文。当年，他们与莫斯科一所中学的小朋友通过信。他记得与他通信的女孩名叫阿霞。由于时间太久，他能记住的俄语单词，就只有"同志""再见""很好"和数字的 1 到 10 了。

对他而言，这是一次神交已久的时空交错的旅行。

抵达莫斯科后，俄罗斯作家协会外联部的阿列克，将冯骥才一行安排在莫斯科大学招待所。第二天晚上，俄罗斯作家协会设宴招待冯骥才一行。铺着玫瑰红色桌布的餐桌上，摆着黑面包、罗宋汤、牛油、蔬菜沙拉和炸肉，饮料只有加气的矿泉水和"伏特加"。席间，宾主频频举杯，为文学，也为两国人民的友谊。酒兴正浓时，俄罗斯朋友纷纷起身朗诵诗歌，有普希金和涅克拉索夫的诗，也有他们自己写的诗。

"请我们的中国朋友也朗诵一首，好不好？"阿列克的视线转向了冯骥才。

"好吧，我先给大家讲个故事。我有位朋友是个俄罗斯文学的翻译家，'文革'期间受到冲击，又与丈夫离了婚，处于人生的低谷。有一次我去看她，讲了很多安慰的话，也无法帮她解脱出来。忽然我想到一首诗，就是普希金的《假如生活欺骗了你》——

假如生活欺骗了你，
不要悲伤，不要心急！
忧郁的日子里须要镇静：
相信吧，快乐的日子将会来临……

有趣的是，他用中文朗诵这首诗时，俄罗斯朋友用俄语同步朗诵，二者的节奏与顿挫竟然合拍，感情的火花也迅速燃烧在一起。

"那个女翻译家后来怎么样了？"俄罗斯朋友好奇地追问。

"她被感动了，一直流淌的泪水止住了，眼睛里一瞬间闪动着希望的光芒。从那天起，她的精神振作起来了，好像换了一个人！你们听说过一首诗解救了一个人吗？创造这个奇迹的就是你们的普希金！"

几天后，在圣彼得堡普希金故居博物馆，一位研究普希金的专家告诉他：直到现在，人们还在自发地用各种方式纪念普希金，因为他不仅是一个诗人，更是一种伟大精神的象征——象征着热爱生活、忠于爱情，以及对光明的不渝追求。

凡是到俄罗斯的中国人都有一个愿望，就是去看红场、克里姆林宫和列宁墓。

瞻仰列宁墓要在指定时间进行。冯骥才在指定时间到达红场时，红场正处于戒备状态。岗哨上的军人昂首挺胸，面容冷峻，现场气氛庄严肃穆，似乎延续了苏联时代的传统。冯骥才随着长长的队伍，进入一条黑暗的墓道。沿阶而下，一间宽阔的墓室显现出来。远远便看到那个举世闻名的水晶棺。水晶棺四周的灯光柔和地照亮了仰面而卧、神色如睡的列宁的遗体。冯骥才睁大眼睛用力观察，生怕丢掉某个细节。他发现列宁的皮肤质感虽有些缺乏弹性，面色却幽幽泛光；双手安放的姿势自然而生动，且与脸上的表情和谐一致。这与他在照片和电影中看到的列宁形象基本重合了。他还想多看几眼，却被卫兵催促离开。按规定，每个人滞留时间不得超过十五秒钟。

离开列宁墓后，他去了阿尔巴特街。这条存在了至少两百年的老街，如今已变成莫斯科旅游风情街了。街上一半以上店铺出售的是俄罗斯民间艺术品，最有名的就是精巧漂亮的"俄罗斯套娃"。街头还有民间魔术师和器乐演奏家的表演。

作为一个文化人，冯骥才最想看的，还是俄罗斯文学和艺术大师们留下的历史足迹。

他访问屠格涅夫的故居，在列夫·托尔斯泰的庄园散步，向契诃夫墓地献花，在广袤的俄罗斯原野和森林间寻找列维坦和希施金的画境，还意外发现了俄罗斯大文豪中，许多人同时也是画家！

他首先访问的是屠格涅夫的故居。他爱上俄罗斯文学恰恰是从屠格涅夫开始的。车子从莫斯科出发，五小时后进入奥廖尔州。在一片长满高大橡树和盛开着鲜花的草地上，他看到了屠格涅夫庄园的大门，脑海中浮现出屠格涅夫在《贵族之家》中描绘的画面。屠格涅夫一生行色匆匆，云游世界，然而当他有了写作灵感，便立即跑回家乡。只有在自己的庄园，钓鱼、划船、骑马、下棋、扛着猎枪追逐飞禽走兽，才心舒意展、笔尖流畅，写出《猎人笔记》这样精彩的小说。他的《罗亭》《贵族之家》《前夜》《父与子》等，都是在这里写出的。

"这里连空气都充满思想。我的文思如同泉水一样喷涌！"屠格涅夫说。

"能像感受生命一样感受大地的人，才能写出你这样的作品。"冯骥才与他隔空对话道。

从奥廖尔到图拉省，他来到了列夫·托尔斯泰的故乡——亚斯纳亚·波利亚纳庄园。托尔斯泰的一生充满传奇：他上过学，当过兵，做过农场主。他反对战争、同情奴隶，力图通过办学促进农奴制改革。他一生都在探索人生的意义，在此过程中内心充满忧郁和对死亡的畏惧。他用六年时间写出了文学巨著《战争与和平》，连与他决裂的屠格涅夫都心服口服、赞叹不已。他一生多在庄园生活，八十岁时还蓄着一把大胡子拉犁耕地。此刻，冯骥才正在托尔斯泰的庄园散步。庄园内最诱人的是一条条林荫小路。庄园向导告诉冯骥才：托尔斯泰童年时，哥哥对他说，庄园里有一根绿色的手杖，找到手杖就能找到幸福。

"我们也去找一找吗？"向导说，"现在我们不要说话了，感受一下托尔斯泰少年时代的声音吧！"

于是，他们都不作声，踏着小径和青草向前走着，耳畔只有鸟儿的啼啭声。忽然前方出现一块空地，林间的一块绿茵中，斜摆着长方形的土堆，上边长满碧绿的青草，青草上摆满红色的玫瑰。

"这就是托尔斯泰的著名土坟了！"向导说。

与一般墓地不同，这里没有墓碑，也没有墓志铭。

"世上再也没有比这更朴素、更自然、更富有诗意的坟墓了！他静静地躺在故乡的土地上。死，原来也可以这么优美！"冯骥才不禁慨叹道。

在俄罗斯作家中，他受契诃夫的影响最大。他迷恋他闪烁着灵气的短句、具有惊人发现力的细节、点石成金的比喻；更迷恋他敏感的心灵、与生俱来的善良和无边的伤感。然而，无论主人怎样设计，也无法将他的旅行路线接通到契诃夫的梅里霍沃庄园。唯一的补救方法，就是到莫斯科新圣母修道院去拜谒契诃夫的墓地。于是，他走进新圣母修道院，在契诃夫简朴的墓地上，献上一束鲜红的康乃馨。

"你把爱真诚地播种到大地，一定会获得永远的回报。这回报是鲜花，也是爱。"他对墓中的契诃夫说道。

在圣彼得堡文学研究所的"普希金之家"，他有了一个"重大发现"——他所崇拜的文学大师们，几乎与他干的事情一样：一手拿钢笔，一手拿画笔。他们都能画上一手好画，都具有专业绘画水准。此前，他只知普希金经常在他的文稿上，信手勾画一幅自画像或一些小人儿面孔，随意而生动。他到这里才发现：能画的不仅有普希金，还有果戈理、莱蒙托夫、屠格涅夫、列夫·托尔斯泰、陀思妥耶夫斯基、马雅可夫斯基、茹科夫斯基等。但是，却很少有人把他们当成画家。是否由于他们的文学成就过于辉煌，掩盖了其绘画才华？无论如何这是有失公平的。

在莫斯科的特列恰科夫画廊，他见到了神交已久的俄罗斯绘画大师的原作，并有了新的发现和感悟。被称为"森林歌手"的希施金笔下的森林，雄浑壮阔、细腻入微，每一个细枝末节都不放过。他将写实主义推向极致，同时又有很强的空气感，充满生命的蓬勃活力。列维坦与契诃夫的气质有着惊人的相似。如果一边读着契诃夫的《草原》，一边观赏列维坦的风景画，就会发现他们的作品是在相互印证。列维坦简练的色彩，就像契诃夫那些白描的句子；列维坦松散的结构，就像契诃夫那些散文式的叙述；列维坦很少运用对比的画面，就像契诃夫那些没有故事的小说。契诃夫从他的小人物身上找到了俄罗斯人的性灵；列维坦则从他的风景中找到了俄罗斯大自然的灵魂。

访俄的最后一天，冯骥才在莫斯科一家餐厅答谢俄罗斯朋友。阿列克是其中一位。但宴席过半，他才匆匆赶来，一进门便把一本厚厚的画集举到冯骥才眼前，原来，是他最需要的一本《俄罗斯经典作家画集》！这是他跑了多家书店也未买到的书。

阿列克将画集送到他手中时，瞪大眼睛看着他，等待他的反应。那神情令他十分感动。

"阿列克，你太可爱了！"冯骥才说。

阿列克听不懂。翻译把这句话用俄语重复了一遍。

阿列克像孩子般大笑起来。

他们热烈地拥抱在了一起。

## 4. 石门夜话

又到了一年中色彩最斑斓的季节。一辆黑色奥迪轿车疾驶在京石高速公路上，车窗外秋雨绵绵，驱散了笼罩在燕赵大地上的高温溽热。车内坐着的是冯骥才夫妇，目的地是石家庄。应河北省委宣传部、河北省作协等单位的盛情邀请，"冯骥才石门画展"翌日将隆重揭幕，为冯骥才的甲子省亲画展的最后一站，也为这次画展画上一个圆满的句号。

在三个多小时的行程中，冯骥才谈兴颇浓、毫无倦意，还不时请司机播放他不久前访问俄罗斯时带回的原版 CD，于是，一首首耳熟能详的俄罗斯歌曲的优美旋律，便萦绕在这个小小的空间中。

冯骥才此行除参加画展开幕式、签名售书和到石家庄周边地区参观考察外，还有一个日程，是到他的文坛挚友、时任河北省作协主席、著名作家铁凝在石家庄和赵州桥的家中做客。

冯骥才与铁凝的交往可追溯到二十世纪八十年代初。铁凝的第一部小说集《夜路》是由百花文艺出版社出版的，当时，她穿一件小花棉袄，大眼睛忽闪忽闪的，显得十分质朴可爱。"百花"社的编辑带她拜访大冯，从那时起他们一直保持着纯朴的友谊。

"铁凝比我小十几岁，但我们同属一代作家。"冯骥才说，"她出道很早，写作功底深厚，写河北农村的生活，饱满丰盈，又很有灵气，字里行间闪烁着一种很自我的、个性化的光芒。孙犁先生就很喜欢她的小说。孙犁病重时，铁凝还专程来津探望……"

冯骥才认为，新时期文学创作的繁荣局面是这一代作家集体开创的，他们具有强烈的社会责任感、澎湃的创作激情，并相互鼓励和支持，这一点非常重要。作为文友，他始终关注着铁凝的创作轨迹，从《哦，香雪》到《玫瑰门》、从《无雨之城》到《永远有多远》，"她一直在一种充盈又流畅的状态里，没有低潮，是当代女作家中的佼佼者"。

另外，铁凝的文化素养较高，对艺术，尤其是美术有很好的领悟力，这无疑与其家学渊源有关——她父亲是河北省一位知名画家，名叫铁扬。

在"冯骥才石门画展"开幕式上，铁凝代表主办方致辞，用的是一篇事先准备好的讲稿。她在台上念得字正腔圆，像是朗读一篇课文；因此轮到冯骥才上台发言时，第一句话便是感谢铁凝为他写了一篇"动人的散文"。

铁扬住在石家庄一幢高档公寓里，从其别具一格的室内装修和布置中，可看出其高雅和个性化的审美情趣：带节子的原木屋顶和家具，乡野气息浓郁的雕花窗棂，五花八门的民间家什、器具和小巧玲珑的工艺品，无不令人感到房屋主人亲近自然、亲近艺术的倾向。

艺术源于生活，正是燕赵这块古风犹存的慷慨悲歌之地，造就了一代代享誉华夏的优秀作家、艺术家，铁扬、铁凝父女便是一例。铁扬 1935 年出生于河北省赵县，即举世闻名的千年古桥赵州桥所在地。现为河北画院专业画家，作品多次在全国获奖，并在欧洲、亚洲、美洲举办个展和讲学活动。铁扬的画风应归类于表现主义，而绘画内容则从未脱离太行山的沟沟壑壑、冀中平原的一草一木，以及庄稼地里、热炕头上劳作和休憩的乡间女孩。

父亲的职业无疑对铁凝产生了潜移默化的影响。从某种意义上说，她的小说亦是对这块热土的深情描摹，只是未使用色彩和线条罢了。广西美术出版社推出了一套"鸢尾花"丛书，特邀铁凝、刘索拉、赵丽宏等人士从作家的视角谈绘画。铁凝写了十几万字，而且写得蛮有兴致。一个不懂画的人是难当此任的。

画展开幕式结束后，冯骥才去铁扬画室看画。在"梨花系列""玉米地系列""炕头系列""馒头系列"画作中，铁扬比较满意的是"炕头系列"。那些坐卧于炕头梳头发、剪趾甲、拍蚊子的女性形象，个个有血有肉，充满生命活力。"我一直在寻觅一种劳动妇女'私人化的、不被人看的'那些瞬间——只有在这个瞬间里，人物的神情才会既专注又松弛，那是一种生命状态、生存状态，它的每个瞬间都是美的、和谐的。"为了捕捉这些真实的瞬间，他没有使用美术学院的职业模特儿，而是开着一辆破"吉普"，颠颠簸簸地到深山老林、原始村落中寻找农家女做模特儿。

铁扬的画显然打动了冯骥才。他说："您的艺术感觉很棒。您已进入一个自由王国，可以将您喜欢的题材信手涂在画布上；同时您又有全然个人化的绘画语言和严格的法度……"

铁扬颔首称是："二十世纪五十年代我在中央戏剧学院学油画，受的是苏联绘画的影响，现在虽然没走写实的路子，但颜色、笔触、肌理，还是与传统一脉相承的。"

冯骥才阐述了他关于创新的见解："'变'是一种寻找，一种将自己从固有创作模式中解脱出来的东西；但也不能变得太快、太频繁，要有一个相对稳定的时期。那些艺术大师们为何要在作品中反复推敲每个细节，包括每一个笔触？因为艺术家与普通人的最大不同，他们是把他们的生命转嫁到自己的作品中；即使他们物质的生命死掉了，他们的精神生命还在艺术中。他们只有苦其心志、劳其筋骨，精益求精、锲而不舍，生命才能通向永恒。而现在的艺术家太受商业化影响。他们想拥有的是现在。崇尚物质，崇尚享受，鄙夷精神价值，当这种观念成为社会主流时，艺术不可能获得真正的发展。"

有一位画家总是不厌其烦地"克隆"自己的作品。有一次一位作家问他："你怎么老画同样的东西？"那人回答："嗨，我这是薄利多销，打烧饼呢！"

　　冯骥才闻言笑道："我和铁扬恐怕都不会打烧饼！一个艺术家，他的作品可以市场化，追求却不能市场化。作家的作品完成后，出版商要推向市场卖钱，这是无可厚非的，但作家却不能为了卖钱而写作。我决不会为了金钱而写作。"

　　仿佛意犹未尽，他又进一步引申说："'时间就是金钱'等观念我也赞成；但古今中外的文人骚客，有谁歌颂过金钱，说它多么美妙、迷人？没有。相反，他们总是告诫人们不要见利忘义、唯利是图，甚至说金钱是罪恶的渊薮。这便是作家的立场。作家的立场反映在作品中，会直接影响人们的价值取向和生活态度。所以，当整个社会过于迷惘、人们过于功利时，作家要以清醒的头脑和高度的社会责任感，给读者以积极的正面的影响。"

　　"你又写作，又画画，又保护文化遗产，不觉得心力交瘁吗？"

　　"一个人干自己喜欢干的事，就不会觉得辛苦。我这人兴趣广泛，而不同的兴趣之间又是相互关联的，并不矛盾。如我写书时背景必须有音乐；欣赏音乐时又可能获得绘画的灵感。罗曼·罗兰说过，泉水受到的压力越大，喷发的欲望就越强。生活像万花筒那样在眼前变来变去；太多的变，脑子里也会感觉拥挤，我便根据事情的轻重缓急，分别加以处理，犹如串珠子，红色珠子穿这条线、蓝色珠子穿那条线……"

　　从铁扬的画室走出，冯骥才受邀到距石家庄12公里的佛教古刹毗卢寺一游，那里保存尚好的明代壁画闻名遐迩。

　　一进寺中，冯骥才便被满壁生辉的精美壁画迷住了。他举着手电筒，借助移动的灯光依次观赏着一个个神祇、菩萨、仙人、罗汉和世俗人物。流动的彩云、当风的衣带、传神的表情、鲜明的个性，都通过挥洒自如的线条、细腻入微的描绘，栩栩如生地表现出来。看到精美绝伦处，他便情不自禁地赞叹起来，称其可与山西永乐宫壁画相媲美，感叹明代民间画师的绘画技巧"前无古人，后无来者"。看到壁画因年代久远而出现的"酥碱""起甲""粉化"问题，他又双眉紧蹙，建议结合大学科研，邀请敦煌等地壁画专家前来"会诊"，找到治理毗卢寺壁画病害的方法。

更令他兴奋的是，寺中有一对从附近的小安舍村挖掘出土的古代石像，一男一女，裸体，跪姿，雕刻手法与汉画像砖有相似之处，而人物头饰又应比汉代更早。他在石像前端详良久，深感其中必有奥秘，值得进一步挖掘、考证。于是向当地领导和文管部门发出了"石门三呼"，呼吁重点保护毗卢寺壁画、两尊神秘石像和赵县的佛教经幢。

艺术，经过艺术家的精雕细琢，经过历史和时间的考验，具有永恒的生命力。艺术需要创造，也需要保护。

而冯骥才便自觉地肩负起这双重使命。

第八章

# 抢救，刻不容缓

人的脊梁之所以长在背上，是由于最沉重的东西都要靠背来驮。

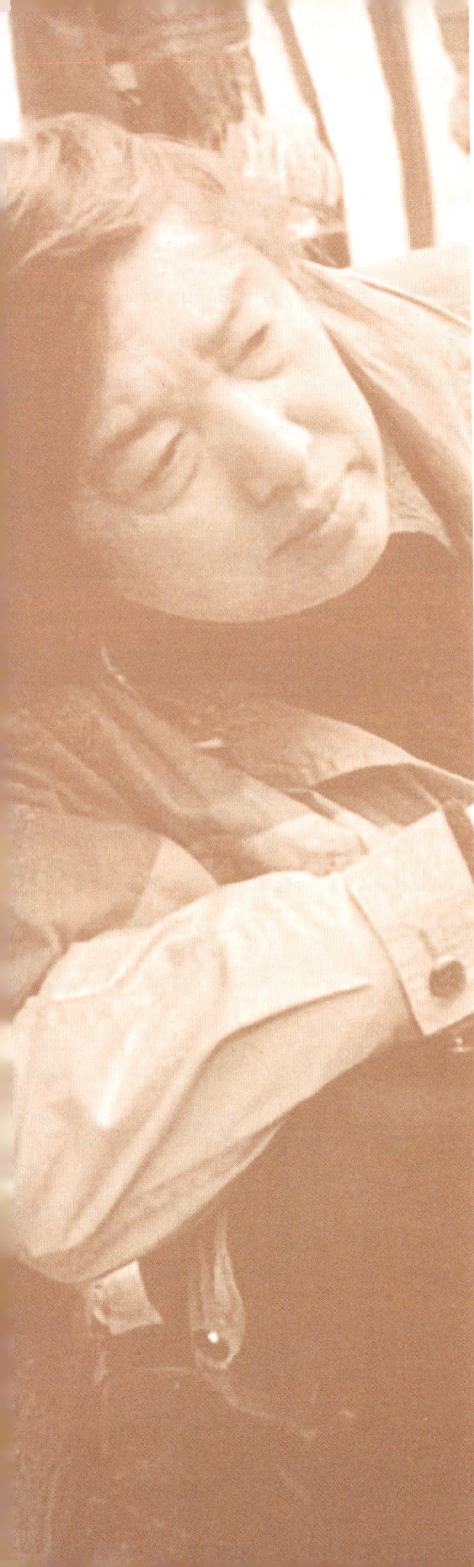

## 1. 抢救，刻不容缓

2001 年 3 月，中国民间文艺家协会在北京召开换届会议。冯骥才与参加会议的民间艺人、民俗专家们并不熟悉。但他一进入会场，遇到的是一张张微笑的充满期待的面孔。

新时期以来，中国文联下属的十二个文艺家协会中，都出现过一些风头正劲的艺术家和一批惊世骇俗之作，唯有民协遭到冷落，被边缘化，民间艺人更是默默无闻。

在顺利当选中国民协主席后，中国文联一位领导对冯骥才说："你是不是应该把民间文化振兴一下？你对民间文化很在行，你的小说不是也有大量对民俗和民间文化的描写吗？"

冯骥才淡然一笑说："其实我写的民俗和民协的民俗是有差异的。学者笔下的民俗是一种学术研究，我笔下的民俗是一种生活和情怀。"

"但两者之间是有联系的，相信你很快就能进入角色。"

"是的，我准备到各地的民间文化中跑一跑，走进他们的世界。"

他往山东、河北、山西、河南、浙江一跑，就深陷其中，不可自拔了。他原以为的缤纷灿烂、无比丰厚的民间文化，眼下已是一片凋零，惨不忍睹。在河北白沟，他几乎找不到一件儿时令他着迷的泥模与泥玩具了。在画乡杨柳青，找不到一点与年画相关的踪迹了。在北京吕家营和天津沈阳道寻觅古物时，他亲眼看到一批批民间遗存如同落叶残花般在眼前纷飞。吕家营被称为"古董村"，他被一个山西小贩带进一个个仓库般的房间。这里原先是农民存储粮食的地方，现在变成了大型古董仓库。古董的来源多是山西和河北一带的文物贩子从自己家乡搜罗来的。最多的买主是北京的外国人。

眼前的景象令他惊呆了：一个库房里摆放着各式各样的古老油灯，总共有一两千盏；另一个仓库里是制作精良、造型别致的彩绘帽盒，堆积如山；还有一个仓库里存放的是烟袋和拐杖，式样之繁多、数量之巨大，前所未见。给他的感觉是，仿佛有一架神通广大的"挖掘机"从华夏大地上隆隆开过，数千年历史遗存被瞬间扫荡一空。我们的文明究竟遭遇了怎样的劫难，为什么我们熟视无睹、没有痛感？有一次，他与一个比利时人争购一辆精工细作的枣木轿车。他一狠心，花掉了一本书的稿费。其实他不是非要这辆车不可，而是不愿它被洋人买走。

在反思民间文化保护的这一现状时，冯骥才对时任民协秘书长、民俗学家向云驹说："我们的民间文化保护工作中，必须明确两个概念：一是遗产，二是抢救。民间文化是现在活着的文化，民间文化遗产就是历史上创造的必须保存的文化精华。"

"民间文化是绵延不断的，'遗产'这条线划在什么时候？"

"你这个问题提得好。我想，是不是应该划在农耕文明与工业文明之间。我们正处在两个文明交替之时，所以，农耕文化的精华是必须传承和保护的遗产。"

"我同意。你说的第二个概念'抢救'呢？"

"我们的民间文化遗产每天都在消亡，而且它是一次性的，一旦失去，便无法再生了。所以，我们这一代知识分子义不容辞的使命，就是抢救！"

为了使民间文化抢救工作得到政府的支持，冯骥才在全国政协小组会上发言。他发言的主题是："抢救民间文化遗产需要国家大力支持。"小组会上通常要有一位政协领导"听会"。于是，他把事先准备好的发言稿撇在一边，根据他近年来的观察与思考，讲述了当下文化遗产的尴尬处境与流失情况。他讲得生动尖锐，会场反映很好。

这中间，还发生了一个小插曲——

谈到老城文化在拆迁中遭到破坏时，冯骥才说："这些年有个词不好——'旧城改造'。如果说'老城改造'，起码说明老城还有好东西；一说'旧城改造'，首先想到的是'旧的不去，新的不来'。而且'改造'这个词也不好，容易让人想到'劳动改造'……"

与会领导接过话题说："'旧城改造'这个词是我发明的。"

大家听了，"轰"的一声，不少人回头看着冯骥才，好像他踩了领导的脚。

冯骥才马上起身，朝主座上的领导双手一拱拳说："哎哟，冒犯了！"全场代表都笑了。

领导居然也笑了："我们那时确实没有这个觉悟。脑袋里想的都是怎么解决老百姓生活的困难。那时老城的生活条件实在太差了。但是你们现在的这些观点是对的。"

领导的器量和实事求是的态度令人钦佩。冯骥才情不自禁地起身鼓掌。场上随即响起一片热烈掌声。于是，他的遗产观和文化抢救的设想便被媒体传播出去，当晚央视也做了报道。

与此同时，冯骥才还代表中国民协向大会提交了一份提案，题目是《关于紧急抢救民间文化遗产的提案》。提案中，他把当下中国文化面临的问题、抢救民间文化遗产的重要性和紧迫性，阐述得十分清楚——

> 在全球化时代，世界各国日益重视自己的民族民间文化。我国是文化古国与大国。民间文化博大而灿烂。但由于认识上的种种误区及盲点，同时又没有法规保护，尤其在现代化大潮中，民间文化遗产面临着摧枯拉朽般的破坏。无数珍贵民间技艺随着老艺人的逝去而销声匿迹，大片大片风格各异的古老民居被推倒铲除，大量民间文化的典型器物流失海外。

> 民间文化遗产具有原生态的性质，都是无法再生的，因而抢救和保护民族民间文化遗产迫在眉睫。为此，中国民间文艺家协会正筹备中国民间文化遗产抢救工程，内容包括对民间文化遗产的抢救性普查、搜集、摄录、分类、登记、整理、出版和制作。范围覆盖全国各地各民族。

> 由于工程浩大，时间紧迫，任务繁重，单靠中国民协很难完成。故希望尽快将其纳入国家重点文化科研项目，以尽快展开行动。

这实际是向国家申报立项了。

立项的过程艰难而曲折。经过与多个部门的反复接触、召开座谈会、申报，最终以"国家社科基金特别委托项目"的名义，为中国民间文化遗产抢救工程正式立项。虽然这项基金的经费只有三十万元，毕竟"师出有名"了。

## 2. 从朱仙镇到后沟村

2002 年新年伊始，河南朱仙镇，传说中岳飞大战朱仙镇的镇中心广场，万人空巷，一片欢腾，连墙头、屋顶上都站满老百姓。原来，这是河南省民协和朱仙镇政府合办的"全国年画节"开幕现场。

"我很少看到这样的场面，"冯骥才对时任中国民协副主席白庚胜和秘书长向云驹说，"这个古老的年画之乡的人民，对自己的文化是多么热爱和自豪！这正是我们期待看到的！"

冯骥才致辞时，激动至极。寒流骤至，台上风大，他讲话时嘴巴冻得生疼，心里却涌动着一股热浪。

致辞后，冯骥才对白庚胜、向云驹二人说："咱们的抢救工程别等了，河南民协已经干起来了，我们就从这儿开始吧，反正我们已经立项了。"

"赞成。今天各省民协都来了，各大年画产地也来了，我们率先发动一下也未尝不可。"

"好啊，年画本来就是民间艺术的一个龙头。再说春节不远了，春节是年画和年文化的活跃期，最利于做年画普查，错过春节就要再等一年。"

于是，他们就这样迫不及待地干了起来。看似情绪化，实则很理性。当地一家报纸在报道这次年画节时，用冯骥才开幕式上的一句话作为题目：《抢救民间文化，一天也不能等》。

下午，在中国木版年画研讨会上，冯骥才代表中国民协做了一个演讲，题目是《年画是民间艺术的龙头》，宣布要把朱仙镇年画节作为中国民间文化抢救工程的龙头与开端。第二天，他便邀请各地民协负

责人召开"中国木版年画抢救工作会议"，具体布置了年画抢救与普查"为什么做，做什么和怎么做"的工作任务。

离开朱仙镇之前，冯骥才接到了山西省榆次县领导的电话："冯主席，我发现了一个古老的山村，叫后沟村，小巧精致，遗存丰富，你有没有兴趣来这儿看看？"他打电话时，正坐着吉普车在后沟巡视，一口纯粹的晋中口音抑制不住内心的兴奋。冯骥才相信这位著名的晋商大院——王家大院的发现者和修复者的眼光，便满口答应下来："好的，我们明天就从朱仙镇出发，前往后沟村！"

这是一次迷人的充满发现的山村调查。与冯骥才同行的除向云驹外，还有民俗学家乌丙安、民艺学家潘鲁生和乔晓光以及摄影师樊宇等。进入太行山东麓后，一座原生态的美丽如画的小山村赫然出现在眼前：它藏在巍峨而深邃的山窝里，下临清溪、上覆青林，在灿烂的阳光下，黄土其色如金、明亮耀目。一间间农舍依山而建，高低错落，聚散有致。令人惊异的是，山村里不仅有农舍，还有黄土高原上的各式窑洞；不仅有各类食品调料作坊，还有山神庙、关帝庙、观音堂等寺庙建筑。半山腰上，还有一个小广场，广场上有一座木构的戏台。村民们在山顶上种植果木与庄稼，足不出户，便可自给自足。徜徉其间，恍入"世外桃源"。

果然，经乌丙安现场考证，后沟村应为元代躲避战乱的"隐居村"。它虽离县城不远，但古人群山相隔，无路可通，将村落选在这样一个有山有水、风物相宜之地，确实眼光不浅。随后，一行人在观音堂有了新的发现，给乌丙安的历史断代一个有力的佐证。在这个半荒废的寺庙里，他们看到了明代风格的彩绘画梁。一块明代天启六年（1626）的嵌墙碑《重修观音堂碑》上，镌有"年代替远，不知深浅"几字，表明早在明代天启年间，这座观音堂便是年代遥不可知的古庙了。

观音堂前，冯骥才发现两株古柏，灵机一动：庙中植树多与建庙同时，何不查验一下古柏的树龄？便托县领导请来榆次林业局专家提取木质，分析年轮，最后确定距今五百八十年。按此推断，最迟元末此地已有居民。这就与乌丙安推测的后沟村建村时间不谋而合了。

后沟村的独特景色迷住了摄影师樊宇。随冯骥才到后沟村采风之后，他又带领一个摄制组数度返回后沟村，记录那里的冬日风俗。为避免打扰村民，他们每次都自带睡袋，在寒冷的破庙里"安营扎寨"。大年三十凌晨时，冯骥才忽然接到樊宇的电话："冯老师，我正在后沟村拍摄，这里大雪封山，夜幕下，白皑皑的雪屋里闪着点点灯光，美极了！"

"哦，你们跑那儿过年去了！"

"是啊，您听，村里的人们正在燃放鞭炮！"

通过樊宇的话筒，他听到了"噼噼啪啪"的鞭炮声，清晰而响亮。里面还夹杂着他们的笑声。

忽然，鞭炮声和笑声戛然而止。他以为樊宇的手机没电了。

第二天一早才知道：昨夜樊宇高兴得忘乎所以，一脚踩空跌入雪窝里，险些坠入山谷！

莫非这些人都受了他的"传染"，对文化的感情竟如此纯真、执着、一往无前？

春节刚过，2月18日，中国民协在人民大会堂举办新闻发布会，冯骥才在会上发表题为《庄严的宣布》的致辞，阐述了一年来对中国文化命运的深刻思考，宣布中国民间文化遗产抢救工程正式启动——

> 我们为之自豪的中华文化从来都是由两部分组成的，一部分是精英和典籍文化，一部分是民间文化。民间文化是人民用双手和心灵创造的，数千年来积淀深厚，博大而灿烂，并且与人民的生活情感和理想深深凝结着。但是，由于历史的偏见，民间文化并未处在与精英文化同等的位置上，没有文字记载，不能登堂入室，大多只能凭借口传心授，以相当脆弱的方式代代相传。一旦失去传承人，就如断线风筝，即刻消失，化为乌有。因而，民间文化的生存方式一直是自生自灭的。这样，在全球化和工业化的今天，必然会遭受致命的冲击。
>
> 我们能让民间文化消失在我们这一代手中吗？不能！

故此，我们决定要对九百六十多万平方公里、五十六个民族的民间文化遗产，进行一次全面的、彻底的、拉网式的普查与抢救。

我们计划用十年时间，摸清家底，整理遗产，保护资源，光大精华。

这是一项纯粹奉献的工作……

致辞后离开讲台时，有记者问他："冯主席，您今天为何如此激动？"

"刚才我在致辞时，感到内心不断涌出一种悲壮感，浑身上下火辣辣的。如果这时我去拥抱一块冰，一定会立刻将它融化。我不知自己为何胆子这么大，口袋空空，就敢声称要拯救全民族的民间文化。因为，这是我们不能拒绝的神圣使命！"

## 3. 一个先令的古堡

他仿佛天生就是一个在时代大潮中沉浮起落、又在东西方奔波往复的人。

2003年春，当他铆足了劲儿，准备提闸放水，展开全国民间文化遗产抢救工程大普查时，突然出现了一个意外，就是突如其来的"非典"。计划中的大普查不得不暂时搁置。恰在这时，奥地利文化部通过中国驻奥使馆，约请冯骥才为他们写一本维也纳的文化游记。冯骥才因为多次访问奥地利，写过一些文化散文，有的文章还入选了中小学语文课本。奥方想通过中国有影响力的作家的笔，把奥地利的文化魅力传播给中国读者。冯骥才接受了奥方的邀请，准备用两周时间访问奥地利。

但是到了奥地利，他就回不来了。把他阻滞在外的原因，还是"非典"。

就这样，他在奥地利待了整整三个月！

　　开始时，他不知"非典"的厉害。在首都机场登机时，他看到很多人戴着口罩，还笑话他们小题大做；到了维也纳，却从电视里看到国内"非典"肆虐，日甚一日。而当地人说起 SARS，也是"谈虎色变"。

　　这也无形中对他产生了影响。初到维也纳，冯骥才夫妇被安排在一座艺术家公寓，与之相邻的有捷克、加拿大和美国的作家，彼此虽语言不通，却相处融洽。孰料"非典"一来，大家再见面时，对方眼中则多了几分疑虑和戒备，匆匆打个招呼，扭头便走。这让冯骥才颇觉尴尬和好笑。或许正因"非典"肆虐，冯骥才比以前任何一次访欧都更深切感到自然、人文环境与人类生死攸关的相互作用。

　　维也纳是座唯美的城市，它的所有街道几乎都是老街。脚下踩的是二百年前铺设的石子路，如今已经磨成亮晃晃的石头蛋，像一张张

　　奥地利是冯骥才最神往的欧洲国家之一，他在阿尔卑斯山与山民亲密接触，了解当地风土人情

古怪的脸。街上所有的老店都把自己一两个世纪前开张营业的年号镶在墙上，即便是老店易手也不会重新装修，因为古老的风格具有不可复制的历史气息。更无人去干那种把老楼推倒"落地重修"的蠢事了。这种"老爷屋"都开着小小的门，有着长长的走廊，四四方方的庭院和高深莫测的大房间。它们都曾出现在茨威格的小说里。每一层楼的过道墙上，都有一个水龙头和饰有花纹的生铁铸成的水盆，这乃是昔时几家邻居共用的"上下水"。如今虽已弃之不用，却没人把它卸下。人们都知道，由于当年这里是女人们打头碰脸和搬弄是非的地方，所以为它取了一个生动风趣的绰号——"长舌妇"。

无论是在国内还是在国外，他都最爱看老房子。于是，一位朋友把他带到一个叫作马尔克特的地方，那里有一座建在山上的古屋：石砌的外墙，历久变色，依然坚固；门檐窗口采用石雕花纹，精致优雅，具有一种哥特式的稳重，极有韵味。而室内的酒柜餐桌、座钟吊灯、陶瓷壁炉、壁纸毛毯等，古色古香，几乎都是古董。看到激动处，冯骥才不禁叫了起来："如果让我住在里边，我就哪儿也不去了！"

朋友见状告诉他说："在奥地利这种房子很多，政府经常对外出售，有时一个先令就能买到，还带着全屋的家具。"

"一个先令？不就是一块人民币吗？不可能，你别唬我了！"

"真的，没骗你。你想买吗？你买得起，只怕你修不起。"

当时，冯骥才不甚了了。几天后，他应邀参加一位电影发行人的家庭晚宴时，才解开了这个谜团。

这是一座中世纪古堡式的楼宇，掩映在一片阔叶林中；一组深灰色的筒状墙面高低错落，上端伸出一个个帽状尖顶，像一大串巨型蜡烛。冯骥才走进古堡，宛若走进一幅画中。古堡的女主人气质高雅，与古堡的风格相得益彰。她带领客人参观每个房间。房间里的家居陈设、墙上的油画和家具门窗的每个细小部件，无不散发着古风古韵。

"这里原是列支敦士登一个大公的情妇的居所，已有二百年历史。我是前年买下这座古堡的，装修已经半年，远远还未结束，"女主人介绍说，"在奥地利买这种古堡很便宜，和白送差不多。但买主装修时必须像修缮古物一样，不准翻新，不准改造，不准破坏原貌，只能加固和保养。花费的钱财难以计数。"

冯骥才这才明白"一个先令的古堡"的真正含义。

"你想来这儿住几天吗？"女主人问。

"当然愿意。我觉得住在这座古堡里，就像夹在历史的某一页上了。"

"这里的每件物品都可以在博物馆里陈列。所以在修整时必须非常严格。比如木器，只能打蜡，决不能上漆。墙壁上的古画，只能请专业人士来修补。不能让历史在我这里结束。"

"把古堡交给珍惜它的人，这个做法太明智了。你说得太对了，'不能让历史在我这里结束'，这是一种高度的文化自觉。"

他本想在奥地利待半个月，不料，因为"非典"，维也纳到北京的航班全部取消，他只好安下心来，在维也纳开始写作他的《维也纳情感》。

一天，中国使馆的文化参赞带来一位名叫马万里的奥地利人，现在是萨尔茨堡的政府顾问。他的妻子是个华人，曾在国内一家电视台做主持人。一见面，马万里便将艾瑟尔州州长的一封亲笔信交给冯骥才："州长先生非常希望你写一本关于萨尔茨堡的书，给喜欢这里的中国读者看。"

"我去过两次萨尔茨堡，非常喜欢那个地方，很愿意为它写一本书。但我不会写旅游指南一类的东西，我写的是文学。因此我有两个要求，一个是需要看一些资料，另一个是需要见一些人。"

"什么样的人，哪些人？"

"各种各样的人。比如研究莫扎特的专家、博物馆馆员、历史学者、市民、工匠、收藏家，最好还有一位民俗专家——萨尔茨堡通。对了，还有大主教！"

"为什么要见这么多人？"

"为了钻进你们的肚子！"

说完，他得意地笑了。

马万里却耸耸肩、眨眨眼，表示他有点迷糊，没弄懂这句话的意思。

为写作《萨尔茨堡手记》，冯骥才与这座因诞生了伟大作曲家莫扎特和电影《音乐之声》而闻名遐迩的世界名城进行了"亲密接触"——从大主教、市长到平民；从山脉、古堡到滑雪胜地，处处看到的是人与自然和谐相处的画面。一次，他在一家露天酒吧悠然独酌，酒方入杯，一只美丽的蝴蝶便翩翩飞落酒盏，原来，它嗅到了葡萄酒的香味儿！在他下榻的饭店背面，他还偶然发现一辆私人轿车，车后安装了一副铁架，里面装满娇艳欲滴的鲜花。他当即拍下这个镜头，并对妻子感叹道："世界上恐怕只有奥地利人，连车屁股上都要飘散着花香，多么热爱自然、热爱生活！"他还观察到一个细节：奥地利城市里的垃圾箱是分七种颜色的，不同颜色的垃圾箱分装不同类别的垃圾——生物的、纸张的、玻璃的、金属的、塑料的……有一所幼儿园在教孩子扔垃圾时，一位小童将一个纸塑包装的牛奶盒扔到纸类垃圾箱内，老师马上纠正他："你扔得不对，要先把牛奶盒表面的塑料皮撕下来扔到塑料垃圾箱，再把纸盒扔到纸类垃圾箱。"这样教育的结果，是萨尔茨堡周边的湖水清澈洁净，用水杯舀起便可直接饮用，是真正的"零污染"！还有一点令他感触很深：奥地利虽是一个高福利社会，但人们并不"拜金"，挣了钱也不存入银行或挥霍浪费；他们喜欢的是享受自然、享受生活，开车度假，呼吸乡野的新鲜空气，躺在草地上接受日光浴……

三个月后，随着中奥两国间的航班恢复，他终于带着一本写满蝇头小字的笔记、三十公斤的资料和至少八百张照片满载而归了。

有媒体记者问他："这次奥地利之行为何长达三个月？"

"要不是'非典'的耽搁，我早该回来了，因为国内有一大堆事情等着我去做——全国民间文化抢救工程、天津大学冯骥才文学艺术研究院土建工程，还有让我牵肠挂肚的海河改造等。"

"这次出访收获不小吧，对我们自己的文化保护有何借鉴意义？"

"我的最大体会是，一座城市的历史和文化，是一个永久的经济增长点，是取之不尽、用之不竭的宝贵资源。从精神层面上说，在当今全球化形势下，一个民族的历史精神和文化精神万万不可迷失。维也纳全市有二十三个区，每个区都有一个博物馆，收藏内容十分庞杂，像是从昨天的生活里，把那些有价值的东西一块块切下来，原原本本地放在博物馆里，构成一个完整的历史空间。这就是我们在老城博物馆里想做的事，他们早已经做了。他们的经验值得我们思考和借鉴。"

## 4. 风雨中行走的"丐帮"

一回到国内，他又马不停蹄地投入全国民间文化遗产抢救工程大普查中。

他与河北民协一起，在张家口市的蔚县，拉开了全国剪纸大普查的序幕。在这里，哪个农家妇女不会剪纸？剪刀就在她们炕头上装着针头线脑的草盏里，剪纸的花样就压在她们的枕头和炕席下。所有的绣花花样和窗户上的装饰，全是她们随时随手剪出来的。故而，"剪花娘子"遍布大地，"剪纸名乡"闻名遐迩。张北地区文化底蕴深厚，无论是古村落，还是乡风民俗、人文景观，无不独具风采。他在走访中，情不自禁地将北官堡的"拜灯山"、暖泉镇的"打树花"和坝上草原的"雪绒花"，写入自己的文化散文中。他还发现这里的寺庙多如繁星。有的寺庙不过一间斗室，四壁皆有高手绘制的壁画，多为佛本生故事，风格上尽是明代手笔，十分珍贵。而这些乡间野庙的壁画尚未列入国家文物的保护范畴。根据他的建议，当地文物部门已将这些壁画遗存整理保护起来。

"跑了这么多地方，我们不知道的永远多于我们知道的。"他对河北民协一个领导感慨道。

"问题是，我们知道的，也未必得到了保护。"这个领导说。

"对呀，你看那些原生态的老作坊，比如水磨坊、酒坊、染坊、醋坊、造纸坊……全都古老又优美，可是我们人力有限、资金有限，手大揭不过天来。我们背负了太多的遗憾。不知是我们明白得太早了，还是整个社会明白得太晚了？"

"我觉得现在启动抢救，还不算太晚，亡羊补牢呗。建议你把河北省的年画普查工作推动一下。"

"可以，去年我们已经在朱仙镇启动年画抢救工程了，年底我还带人到杨柳青南乡三十六村做过田野普查，找到了两位木版年画传承人，画缸鱼的王学勤和'义成永'画店的传人杨立仁。"

"听你这么一说，我忽然想起河北武强有户人家，住在旧城村，姓贾，世代制作年画。'文革'中，村里把年画古版都烧了，他担心家藏的古版被毁，悄悄藏在自家屋顶的夹层里，才躲过一劫。"

"太好了，一共有多少块？他愿意捐献出来吗？"

"愿意。多少块不知道。只是我们挑开人家屋顶需要经济补偿，可是钱从哪儿来？所以没敢擅动。"

在冯骥才发起的民间文化遗产抢救工程大普查中，发现了杨柳青年画唯一活态"粗活年画"的传承人王学勤

"好的，这件事我们来做。夜长梦多，必须抓紧时间！"

几天后，冯骥才便动身前往武强。后面还跟着一群志愿者和媒体记者。媒体需要这样的奇闻猛料，他需要通过媒体将消息发布出去，引发社会的广泛关注。

不料刚到武强境内便遇滂沱大雨，他们的车陷入田野的泥洼里动弹不得。只好下车步行前往旧城村。下车前，武强县派人送来的胶靴号码小，而他的脚太大，需穿44号鞋。无奈，有人出主意，在他的皮鞋外边套上塑料袋。就这样，他顶着嗖嗖的冷风，冒着哗哗的大雨，深一脚浅一脚地来到旧城村贾氏农民家。他家的年画古版就藏在屋顶的苇席与檩木中间。待将这些年画古版倒腾出来，发现由于历时久远，大半已经腐朽，保存尚好的不多。其中，《三鱼争月》和《合家出行图》前所未见，应是武强年画中的孤品。事后他将此次年画古版的发现和发掘经过、与贾家交谈的内容和对古版年画的解读，写进一本《武强秘藏古画版发掘记》中，欲给后人留下第一手研究资料。

从村里出来，大雨已停，他的脚套着塑料袋，身上满是泥水，走路的样子很是狼狈。一群与他同行的年轻人也是如此。

"我们这群人，像不像丐帮？"一个爱开玩笑的年轻人忽然冒出一句。

"那我就是丐帮头子了？"冯骥才笑道。

大家说说笑笑，心里却很得意。毕竟，这是一次文化的奇遇。

当夜返回天津时，他们又遭遇更猛烈的狂风骤雨。偏偏车到沧州又熄了火，大家下车一起推，浑身淋得像落汤鸡，怎么也推不动，只好打电话与天津联系，等待救援的车辆。

回到抛锚的车里，大家的共同感受是，这个文化抢救的事，太不容易了。

"冯老师，您这一天可真够辛苦的。又要在泥泞中跋涉，又要亲自鉴定文物。晚上还回不了家，让您夫人担惊受怕。"

"什么叫担当？这就是担当啊！有一次央视主持人请我去录制《面对面》节目。我说我们孤立无援。他说跟你们干有什么好处？我说没好处。他忽然反问我一句：没好处，谁跟你干？这句话问得好，把我们社会的尴尬全问出来了。"

"可是，您手下那么多志愿者，不都是心甘情愿跟着您做奉献吗？"

"是的，这是一群热爱文化的人，纯粹的人，也是我力量的源泉。比如摄影家郑云峰，卖掉家产买了一条木船，一个人在长江三峡漂泊了二十年，为了记录我们的母亲河最后的壮美；还有民俗学家郭雨桥，背着一个背包，里边装着笔记本、钢笔、照相机和药瓶，独自在草原上行走了几万里，为了记录蒙古族的民居和民俗。还有几个山东的志愿者，随我们去一个天远地荒的地方考察，出发前，每人都立了一份'军令状'，说他们是自愿做这件事，如有意外，自己负责……你们说，遇到这样的人，你能不感动？他们都是我们民族文化的脊梁，虽然默默无闻，却承担着这个时代最沉重的压力。"

不知过了多长时间，天津的救援车来了。冯骥才一看手表，已经接近凌晨了。

## 5. 墙上的画全让人摘走了

回到天津，妻子问起这次武强之行，冯骥才长叹一声道："深入田野后才发现我们工作的艰难。一边是民间文化风雨飘摇，后继乏人，几乎可以听到它们奄奄一息时沙哑而无力的呼救声；另一边是我们三军在外，手无粮草。"

"上面不是给你们三十万元吗？"

"对一次全国性的民间文化遗产抢救工程大普查来说，无异于杯水车薪呀！"

"有什么办法可以破局吗？"

"只有获得政府的经费支持，否则我们一筹莫展。"

2004年春，在杭州召开的全国民间文化遗产抢救普查工作交流会上，经费问题仍是困扰着大家的一道难题。这时，上海民协秘书长说了一句话："你为什么不成立一个基金会？会有很多人支持你的。"

这句话让他灵光乍现，一语惊醒梦中人。是啊，我会画画，我的法宝就是——卖画！他曾不止一次通过卖画解决了文化保护中的资金问题。穷则思变，为什么不尝试一下呢？总比坐等政府遥遥无期的拨款强。

在接下来的日子里，他又打开了自己书画世界的大门。白天忙碌各种事务，晚间进入画室，凝心聚神，挥毫作画。此时距他二十世纪九十年代初弃文从画已有十年之隔。上次是心灵驱使，这次是处境所迫。成立基金会需要一百万元的原始基金。他要以此作为奋斗目标。他曾这样描述自己作画的状态——

> 一笔色彩是一道霞光，一抹水墨是一片夜的浓雾。此刻，一张张纸面上的纤维全是超敏感的神经；笔锋可以神奇地开口说话，或清灵的快语，或深切的倾诉，或绵长的叮念，或爽直的道白。以我的经验，当手中的笔不再是一种制作工具，而是心灵的器具时，我便进入了最佳的创作境界。

在半年多的时间里，尤其是整个夏天，他挥汗如雨，常常画到夜阑人静。画过这些画，才感到种种经历和磨难都已融入笔墨中了。然而，想到这些心血之作将被人买走时，心里又依依不舍。他感到卖画如卖血。

第一次义卖画展在天津文联大楼举行。前来参观的人黑压压地挤满展厅。虽然只展出一天，竟卖出大半。他相信不少人是通过买画表达对他的支持的。在天津，他有很多铁哥们儿，包括他的"陌生朋友"——读者。他义卖了十八幅画，得款八十二万元，与原始基金还有一些差距。他知道北京的中国现代文学馆有个不错的展厅，便请馆长舒乙支持。一周后便转战北京。其中两幅精品《高江急峡》《树之光》，每幅标价十二万元。没想到义卖画展尚未开幕，已经有人把画买走了。更意外的惊喜是，他的忠实读者、电影演员赵文瑄，听说他为了抢救文化遗产而卖画，深受感动，跑到现场来对他说："你感动了我那么多次，我也感动你一次吧！"当即捐赠了一百万元。

基金会就这样成立起来了。

用基金会的钱，他支持了《云南甲马卷》的出版；为《中国民间美术遗产普查集成·贵州卷》提供了印制费；支持了那些默默无闻的田野文化学者郑云峰、李玉祥、郭雨桥、黄永松等。可是基金出多进少，终难持久。为此，他曾一度陷入悲观之中。但悲观不会在他心中留下阴影。

"因为我的心能够发光。"他充满自信地说。

第三次义卖画展，他去了相对富庶的江南，分别在南京工艺美术博物馆和贝聿铭设计的苏州博物馆举行。其间，有两件事令他印象深刻。一件事是他的知己好友王立平和韩美林到场并发表充满情感的讲话，使他热泪盈眶。另一件事是他卖掉了此生再难重复的一套组画《心中十二月》。

《心中十二月》的创作是基于这样一种思考：在传统山水画中，大自然没有日月晨昏，没有光影，更没有季节与时间的变化。他在创作《珍藏四季》时，开始用笔墨探寻季节转换之间的微妙感受。于是，很多生命记忆被唤醒，很多有关人生转折的感慨不由自主地融入笔端。由此产生了创作组画《心中十二月》的灵感。在《心中十二月》的题记中，他道出了自己的所思所想——

> 大自然以十二月为生命一轮，其所滋育之万物生灵，亦如这十二月，由生到灭，苦乐兴衰，概莫能外。从中悉心体悟，人生况味潜隐其间，辄便转化水墨，融入丹青，呈现笔端，诉之于纸，遂有此一组图画。凡十二图，每图一月，与时俱变。题曰：一月静谧，二月苏醒，三月朦胧，四月轻柔，五月清澈，六月光华，七月激荡，八月升华，九月丰足，十月灿烂，十一月高远，十二月安寂。看似风景，实乃生命历程与心灵境象也。谁识其中意，即是我知音。画罢题识，以为记焉。

　　义卖结束后，他站在空无一人的展厅中央，请摄影师在《心中十二月》前为他拍了一张照片。因为，他就要与自己深爱的作品诀别了。他知道，以后再见不到也画不出同样意境的作品了。

　　"墙上的画全让人摘走了，四壁皆空了。我喜欢这种悲壮感，一种为自己热爱的事情做出牺牲时的感受。"事后，他接受媒体采访时说。

　　"您靠自己卖画能救得了中国的文化遗产吗？"

　　"一个人怎能救一个民族的文化？"

　　"您这不是精卫填海吗？"

　　"精卫填不了海，但精卫是一种精神。"

　　"您内心深处有过无奈和抱怨吗？"

　　"我不会抱怨，因为这是我的选择，也是我的性格。罗曼·罗兰告诉我：'如果你喜欢保持你的性格，那么你就无权拒绝你的际遇。'这句话不止一次帮助过我。"

第九章

# 天大的事

天大的事对于我，
是天大的事！

## 1. 天大的事对于我，是天大的事

2005 年春。天津大学青年湖畔。一座耗时三载，面积近七千平方米、造型奇特的现代建筑拔地而起，给这个具有百年历史的理工科大学，吹进一股清新幽雅的人文气息。

这便是青年设计师周恺设计的冯骥才文学艺术研究院主体建筑。

从外观上看，它最独出心裁之处，是设计了两面与楼高相等的方框式外墙，外墙色彩是并不醒目的水泥原色，然后用结构主义绘画手法，在墙体上留出一些大大小小的方洞，不同时间，阳光投射在建筑外檐上的投影亦不同，从而产生不同的光影效果。这种现代主义风格的设计，具有典型的工业化色彩。它又与院内的一个微波荡漾、卵石铺底、锦鲤游弋的人工水池相映成趣，凸显了现代工业与自然元素的完美融合。它在建筑装饰上的另一个理念是现代与古典的融合，即在一座现代风格的建筑里，点缀古典主义的艺术品，诸如清代门楼、明清家具、石佛、铁钟等。从使用功能上说，它拥有"大树画馆"和"北洋美术馆"两个馆；一个藏书 30 万册的北洋人文图书馆；一个名为"北洋书院"的报告厅；一个电影放映厅和一个层高达十余米、被称为"阳光盒子"的共享空间，在那儿可以开音乐会、进行时装表演……可以说，这里的每个空间都充满了艺术的灵气。

"在这样一种氛围中，放进去我的人文理想，特别合适！"冯骥才踌躇满志地说。

5 月 19 日上午，冯骥才文学艺术研究院外的广场上，搭起一个巨大的舞台，舞台的背景板上写着两行红色大字——"天津大学首届'北洋文化节'开幕式暨天津大学冯骥才文学艺术研究院落成典礼"。舞台两旁，升起了三个吊着红色条幅的大气球，使校园笼罩在一片欢乐喜庆的节日氛围中。从清晨起，有关领导和四方嘉宾陆续抵达，可谓群贤毕至、老少咸集。而核心人物便是冯骥才。他穿着一身深蓝色西装，扎着红领带，笑容满面地迎接各路宾客，包括他的文化界老友刘诗昆、韩美林、莫言、余华、范曾、邓友梅、李前宽、姜昆等。

在典礼仪式上致辞时，冯骥才响亮地说了一句："从今天起，天大的事对于我，是天大的事！"

乍一听，怎么两个"天大"？原来前一个"天大"，是指天津大学。他的话音刚落，台下便响起一阵会意的笑声。"'让理工科大学闪烁人文的光芒'，这是天津大学领导的期盼，也是我的一个梦想。我认为中国的理工科大学存在两个问题：一是封闭、内向；二是重理工，轻人文、轻精神。因此，未来的研究院要博物馆化，面向社会，举办各种艺术展览和学术交流活动；同时，采取法兰西学院的方法，请专家名流演讲，潜移默化地影响学子的心灵，开拓其人文视野，培养其人文情怀，形成一个强大的文化'磁场'。总之，我们要把学院办成海内外知名的一流文学艺术研究机构。"

典礼活动前一天，中州古籍出版社还在校园里举办了《冯骥才分类文集》的首发仪式。

典礼结束后，他被媒体记者们团团围住了——

"冯院长，请问研究院未来的研究方向是什么？"

"我们将成立三个研究中心：文学研究中心、艺术研究中心和文化研究中心。文学研究中心首先要进行新时期文学的研究，厘清其发展脉络，填补这方面的研究空白。艺术研究中心将目标锁定两个重点项目：一是文人画，二是敦煌遗画。文化研究中心的研究项目，要与民间文化抢救工程紧密结合，开展系统规范的民间文化研究整理工作，在此过程中培养专门人才。"

"您为什么主张学院博物馆化？"

"我先讲个小故事。1985年我在美国爱荷华参观一家保险公司时，发现公司办公室内外陈列着上千件现代艺术品。一个保险公司，为什么要摆放这么多艺术品？我很奇怪。便向公司总裁发问。他反问我：你没注意到我们公司的职员有什么特别之处吗？我仔细观察了一下，果

这是一所博物馆化的研究院，内设乡土艺术博物馆、北洋美术馆、大树画馆和三个国字号非遗中心

然，这个公司的职员气质不凡，个个安静而文雅。于是我明白了一个道理：每天与艺术品在一起的人，气质和谈吐一定会受到潜移默化的影响。未来，我们将建起多个专题博物馆，把有文物价值和艺术价值的东西都放进去。这可能与我的唯美主义追求有关吧！"

"听说您带的第一个研究生是央视主持人张泽群？"

"对，我们是利用近两年的'打游击'时间完成学业的。他的主攻方向是城市文化学，毕业论文为《塑造城市灵魂》，写得很有文采。记得几年前我在维也纳大学演讲时，东方系主任问了我一个问题，他说，西方学者撰写的论文可读性都比较强，为什么你们的论文总是很枯燥、没有阅读性？我告诉他，关键还是人文背景的问题。比如，恩格斯的《自然辩证法》中，有的段落像诗，充满想象力。所以，论文写作的可读性也是我们要研究的一个课题。"

"现在开始招收研究生了吗？"

"开始了。"

"您对教师有什么要求？"

"大鸟的责任是帮助小鸟学会运用自己的翅膀。"

……

回到大楼的共享空间"阳光盒子"，这里坐满等候"北洋文化节"演出的嘉宾和学子。最先走上表演场地的是钢琴大师刘诗昆。他打开钢琴琴盖，用潇洒灵动的十指，在琴键上跳跃飞舞，弹出一个个美妙的音符，令人看得眼花缭乱、听得如痴如醉。而天大北洋合唱团的学子们，则用他们纯真的青春之声，演唱了李叔同一曲深沉委婉的《送别》。天籁之音，在高大空旷的"阳光盒子"里久久回荡。随后，绘画大师韩美林和宋雨桂，向冯骥才送上两匹"马"——前者是《奔马》，后者是《思骥图》，既是祝贺，也是希望他马不停蹄，勇往直前。韩美林的《奔马》，以粗犷洗练的线条、极富装饰意韵的手法，描绘了一匹烈马，腾空而起，纵横恣肆，气势不凡；宋雨桂的《思骥图》，前景是一片芦苇翻腾起伏，后景是狂风掀起滔天大浪，画面中心的一匹白马，安然伫立，不为所动。

演出结束回到休息室后，冯骥才在一众老友中，看见蜡像艺术大师尔宝瑞，高兴地对他说："你来，我正有事找你！"

"最近在忙什么？"

"正在做蜡像。"

"我想请你做一尊天津大学前身、北洋大学创始人盛宣怀先生的蜡像。我要以此与北洋的源头气脉对接，表达我对中国近代第一所大学的敬畏。"

"好的，我可以做。"

"那好，我负责给你提供相关文字和图片资料。大约需要多长时间？"

"顺利的话，两三个月差不多。"

"太好了，我相信你。放手去做吧！"

两个月后，当尔宝瑞将盛宣怀蜡像运到天大冯骥才研究院时，冯骥才和在场的师生们都看呆了：只见眼前的盛宣怀蜡像，与真人一样大小，穿着他那个时代的官服，神情肃穆地坐在太师椅上，上体稍稍前倾，右臂自然弯曲，左手搭着扶手，双目前视，嘴唇微合，仿佛在心中筹划着他的办学大计。再看他的五官结构、皮肤质感，都与真人无异，连每条皱纹、毛孔都纤毫毕现，可谓形神兼备，栩栩如生。简直神了！

"这就是艺术家，和匠人有着质的区别。"冯骥才由衷赞叹道。

## 2. "达·芬奇"来了

接着，冯骥才把"达·芬奇"请来了。

冯骥才文学艺术研究院成立后，策划和主办了一系列大型艺术展。如"丝绸之路上的敦煌""拥抱母亲河""心灵的桥梁"等。其中影响最大的是"意大利绘画巨匠原作展"。

这是 2006 年的春天。又是花红柳绿时，依旧春寒料峭。然而，一股浓郁典雅的文化氛围在这所百年老校中迅速弥漫开来，既熟悉又陌生的异域风情使人感受着人类艺术的无穷魅力。天津人，尤其是大学生们由衷地欢迎达·芬奇、米开朗基罗、拉斐尔等文艺复兴巨匠绘画作品的到来，争睹他们的迷人风采，聆听他们铿锵的脚步声。

几个月前，意大利贝利尼博物馆第十七代掌门人路易吉·贝利尼先生到天大造访冯骥才时，表达了这样一个美好愿望：将馆藏的文艺复兴时期绘画珍品送到中国展出，以实现他的"做现代马可·波罗"的夙愿。这正中冯骥才的下怀——把浓郁的人文气息引进理工科大学。但他对此展能否成行仍有一丝担忧。原来，《意大利绘画巨匠原作展》在韩国展出后，装箱返国途中遗失了两幅名画，其中一幅，即本次展览海报上那位金发贵妇人的侧面头像、意大利画家福巴的油画《一对夫妇》。但贝利尼先生没有畏缩。他千里迢迢，如期将"达·芬奇"送到中国，送到天津。

令人难以想象的是，把达·芬奇等巨匠的四十九件作品安置到北洋美术馆的展壁上，竟花费了冯骥才整整四天时间！其间，他不但每

冯骥才文学艺术研究院成立以来，举办了多项文化艺术大展，影响最大的包括"意大利绘画巨匠原作展"、"丝绸之路上的敦煌"艺术展、"硕果如花"木版年画普查成果展等，让浓郁的人文之风吹进一所理工科大学

天工作十六个小时，而且每件作品都是他亲手挂上的。原因很简单，这些名画太昂贵了：一方面是价值昂贵，仅米开朗基罗的浮雕，保险金额即高达七亿元人民币；另一方面，这些画作是人类宝贵的文化遗产，具有不可再生性，多年从事文化遗产保护工作的他，当然比任何人都更了解它们的价值。

开箱验画时，他手执放大镜，将每幅画都从头到脚细细打量一番，决不漏掉画中的每一处瑕疵、每一块残迹，并全部记录在案，与贝利尼公司共同签字认定。布展时，他需紧盯现场每一个工作人员与画作的距离，并亲手量尺寸、画草图；挂画时，又小心翼翼地用自己的身体托住沉重的画框，由助手轻轻固定在预定位置上。那是一个个既紧张又亢奋的不眠之夜，每次布展后回到家中，他都彻夜难眠，生怕哪幅画固定不牢半夜掉下来。翌日晨，他进馆的第一件事，就是看看昨天挂好的画有无闪失。

《意大利绘画巨匠原作展》开幕后，天大校园里出现了罕见的景象：学子和观众从四面八方蜂拥而来，在冯骥才文学艺术研究院北洋美术馆前排起长长的队伍，每个人眼中都闪烁着对"朝拜"世界名画的渴望。

这一天，冯骥才在展厅里遇到一位熟悉的画家朋友，他俩边看边聊，引来不少学子驻足聆听。

画友："我注意到，这次画展的参观者中，虽然有不少美术界人士，而青年学生则占据了很大比例。他们可能知道欧洲文艺复兴，知道达·芬奇，却未必理解这些巨匠诞生的历史背景和艺术特色。"

冯骥才："展览一般有两种，一种是画家的个展，我们从中可欣赏他的技巧、意境、风格，还有特定的内容等；另一种是人类历史上沉积下来的艺术经典，就不能仅看这些表面的东西，而要看到它背后的东西。我认为，这次画展要从两个层面上看：一是从人类文化史的层面；二是从西方绘画史的层面。先说人类文化史这个层面。西方艺术史有三个发展巅峰——古希腊罗马时期、文艺复兴时期、印象主义时期。其中，最伟大的是文艺复兴时期。为何这样说呢？因为古希腊罗马时期的艺术以雕刻为主，维纳斯、拉奥孔，人体结构既准确，又精美，但题材基本是神话中的女神和英雄。从公元四世纪到十三世纪，即我们常说的野蛮黑暗的欧洲中世纪，西方艺术则被打上深深的宗教神学烙印，变得苍白、干瘪、呆板、模式化，缺乏想象力和创造性。始于十三世纪的欧洲文艺复兴，则旗帜鲜明地反对封建神学，在艺术上强调古希腊罗马的传统，在精神思想上则提倡人文主义，宣扬和尊重人的个性。不仅画家、雕塑家是这样，诗人、作家，如但丁、彼特拉克、薄伽丘也是这样。文艺复兴不只是一场空前的艺术运动，更是人类伟大的思想解放运动，是人的自我发现和自我革命。"

画友："文艺复兴的高峰就是达·芬奇。"

冯骥才："对。达·芬奇不仅是艺术巨匠，同时又是自然科学家，发明过人类历史上第一架飞机，还精通数学、解剖学、地质学、兵器学，左右手都能写字，一辈子不停地转换兴趣点，可以说，他在其涉猎的所有领域都有所建树，真是匪夷所思！从他身上，我们可以看到挣脱了中世纪封建神权的思想禁锢后，人类是如何重新发现世界，重新发现人自身的能力、尊严和价值的。这是一次伟大的思想解放运动，它影响了其后的社会发展和文化发展的走向。"

画友："展览中的这些作品，无论风景、人物还是静物，结构准确，光感、空间感和透视感都很强。"

冯骥才："你知道，文艺复兴之前，欧洲人是用研碎的矿物质原料和上胶水或蛋清作画的，它有两个致命的缺陷：一是颜色不能覆盖，一笔定乾坤，很难修改；二是颜色干燥后，便鲜艳不再。而十五世纪油画颜料的发明，使绘画技术得到了革命性的改观。发明者是意大利北部的爱凡兄弟，他们用植物油调制出的颜料，不仅可以覆盖修改，而且历久弥新，大大丰富了绘画的艺术表现力。如这次展览中拉斐尔的那幅《巴蒂斯塔布道》，历经了几百年沧桑，还是那样鲜艳夺目。还有解剖学的应用。米开朗基罗曾从当时出土的古希腊雕刻《拉奥孔》中，学习古人的造型手法；但要更深入地理解人体结构，还须做一件当时教廷不允许做的事——解剖尸体。达·芬奇一生解剖过三十多具尸体，把人体内部的结构把握得十分精确。"

这时，冯骥才把画友带到达·芬奇的《骑士》画前："你看他的这幅《骑士》，是很随意地画在一个笔记本封皮上的，描绘了一个打猎归来一无所获而神情懊丧的骑士形象。骑士身上披的全是羊毛，但我们分明能够感受到羊毛里遮掩的结构精准的人体。这使我联想到他的代表作《蒙娜丽莎》中的手，被认为是'世界第一只手'，它太柔软，太美了，连手的重量都可依稀感觉到。达·芬奇采用的是'薄雾法'，这种方法能使画面产生一种朦朦

胧胧的感觉。"

画友："文艺复兴时期的艺术巨匠像一座高山，令后世景仰。您认为在当今时代还能产生新的艺术巨匠吗？"

冯骥才："展览开幕式上我讲了一句话：在商品经济时代，一切文化都被商业改造了，我们还能产生巨人吗？恐怕很难了。因为商业需要的是明星大腕，是不断变换形式从消费者口袋中掏钱。把一个巨人摆在那儿无钱可赚。商业改变了人类的一种传统精神——对永恒的追求、美的追求、真理的追求。而我们通过让艺术巨匠走进大学，让学生免费参观，就是为了让他们了解什么是真正的艺术，什么是真正的经典，什么东西是最值得珍惜的。"

画友："您的见解总是这么深刻和独到，而且一针见血。"

冯骥才："我特别喜欢傅雷称赞法国艺术史家丹纳的那句话：'为思想而活着的人。'这句话几乎成了我一生的座右铭。我又是个性情中人——这可能来自画家的本性。这就使我一边为自己的信念而战，一边又裹挟着一些随心所欲的浪漫情怀。"

## 3. "红宝石婚"

2007年1月，央视《艺术人生》录制现场。主持人在与冯骥才聊天过程中，对他进行了"突然袭击"。他从后台推出一个画架，上面竖立着一块画板，画板上钉了两排钉子。他把一堆小木牌递给冯骥才，上边写的都是他所做的工作和担任的职务。然后让冯骥才按照它们在他心中的位置，依次挂在钉子上。冯骥才挂的第一个牌子是"作家"，第二个是"文化遗产抢救"，第三个是"学院院长"，第四个是"绘画"……待他把手里的牌子一一挂完，主持人忽然又拿出一块牌子给他，上面写着"妻子"二字。可是画板上的牌子已经挂满了。主持人狡黠一笑道："妻子放在哪儿？无处可放了吧？"冯骥才灵机一动，把牌子举到胸前，表示妻子在自己心里。

大家都被逗笑了。

其实，在冯骥才心里，事业和家庭、爱工作和爱老婆是不矛盾的。只是他给家人的时间太少，给他们的关爱太少。但是在关键时刻，在人生的裉节儿上，他是毫不马虎的。

就在录制《艺术人生》之前，2007年1月1日，他和妻子顾同昭刚刚度过他们结婚四十周年"红宝石婚"。

四十年前，他们在一个特殊时期度过了一个特殊的"新婚之夜"。那是一个恐怖的不堪回首的"新婚之夜"，然而正如冰心老人所说，没有大鱼大肉的婚礼，反而令他们终生难忘、刻骨铭心。他们没有抱怨生活，而是相濡以沫，共渡爱河，成为一对令人艳羡的"模范夫妻"。妻子本来与他一样，也是从事绘画工作的。自从他走上文坛，成为新时期一颗闪亮的新星后，妻子便放弃绘画，心甘情愿地做了"全职太太"，承担起相夫教子和全部家务的重担。妻子的绘画作品多毁于唐山大地震中，只有她勾勒的一组白描仕女画稿，被冯骥才一直珍存着。

2007年，冯骥才为庆祝与顾同昭的"红宝石婚"，悄悄将她年轻时的白描画稿编印成书，在与老友相聚时给了她一个意外的惊喜

眼看"红宝石婚"日期临近，他瞒着妻子悄悄将这组画稿编辑成书。范曾看后大加赞赏，特意题写了书名《霓裳集——顾同昭白描仕女画稿》，由"雅昌"精印成书。书前冯骥才在序言中说——

> 同昭昔日与吾同窗习画。吾工山水，同昭擅长花鸟人物；曾于三十年前见此画稿数十帧，皆为散页，既无署名，也无款识，不知出处，却爱其人物姣好灵动，运笔娟秀清劲，遂用心摹之，颇得神韵。立笔竖毫，如锥画沙，驰腕运锋，似风拂水。虽是摹古，亦白描人物之精品。然当年以画为业，未将此摹本视为珍罕。谁想经历"文革"及地震，原件已佚，此摹本竟是劫后仅存，堪为宝也。因之刊印若干，以赠友人，并纪念已往，回味昔时苦乐参半之丹青生涯也。

"红宝石婚"当天，冯骥才宴请一众好友，当即取出《霓裳集——顾同昭白描仕女画稿》，先给妻子一个意外惊喜；又赠友人人手一册，于是皆大欢喜。这时，"百花"社老社长郑法清忽然问冯骥才："你们结婚四十年了，我怎么没见过你们的结婚照呀？"

"当年，我们结婚就像做地下工作一样，是秘密进行的，哪儿敢拍结婚照啊！"

"我有你们的结婚照！"说着，从背后取出一个精致的椭圆形小镜框，里边镶着一幅冯骥才夫妇的结婚照，原来，是用电脑合成的！

"虽然照片是假的，但你的心是真诚的，我们珍藏了！"

于是，现场笑声、掌声响成一片，冯骥才夫妇更是笑得合不拢嘴。

好友中，大多称冯骥才为"大冯"，只有一人张口闭口"冯顾问"，此人便是今晚报社社长兼总编辑。两人到了一起，就相互取笑、无话不谈，亲如兄弟。原来，就在半年前，今晚传媒集团刚刚聘请冯骥才为高级文化顾问。聘任会上，冯骥才深情地说："我的事业是与《今晚报》紧紧连在一起的，我们几乎形成了一种命运共同体：我不仅在《今晚报》上发表了三百多篇文章，接受了《今晚报》记者的大量深度采访，而且与他们中的不少人都成了朋友。他们的才气与敬业精神，给我留下了十分深刻的印象。这是我在任何一个单位都不曾有过的。"近年来，他还与《今晚报》文化部合作，每年编写一本"贺岁书"，内容完全取材于天津本土的民俗与文化，前后十二年，整整一轮生肖。每年正月初六，他都与一众民俗专家一起，在天津图书大厦举办签名售书活动，在津门百姓中反响甚是强烈。

宴会开始，冯骥才致祝酒辞时，有感而发，情深意切："人有两个生命，一是自然的生命，一是人生的生命。前者是个人的，后者往往是两人一起创造的。但它也有命运与个性，有种种曲折和遭遇。如果命运不错，一定是一个人为另一个人做出了牺牲。你为事业做出牺牲，她为你做出牺牲。牺牲需要付出巨大代价。"

"所有相爱的人，都证实了天文学家的一个论断：太阳的一部分光辉必须在月亮中发现。"

213

冯骥才与顾同昭的合影

友人一齐鼓掌喝彩，向为丈夫做出奉献牺牲的顾同昭表达尊敬和谢意。

当众人觥筹交错，共贺冯骥才夫妇"红宝石婚"时，有一人却坐在酒桌之外，腿上立着一块画板，一面用眼睛静观默察，一面用毛笔精描细绘。不久，便将一幅冯骥才夫妇的肖像写生呈现在大家面前。他便是工笔人物画大家何家英。画面上的夫妇二人，均为侧脸四十五度角，面部相对，构图匀称，用笔简练概括，颇得人物神韵。众人啧啧称奇，冯骥才也将肖像画高高举起，赞赏之情，溢于言表。

依照惯例，每逢重要结婚纪念日，冯骥才和顾同昭都要合作画一幅画，而且都以"小鸟一双"为主题。于是，午宴后，二人回到家中，当即铺纸备墨、染翰挥毫，冯骥才画如花之秋树，顾同昭补上一对白头翁。寓意夫妻同栖一枝，白头到老。

## 4. 心灵的闪电

令冯骥才始料未及的是，他与妻子合作这幅《双双白头翁》后，重又燃起他画画的欲望。繁忙的天大冯骥才文学艺术研究院和全国文化遗产抢救工作，占去了他的大部分时间和精力。而他的艺术才思却从未枯竭。尤其是他在南京和苏州举办公益画展，支持民间文化保护事业，将自己的画全部捐献出来。捐赠时很壮烈、很激动，像砍掉了自己身体的一部分；捐赠后却心里空荡荡的，产生一种"家徒四壁"的感觉。因为"家徒四壁"，反过来变成一种"要画画"的动力，急于把空白的墙壁填充上。

而绘画的冲动，对他来说是随时随地都可能发生的。有时是看见一片光、听到一段音乐，有时是读一首诗、写一篇散文。只要有了绘画的感觉并有时间作画，他必须马上就画，决不等待、决不遏制。这与写作不同，写作需要较长时间，绘画需要将瞬间的感觉捕捉到，而且只有在自己家的画室才能找到绘画的感觉和氛围。一个艺术家的绘画感觉是最敏感的，也是最脆弱的，禁不起一点外部的干扰。

当他在现实或幻觉中看见秋天逆光中的一片芦苇，那些光和影马上就变成了笔墨，变成具体的表现手法，这时便可下笔了。这中间是没有过渡的。换句话说，只有把对自然的感受变成具体的绘画语言，他才会产生真正的艺术冲动。他在田野调查中，经常看见车窗外非常独特的风景，但回来画不成画，因为它不是你心灵里的东西，只是一种视觉上的刺激而已。

绘画对他而言是一种心灵生活，与他如影相随。这一年来他不断地画，有时只是因为聆听一段钢琴曲——比如他画过一幅《冬日的旋律》，一条黑色的河在雪地中间流过，所有春天的因子都潜藏于冰天雪地中，它是大自然的血液、是最有生命力的旋律。当他找到这个感觉后，那条深邃的河流瞬间变成纸上的笔墨，自然地宣泄出来。

冯骥才与顾同昭合作的作品《双双白头翁》

就这样，到了 2008 年 4 月，他把这些新作搬进了天大冯骥才文学艺术研究院。一个名为《戊子之春》的画展强烈吸引了人们的眼球。六十余幅水墨淋漓、意境清新的绘画作品，不仅使人们看到了画家的非凡才气，更惊异他的那些奇思佳构从何而来。

在画展现场，他向媒体记者发表了对"现代文人画"、绘画的散文化等问题的见解。

记者：您不久前出版的新书《文人画宣言》中，深刻分析了中国文人画的成因、发展及艺术特征。有人评价您的绘画属于"现代文人画"，您认同这一概念吗？如认同，您的"现代文人画"与古代文人画有何异同？

冯骥才：我的画属于"现代文人画"，这个概念是二十世纪九十年代初，上海画家程十发提出的。他说："什么是现代文人画？你们去看看大冯的画就知道了。"后来我去日本举办画展，平山郁夫也认为我的画属于现代文人画。我成名于文坛，一般人不知我有一个漫长的丹青生涯。我画了近三十年画，其中包括临摹古画，在此过程中基本掌握了传统中国画的技法，有了坚实的宋画基础和线描功夫。

我认为中国文人画有四个基本特征：一是直抒胸臆；二是张扬个性；三是将中国画文化化，即文学性；四是创造了一种全新的中国画样式，即将诗、书、画、印熔于一炉。

至于我的"现代文人画"与古代文人画的异同，我认为，我在直抒胸臆、张扬个性和文学性方面，均继承了古代文人画的传统；唯一的差异是，古人强调诗与画的结合，我则更强调散文与画的结合。诗是把大千世界的感受凝聚于一点，用最简洁的句子表达出来；绘画是把一个动态的世界变成一个静态的瞬间。在这一点上，诗与画最容易结合。散文是线性的，一句一句不断将意境深化。我希望我的绘画更像散文，更具可叙述性。比如，"太阳还未出升前，田野是寂寞的、模糊的，大地还残存着夜的阴影；

这时，天空开始在迷离处透出一些晨曦，在星星点点的积雪处反射出亮光，最早的一声鸟鸣在极远处清晰地响起来……"我完全可以把这一散文的意境转化为绘画语言——用浓墨渲染夜色中的大地，极远处用曙色扫上一笔，一群小鸟振翅飞翔，留下一片很大很冷的天空。强调画面的可叙述性，这是古人所不及的。

记者：我注意到，您的画从画幅比例到光影透视效果，都吸收和借鉴了西洋绘画的形式和技法，这可以理解成一种中西融合的画法吗？

冯骥才：我绘画所采用的基本元素还是中国画的技法，如对毛笔的运用、线条的韵律和审美、墨色的变化等，中国画的几个基本元素都具备。我的画中所有的颜色都要与墨说上话；只要说不上话，这幅画就失败了。

以笔墨为主，是我绘画的基本特点。当然也吸收了一些西画的手法，如讲究笔触和肌理，像"皴"一样表现山石的质感和立体感。我还会用一些厚的颜色表现物体的肌理效果，但这种肌理仍有"皴"的味道而非油画的笔触。但我比较喜欢强调光的运用——光是生命的元素，正因为有太阳光的照射才诞生了世间万物。我尤其喜欢黄昏中的逆光，在逆光中可将生命看得更透彻。如一片树叶，在逆光中看时是鲜亮的，连叶中脉络、汁液的颜色都一目了然。幼时，我喜欢把双手蒙在眼睛上看太阳，这时的手是红的，里边是血的颜色，那是世上最美的红色，我们永远调不出那种颜色来。阳光使万物充满生机，也充满神秘感；光线给了我无限的绘画灵感和冲动。

记者：我觉得您现在的画风与十几年前的激情澎湃相比，似乎更平和、更唯美了，这是为什么呢？

冯骥才：二十世纪九十年代中期，中国的文化问题比较多，我们这一代作家又有很强的社会责任感。通过文化遗产保护工作，我思考了一些大的文化、社会问题，给自己带来了未曾察觉的变化，即内心境界的变化：开阔的思维、开阔的视野、开阔的心灵，绘画自然变得更安静、更安详了。有人说我绘画中的定力特别强，定力来自一个人的信念。我绘画的画幅都很小，但很开阔，与自己内心的视野有关。现在好像什么都不十分在乎了，心境更超然、更坦荡、更宽容了。总之，绘画是画家心灵的闪电，画面的纯净折射出心灵的纯净，像经过过滤一样。

## 5.给张艺谋打一百分

2008年8月8日晚，冯骥才吃过晚饭，早早便坐到电视机前，准备收看北京奥运会开幕式。作为一个曾经的篮球运动员和体育迷，他比别人更加热切地仰望奥运会，仰望"鸟巢"。尤其是，他还作为天津百姓投票选出的一号奥运火炬手，参加了天津的火炬传递活动。这让他感到十分荣幸。

对于开幕式总导演选择张艺谋，他认为是恰当的。第一，他拍过好几部大片，调动千军万马的能力很强；第二，他以前做过摄影，非常注意画面的形式感，对增强作品的视觉冲击力很有办法；第三，他有国际视角，清楚什么样的语言能让世界理解和接受；第四，他善于提炼中国文化的元素，例如他在电影中提炼出的大红灯笼，现已变成一种中国文化符号。

晚八时，北京奥运会开幕式在一片五彩缤纷的焰火和震耳欲聋的欢呼声中拉开序幕。当一群代表五十六个民族的儿童簇拥着一面五星红旗缓缓入场，一个天使般的女孩深情唱起《歌唱祖国》时，立即引爆场内十万观众的大合唱。此情此景，令人心潮澎湃、血脉偾张。其后的文艺表演环节，以鲜明的主题、独特的创意、磅礴的气势和高科技手段的运用，向世界徐徐展开了中华五千多年文明的绚烂画卷，做到了奥林匹克精神与中国文化精神的和谐统一。

当中国人民的百年奥运梦想终于变成现实时，冯骥才与亿万人民的心一起律动，一起欢欣鼓舞。开幕式刚刚结束，一个媒体记者便将电话打到他家中。此刻，他仿佛尚未从观看开幕式的兴奋状态中脱离出来，开口第一句话就是："这次奥运会开幕式真是出乎我的意料，非常成功！"

记者："比您想象的还好吗？"

冯骥才："是的，超乎了我的想象。因为这台演出是演给全世界看的，中国文化是那么博大精深。第一，你怎么从中抽出最重要的文化精髓；第二，怎样还原到具体的形式和符号中去；第三，用什么语言，尤其是现代语言把它表达出来。在这些方面，张艺谋做得几乎无懈可击！"

记者："您准备给他打多少分呢？"

冯骥才："我给他打一百分！说实话，我没想到张艺谋会做得这么好，作为艺术界的朋友，我钦佩他的才气并向他表示由衷的祝贺！"

记者："您觉得他成功的原因是什么？"

冯骥才："奥运会开幕式成功的第一要素，是彰显了主办国独特的文化精髓和文化气质。张艺谋充分显示出他的艺术功力，即从中国传统文化中抽出几个非常重要的精神性东西，第一个就是'和'。因为在中国儒家学说中，'和'是最重要的一个理念。这些年我从事民间文化抢救工作，所有民间文化的核心精神，所有民俗的终极目的，都是为了'和'。'和'有两层含义，一是人与自然之间的和谐，即古人所说的'天人合一'。比如我们的风俗就是追求人与自然的和谐，不是与自然对立，而是顺应自然；二是人与人之间的和谐，即我们常说的'和为贵'。比如我们春节时的所有民俗，都是为了达到家庭、亲友等各种人际和谐，消除相互间的分歧，制造相互间的亲和力。'和'是中华民族五千多年来生生不息的一个重要因素，也是儒家思想的一个核心，它在中华民族的精神中是深入骨髓的。"

记者："看来，张艺谋在研究中国传统文化方面，确实做足了

功课呀！"

冯骥才："那是肯定的。开幕式用了一系列中国文化的精髓性的东西，如对'礼'的提炼，对'丝绸之路'表现出的中国自古以来开放精神的提炼等，都通过声、光、电等高科技手段，还原为具体的文化符号，又将这种文化符号变成一种现代语言、一种创造性很强的优美意境。我特别推崇开幕式上通过烟花表现的'历史足迹'，从故宫一直到鸟巢的二十九个脚印，这个想象非常好。历届奥运会开幕式导演在构思节目时，只把体育场作为他艺术表现的平台，没有把一个城市作为空间的先例。这个创意非常大气！"

记者："张艺谋还用了很多立体的长卷，也给人耳目一新的视觉感受。"

冯骥才："是的，几位舞者在白绢上通过肢体动作画出中国文化的几种基本元素——天、地、太阳，在这个元素上演绎了中国的历史。开幕式的整个文艺表演中，张艺谋使用到的核心的符号就是长卷，这是他的点睛之笔，实际是向世界打开了五千年中华文明的绚烂画卷。历史的一幕幕，都从长卷中走过，最后由一群当代儿童完成：给山野河流涂上颜色，把太阳画出表情。连运动员宣誓的讲台也用长卷形象雕出，最后李宁手擎火炬凌空奔跑，也是在一个长卷上。由此传达出这样一个理念：奥林匹克精神的圣火，从孕育了五千年文明的中华大地上薪火相传，在鸟巢上空熊熊燃烧起来。"

记者："这样看来，开幕式堪称十全十美了！"

## 6. 比梦想更美丽的现实

2008年8月24日晚，北京奥运会在中外艺术家和运动员团结、欢乐、和谐的气氛中闭幕了。"同一个世界，同一个梦想"，历史已经见证：这是一次成功的奥运会、精彩的奥运会、充满人文精神的奥运会，让世界充分享受了奥林匹克运动所带来的美和快乐。

一个才华横溢的作家、一个打过篮球的超级体育迷眼中的奥运会会是什么样的呢？

北京奥运会闭幕的当晚，冯骥才回答了记者提出的 21 个问题，不仅视角独特，见解精辟且颇富幽默感……

1 问：您给张艺谋的开幕式打了一百分。有人说，开幕式成功了，奥运就成功了一半，那么另一半呢？

答：记得中国台北奥委会主席吴经国有一句话说得好，奥运会最重要的还是比赛。要说比赛，本届奥运会无疑获得了极大的成功：第一，大批世界纪录和奥运会纪录被打破；第二，涌现了一批杰出的天才运动员；第三，主办国中国体育代表团获得了历史上的最好成绩。我认为，纪录性的体育比赛要比五种东西——一是比快：径赛、游泳、赛艇等；二是比高：跳高、撑竿跳等；三是比远：跳远、铁饼、标枪等；四是比重：举重等；五是比准：射击、射箭等。这五种比赛都是对人类身体极限和生命能力的挑战，每个纪录的产生都将人类的极限提升了一步。我们曾在百米短跑刘易斯突破 10 秒时就觉得不能再快了，但这次出现了一个博尔特，突破了 9 秒 7。比如水立方里大量游泳纪录被打破，还有 200 米短跑、4×100 米、女子撑竿跳等 40 多项世界纪录被打破。人类是不是更伟大了！所以我把这次奥运会大量世界纪录的突破，看得比中国队获得金牌的数量更重要。因为这是整个人类在突破自己的极限，奥运会要实现的就是"更高，更快，更强"的奥林匹克精神。其次是大批新人的出现。我们尊重曾经叱咤风云的体坛老将，也特别欣赏新人。奥运会上涌现出的所有新人，几乎都是体坛杰出的人才。体育人才是在人生中一个极短的最富活力的时间段里迸发出来的，相当于植物在六七月的旺盛期，这是人的生命自身的创造。大量新人的出现，常常是一届奥运会成功的标志。第四，金牌也是一项硬指标，此次中国获得 51 块金牌，超过所有人的预想。

2问：怎样看待刘翔退赛这一意外事件？

答：刘翔退赛引起这么大震动，主要是因为刘翔是媒体中的明星，明星中的明星，新闻效应太大。要我看，退赛是体育比赛中最平常不过的事情。赵蕊蕊在雅典奥运会上，上场一分钟就受伤退赛了，对中国女排的影响极大，都没有引起这么大震动。在刘翔之前，美国的特利波尔同样因伤退赛，在美国也未引起什么震动，就因为刘翔所承载的东西早已超过110米栏的本身了。但我想：如果事先将刘翔身体状况的相关信息提前透露一些；如果刘翔当场向鸟巢里热情的观众鞠个躬表示谢意，我觉得会更好。因为成千上万的观众是冲着刘翔来的，甚至有人坐飞机从国外赶来，就为了看他。当然，对这样一个年轻的小伙子，当时正在做着非常痛苦的抉择，不见得会想到这些。

3问：怎样看待本届奥运会最牛运动员菲尔普斯？

答：我认为菲尔普斯是天才。当然，在奥运会上拿金牌的个个是天才，拿8块金牌的菲尔普斯则是天才中的天才！天才的成功与一般人的成功是不同的。他很刻苦、很勤奋，训练时间比别人长，圣诞节也不在家里过，但我们年年春节不在家里过，也成不了菲尔普斯。因为天才的成功是不可复制的。世界上的成功是各式各样的，只要我们不把不可能实现的妄想当作成功的终极目标，通过努力都能尝到成功的快乐。

4问：怎样看待埃蒙斯射击失误？

答：我认为这是五百年才出现一次的巧合，但在他身上出现了两次，就是说一千年才出现这样一次巧合！但有一种思辨不妨过一过脑子：如果这件事不是发生在埃蒙斯身上，而是发生在我国运动员身上会是怎样？舆论还不把你吃了！埃蒙斯脱靶之后，他妻子过来安慰他、拥抱他，我想他是难过的，又是松弛的。我们应该从中体会纯粹的体育到底是什么。记得一次布什来京，问他有何要求，他说希望在他房间里放一个跑步机，因为体育是他生活的一部分！我们往往是患病了，才想起体育锻炼。别对体育太功利了。

5 问：中国男篮为何仍难取胜？

答：中国男篮近年来毫无疑问有了长足的进步，陆续有球员到 NBA 打球，可是如果叫我们的球队打败美国球队，就是一种狂想了。队员之间很团结，互相勉励，一场场地拼，尽量发挥和表现自己，这不是很好吗？我认为中国篮球挺有希望。

6 问：小国牙买加如何以产生飞人博尔特？

答：体育与人种的关系是毫无疑问的。第一，是与它的国家的体育文化有关，如巴西的体育文化，把足球当成跳桑巴舞，人们从足球运动中获得了无限的欢乐。你看小罗踢球时，多么有灵感和创造性，你会感到他踢球和跳舞一样充满快感。有这样的文化，它的足球一定是发达的。因为人的放松，主要是心灵的放松。第二，是体育与人的特殊性有着必然的关系，这里包括国民性、地域性，还有生理构造。韩国的体育中，一些需要耐受力、意志力、坚韧性的项目就比较强。中国选手照我看来，一般体育项目女子比男子强。肯尼亚选手对长跑特别擅长，牙买加选手对短跑特别擅长。美国体育也多是黑人主打。在动作的标准性、严格性、规范性方面，中国选手就做得特别好，如跳水和体操，还有我们更擅长小、快、灵的项目。大型的、对抗性强的、需要默契配合的项目就差些。当然这不是绝对的。第三，要看这个国家历史上是否出现过天才，比如，我们的乒乓球，名将层出不穷，没有这一代代名将，就没有"国球"。这就像一个国家的艺术史，都是一串名师巨匠串联起来的历史。

7 问：您以何种心情观看奥运会比赛？

答：我用快乐地吃大餐的心情来看奥运会；我用吃自助餐的方式，来控制手中的遥控器——想"吃"什么，就选择什么。

8 问：您最喜欢哪些体育项目？

答：都喜欢。很少有我不喜欢的体育项目。当然我首选尖端对抗来看。

9 问：奥运会比赛中最经典的瞬间是什么？

答：最经典的瞬间我认为都与博尔特有关。博尔特在百米冲刺的最后瞬间，双臂如鸟一般展开，脑袋"回头望月"，自豪，潇洒，飘然，宛若进入了"自由王国"，这是给我印象最深的"瞬间"。

10 问：奥运会赛场上最感动您的是什么？

答：奥运会赛场上最感动我的场面是博尔特跑完百米后，全场为他齐唱《祝你生日快乐》，这一幕让我特别感动，当时我的眼睛就湿润了。这个场面特别体现了我们民族的一种人性的关怀、一种博大的爱。这样的情景发生在我们北京，我觉得特别值得骄傲。对博尔特来说，这是他人生中最值得骄傲的一次生日派对，居然有 10 万人祝他生日快乐，还有谁会有这样奢华的生日场面！

11 问：此次奥运会最精彩的是哪场比赛？

答：我特别喜欢的比赛，是巴西与阿根廷的足球半决赛和美国与西班牙的篮球决赛。这两场比赛可以说把球赛变成"行为艺术"了。

12 问：此次奥运会中最美的瞬间是什么？

答：竞技体育有着自身的美。这次给我印象最深的是，俄罗斯撑竿跳女皇伊辛巴耶娃，跳过 5 米 5 时的那一瞬间最美，那个女孩子上了天！

13 问：此次奥运会最平淡无奇的是哪场比赛？

答：应该是意大利和喀麦隆在天津"水滴"踢的那场足球，是最让人扫兴的。比赛下半场双方基本上很少过半场了，都在自己的后半场倒脚，双方好像有一种默契。为什么呢？因为两队都已出线了。在奥运赛场上凡是缺乏奥林匹克精神的都是乏味的。

14 问：谁是本届奥运会最大的黑马？

答：谈到黑马，人们很容易想到博尔特，但我认为博尔特不是黑马，是天马！黑马这次出现得很多，但有一个黑马是我们中国人，我觉得对她提得不多，就是蝶泳运动员刘子歌。她第一次参加奥运会就打破了世界纪录。她的出现，她的意义，不亚于刘翔在田径赛场上的意义。过去在田径项目中领先的运动员都在欧美，刘翔为我们占了一席之位，所以刘翔被分外看重。然而游泳项目一直是美国和澳大利亚的天下。这次刘子歌一出道，就更改了世界纪录。我们为什么不注目一下这匹黑马呢？

15问：谁是本届奥运会最大赢家？

答：对于参赛国来说，这届奥运会没有输家，都是赢家，各有各的收获。如果讲最大的赢家，理所当然，大家心服口服的还是东道主中国。中国不仅赢在金牌数量上，还赢在奥运会办得好，东道主当得好。我喜欢这么赢，不是赢任何人，而是赢得了自己。

16问：谁是虽败犹荣的运动员？

答：瑞典乒乓球运动员佩尔森。他最后没有争到铜牌，但虽败犹荣。他参加了五六届奥运会，与瓦尔德内尔一样，在乒坛上叱咤风云，最后能打到四强，未能得奖非常遗憾，但却获得了全场分外热情的掌声。他在人们心目中的地位不会比得奖低。为什么呢？他体现了人的一种品质：对自己钟爱的事业锲而不舍。

17问：最不值得同情的输家是谁？

答：我说过，对参赛国来说，本届奥运会没有输家。具体到某一支球队，最不值得同情的输家是谁，大家还是心照不宣的好，况且这支球队在赛程没过半时就悄无声息地蒸发了。

18问：运动员心理素质对成功的影响是什么？

答：在最关键的比赛中，心理压力会变成一种决定性因素。越是关键比赛，心理压力越大，这是正常的。比如，在公众场合或镜头前怯讲，是人类共同的心理。压力人人有之。但这是一种自我压力，是运动员本身正常的心理活动；我们应当思考的是，是否还有一种外加的、非体育的压力。我最喜欢又最怕看中国运动员的比赛，最怕看的是写在他们脸上的心理压力。

19问：您最喜欢的运动员是谁？

答：运动员有两种类型：激情的和冷静的。中国运动员中，我喜欢马琳和林丹，他们非常富有激情，而激情是体育的魅力所在。我还喜欢另一种类型的运动员，比如郭晶晶和张怡宁，她们的镇静中包含了自信，包含了技术上千锤百炼所带来的一种自信、自我控制力和松弛感。还有杜丽，我不仅喜欢，还很敬佩她。她首战失利，是因为首金的压力太大了。但她在后来的比赛中终于夺冠，靠的仍是意志力和冷静的头脑，她战胜了自己，她这块金牌分量很重。

20 问：奥运会对展示中国形象起了何种作用？

答：展示中国形象，主要包括两个方面：一是有意识地展示；二是无意识地展示。有意识地展示，主要是展示我们的形象。比如开幕式，把中国五千多年的文明通过富有视觉冲击力和形式感的画面创造性地表现出来，非常成功。还应提到一点，这次我们在奥运会的视觉形象设计上非常成功。中国五千多年文明博大精深，而且民族文化多元化，究竟把哪些符号提炼出来，还不能生硬地交给西方人去思考和策划，简单给他们一个京剧花脸，他们还是不会有什么感觉，必须把传统的中国符号变成一种现代语言、现代审美。开幕式上那个中国画卷和在画卷上的行为艺术，就是把中国符号同西方行为艺术巧妙地交融在一起传递给外国人的，这就比较容易接受了。在平面设计中，中国印、祥云火炬中的祥云图案、奖牌中的"金镶玉"、礼仪小姐身着的青花服装，都是极有眼光和修养地将中国符号选择出来，再用一种现代设计方式变成一种现代语言、现代美，这是值得赞赏和总结的。无意展示的，包括现代的管理与运营方式、观赛的文明和秩序、传媒的开放性以及老百姓喜迎八方客的礼貌和热情，这种文明上的自觉，都非常好地展示了当代中国的形象。

21 问：用一句赞美的话作结束语吧！

答：如果说梦想比现实美丽，那么这届奥运会就是比梦想更美丽的现实。

# 7. 让"草根艺人"登堂入室

虽然名为"文学艺术研究院",主业是文学和艺术,但他逐渐发现,几年过去,他还是放不下文化遗产抢救工作。他感到自己天天伸着手去抓渐行渐远的民间文化,就像抓救命的稻草。于是,他的办学方向悄然发生了变化:一直未招绘画专业的学生,而将培养民间文化的新一代专家作为教研的目标;文学也偏向于口述史方向发展了。

为让文化遗产保护上升到人类文明的高度、国民精神与文化尊严的层面,2004 年和 2005 年全国"两会"上,他先后向国家提交《关于确立"中国文化遗产日"的提案》。2005 年 12 月该提案得到国务院批准,自 2006 年起,每年 6 月的第二个星期六为我国的文化遗产日(后更名为"文化和自然遗产日")。此外,国家作为文化遗产保护的主体地位逐渐明确,一个与国际接轨的崭新概念——非物质文化遗产(以下简称非遗)也开始浮出水面。

不久,原文化部设立国家级非物质文化遗产代表性项目名录(以下简称国家级非遗名录),聘请冯骥才担任专家委员会主任。这使他如释重负——因为他曾信誓旦旦地宣称,要将中华大地的民间文化"盘清家底"和"一网打尽",但真的执行起来,仅靠他和中国民协、靠一些"书生"是很难做到的。现在由政府和专家一起来做,岂不是一拍即合、两全其美?

到 2008 年,他又多了两个平台:4 月,天津大学批准他为博士生导师,由天津市文联调入天大,从此专职从事教育工作。10 月,他被聘任为国务院参事。

就在这一年,他还做成了一件堪称功在当代、泽被后世的事情:根据他在全国政协的提案,国家正式规定,自 2008 年起,我国最重要的传统节日——春节,将从农历腊月三十(除夕)开始放假。因为只有除夕才有"除旧迎新"的意味,也最符合中国人过年的传统心理和习惯。

一个更大的舞台出现在他面前。他一只手抓文化抢救，一只手抓艺术教育。两者已经合二为一。

2010年10月2日，他将"草根艺人"请进了天津大学。在金秋的艳阳下，最具天津民俗特色的高跷、汉沽飞镲、宝辇和舞狮表演，八仙过海，各显其能。一时观者如潮，各路嘉宾纷至沓来，星光闪烁，煞是热闹。

下午三时许，第二届"北洋文化节"开幕式现场，响起激昂铿锵的绛州鼓乐《杨门女将》，既无台词，又无唱腔，却演绎出一台沙场鏖战的精彩大戏。但见十多位扎靠贯甲的晋南少女，英姿飒爽，擂动手中鼓槌，按既定的节奏韵律，奏出或轻或重、或急或缓的鼓点：重时如雷霆万钧，轻时如兵马远去；急时如马蹄飞奔，缓时如战将观阵，直看得人热血沸腾，叹为观止。

开幕式的最大亮点是，冯骥才将21位国家级非遗传承人、民间艺术大师请上主席台，领导和嘉宾则坐在台下，仰视这些被称作"草根"的民间艺人，表现出前所未有的对文化的尊重和敬畏。

在冯骥才眼中，千百年来活跃于民间的歌手、乐师、画工、舞者、戏人、武师、绣娘、说书人、工匠等是一群智慧超群者，黄土地上的灿烂文明集萃在他们身上，并靠他们代代相传。所以，这是一种"活着的遗产"，是一种生命相传的文化。但随着工业化和现代文明的高速发展，作为农耕时代产物的非遗便支离破碎，大量飘失和流散了。这使他心急如焚。从2002年开始，他领导了庞大的对"中国民间文化杰出传承人"的调查、认定和命名工作，并建立起相应的档案和数据库，已产生第一批四大类共164人的国家级非遗传承人，此次参加展览的便是其中的21位。

为了让非遗保护深入人心，他亲自布展、布光，以布置博物馆的方式布置民间艺术展，像挂世界名画那样悬挂民间艺人的作品，并组织他们与大学生对话。而他与"草根巨人"们的情感交流经历，更是令人怦然心动……

"我与民间艺术家的关系源远流长。"冯骥才在展览现场深情地说，

　　冯骥才将学院教学与社会实践紧密结合，从 2009 年至 2011 年，先后到陕西、山西、湖南、安徽等地进行田野考察，与非遗传承人进行广泛接触与交流

　　"天津是个重要的民间艺术之乡，我喜欢民间艺术，与天津这座城市的特定文化氛围有很大关系。"

　　历史上天津有杨柳青年画、泥人张彩塑、风筝魏、刻砖刘等民间艺术绝活，后来又有王玓的面塑、尔宝瑞的蜡像和李岳林的木雕等，是个出能工巧匠的地方。冯骥才自幼耳濡目染，不仅热爱民间艺术，还让它大量进入他的文学作品中，如《神鞭》《三寸金莲》《俗世奇人》等，都有大量有关天津地方民俗和民间艺术活动的描写。

　　他最早结识的民间艺人是天津老城厢的刻砖刘（凤鸣）。当时，他刚中学毕业，便开始调查天津的民间艺术现状，骑着一辆自行车，肩背一架借来的海鸥相机，遇见老城厢有砖刻的房子，便一一摄入镜头。至今，他还保留着当年撰写的两本书《天津砖刻艺术》《天津风筝艺术》的手稿。

当时我还没有自觉的文化保护意识，只是喜欢、有兴趣而已。直到最近十几年我从事文化抢救、田野考察，跑遍了大江南北，才结识了无数身怀绝技的民间艺人，也就是非遗传承人。非遗，最重要的不是陶罐，而是制作陶罐的技艺，它是活态的，最关键、最深层的东西还是在人身上。所以，我搞非遗保护，自然会热爱和仰慕创造艺术的人。他们是在黄土地上经过千锤百炼的人物，是大地的精英，是草根巨人。

王学勤，杨柳青年画传承人，生着一副典型的北方老农面孔，清瘦而布满皱纹，笑起来憨憨的，一开口便是浓浓的乡音。他与冯骥才蹲在他的年画地摊上的合影照曝光率很高。此次，冯骥才又为他单辟了一个再现式空间，每天他在自己的年画"作坊"里接待观众，一幅五彩大缸鱼格外醒目，像是他的金字招牌。原来，每年春节前夕，冯骥才都要到杨柳青和杨家埠两个年画产地采风，于是结识了王学勤："我去过他家，记得有间屋里还养了一头骡子。他的小画室不足五平方米，除破盆破碗外，五彩缤纷的全是缸鱼。我觉得仿佛历史把一个画面定格在那里一样，那么富有乡土气息，那么炽烈、狂野，瞬间我就被感动了……杨柳青年画有两种：一种是受工笔画影响，描绘非常细腻，题材又比较时髦的'细路年画'；另一种便是如今只剩王学勤孤军作战的'粗路年画'，缸鱼便是其代表作。"

"缸鱼"的妙处何在？冯骥才向大家介绍道："天津的水杂质较多，农民挑水入缸后，水是浑的，需往缸内放矾，使杂质沉淀。怎样证明缸里的水变得清亮能喝了呢？从缸里能看见一条五彩大鱼的影子反射到水面时。因为'缸鱼'就贴在水缸的上方。农民的生活是多么富有诗意呀！我们要继承的恰恰是这些精神层面的东西，不仅要'酒肉穿肠过'，还要'文化心中留'。"

来到杨家埠年画传承人杨洛书的展位前，冯骥才讲了这样一件趣事：一次，杨洛书心急火燎地致电大冯："冯老师呀，告诉您一件事，我家失窃了！""丢了多少钱？""三千！""年画木版被偷走了没有？""你放心，版我都藏好了！""人没事，版没事，你就没事，破财免灾嘛！"杨洛书曾将一块祖传老版送给冯骥才，并附有一张清朝"道光十七年"（1837）的证书。冯骥才告诉他："先放到我的博物馆展览，将来我一定会完璧归赵的。因为它是你们这块土地上的艺术瑰宝！"

在冯骥才的小说《三寸金莲》中，曾描写女主角戈香莲的丫鬟平儿有刺绣绝技，一根丝线可分成 36 股。而这个"纪录"在此次展览中被打破了。

在苏绣传人姚建萍的展位，她正在现场表演的刺绣绝技，把崔永元等一干人看傻了：只见她用纤指轻轻拈起一根丝线，变魔术似的分成 48 股，然后将其中一根穿入针眼中——不是用眼睛看着穿，而是全凭感觉和经验；待抬手将线提起时，已看不见线，唯见一根绣针吊在空中。用如此细线绣出的色彩层次丰富，适于表现物象的细微变化。如她的苏绣《父亲》，绣出了一位四川老汉饱经风霜的脸，皮肤上的皱褶清晰可辨，几滴汗珠晶莹透亮，栩栩如生。

冯骥才还认识一位扬州的绣娘，名唤路树贤，今年已八十七岁高龄。三年前，他去扬州工艺美术馆参观时，远远看到一幅"扬州八怪"之一黄慎的人物画，便称赞画得真好；不料陪同者却告诉他，这不是画，是扬州的仿古绣，作者是一位八旬老太。他连夜前往老太家中探访，老太取出一幅仿绣"扬州八怪"中另一画家李方膺的作品。问她如何绣得这么好，老太坦承：绣之前，先把画读懂弄通，包括画家用笔用墨的手法，方可下针，绝非依葫芦画瓢。老太年事已高，行动不便，却住在五楼，冯骥才不仅请当地政府帮老人调换了楼层，还为她申办了一个"工艺美术大师"的称号。

开幕式现场，一位法国友人看到"布雕常"（常诚）的"菜篮子"时，简直不敢相信自己的眼睛：篮中的大白菜鲜灵翠嫩，水气充盈，旁边的大葱则有些干枯绵软，些许葱叶还会拉下来，连声说："真像，真像，只是不能吃！"冯骥才见状打趣道："这种艺术的绝妙就是不能吃！"继而，他进一步阐述说，这里的所有菜蔬、果品、糕点和包子，没有一样不是用布料制成的；女红，本是女人的特长，他却比女人的手还巧，让女人看了都会汗颜。现在很多手工艺都衰落了，像他这样的艺人实在罕见！因此，冯骥才笑称他为"男晴雯"。

作为国家级非遗名录专家委员会主任，冯骥才知道国家对列入非遗名录的项目和传承人是有专款资助的。所以，每到一地，他都要询问当地传承人是否领到了补贴，如果没有，他便大为光火，力促当地尽快落实。一次，他听说天津皇会的传承人未拿到补贴，当即差人取来纸笔，写下一张欠条："冯骥才欠某某皇会传承人人民币五万元，凭此条到我处领取。"结果他自掏腰包兑现了诺言。后来，又由天津市冯骥才民间文化基金会出面设立基金，每年拨一定数量的补贴，解决他们的实际困难。

他为民间艺人办了很多好事、实事，也有与他们擦肩而过的内疚和遗憾。如陕西农村剪纸艺人库淑兰的彩色剪纸，天真烂漫，极其优美，充满大胆想象，很有审美价值。她身患严重风湿病，站立不直，冯骥才闻讯后多次托人请当地政府予以支持，并想亲自前往探望，怎奈阴差阳错，始终未能成行。后来听说她病故了。还有湖南隆回滩头年画的"活化石"钟海仙，多次邀请他前往考察指导，直到去年成行时，钟老先生已经作古，令冯骥才十分懊悔。

第十章

# 田野里，走来一个『巨人』

古村哀鸣，我闻其声。巨木将倾，谁还其生。快快救之，我呼谁应？

## 1. 从千年古镇到"大禹之乡"

清晨的西塘，宛如一幅淡雅朦胧的水墨画。河面上，一条小船缓缓前行，船桨划开水面，发出"吱扭吱扭"的声响，打破了古镇的宁静。临水的一幢幢古老民宅，仍保持着千百年的样貌，粉墙黛瓦，绿树掩映，鳞次栉比；更有街巷纵横，曲径通幽，石桥相衔，呈现出典型的江南水乡特色：小桥，流水，人家。

一天，古镇河边的石板小路上，走来一个一米九二的大个子。他一边悠然散步，一边观赏着水乡风光。走近一户人家时，看到一个老太太，想把窗台上的花盆端进屋里。刚端起花盆，忽然发现花瓣上落着一只蝴蝶。她轻轻摇了摇花盆，似乎担心惊吓了这小生灵。蝴蝶飞走后，她才将花盆端进屋里。这个诗意的细节深深感动了大个子。

"西塘能保护到这个地步，是有百姓一份功劳的！"

有人认出了，这个大个子就是中国文化保护的倡导者、领军人物冯骥才。

此时，他正在西塘主持一个"保护古村落"的县长论坛。之所以选择在西塘，盖因作为江南六大古镇之一，西塘是最早产生保护意识的古村落。他们的理念是——"活着的千年古镇"。他们没有像有些古镇那样，"腾笼换鸟"，变民居为商铺，而是保留了当地固有的风土人情。

论坛上，他做了《古村落是我们最大的文化遗产》的演讲。他说——

在所有文化遗产里，古村落是最大的文化遗产。有位记者问我：比万里长城还大吗？我说，当然，比万里长城大得多。为什么这么说？它历史悠久又博大。说它历史悠久，从河姆渡遗址的时期算到今天，我们有至少七千年的农耕社会；说它博大，我们有五十六个民族，九百六十多万平方公里。我们有多少村落？算算吧，我们有一千五百九十九个县，一万九千个镇，三万多个乡，二百多万个自然村！长城是一条线，古村落遍布全国。当然，不是所有村落都是古村落。但无人能说清我们有多少古村落。它们是一个个巨大的历史文化容器，不仅有原始规划、建筑群落，以及桥梁、庙宇、祠堂、戏台、有特色的历史民居，还有大量的非物质文化遗产，包括民间文学、神话故事、谚语歌谣、民间艺术等。现在，这样一笔巨型遗产的保护工作就落在我们这一代人身上了。

会后，发表了《西塘宣言》，经媒体传播出去，产生了广泛的社会效应。

十多年的文化抢救，总是波澜起伏，一波未平，一波又起。2008年5月12日，正在欧洲访问的冯骥才，听到一个令人震惊的可怕消息：中国汶川发生了大地震！继而，不断有灾区山川崩裂、房倒屋塌、人员被埋的画面传来，震撼和牵动着他和代表团成员的心。大家承受不住了，决定马上收拾行囊返回故土。

最令冯骥才焦虑的是，这场大地震的震中，正是羌族的聚居地。从典籍扑朔迷离的记述中，可以找到这个古老民族与大禹和神农氏有着一定的历史渊源。它的文化丰饶、神秘、极富魅力。它的人口虽少，但在民俗节日、口头文学、音乐舞蹈、工艺美术、民居建筑方面，却异常独特，自成一体。它悠长而幽怨的羌笛声令人想起唐诗中的意境；神奇的索桥与碉楼，与久远的传说息息相关；它的羌绣浓重而华美；它的羊皮鼓雄健而豪壮……近年来公布的国家级非遗名录中，羌族有六项珍贵的民俗和艺术名列其中。中国民协还根据此地有关大禹的传说，将北川命名为"大禹文化之乡"。

5月19日，是全国哀悼日，冯骥才在天大冯骥才文学艺术研究院的"阳光盒子"设立祭坛，全体师生默哀三分钟。随后他在座谈中心情沉痛地说："羌寨毁了，碉楼倒了，道路断了，电话不通，我们与他

235

们完全失联了。我认为，汶川的废墟应该留下一两个，将来建个地震博物馆。"

他的这番话不知被谁传到网上，引发了一场强烈争议。很多人不明白，此时救人如救火，你却要建博物馆，脑袋进水了吗？还有的人，话说得更难听。其实，有些网民并非真的关心救人，而是不负责任地发泄情绪而已。为了阐明真相，以理服人，他当晚即写了一篇文章《要想到建立汶川地震博物馆》，第二天由新华社发表出来，得到了大家的理解，网上的争议也平息下来。

6月中旬，在经过了一系列前期准备后，冯骥才与朱永新、罗扬、向云驹带领一个专家小组飞抵成都，然后搭车前往北川。一路上，到处是滚落的山石，东倒西歪的树木，有些路段被巨石挡住大半，行车极其艰险。蓦然间，一块写着"大禹文化之乡"的牌子映入眼帘——这块牌子还是中国民协给立的呢。到了羌族自治县"首府"北川，眼前的景象更是惨不忍睹：空气里飘散着浓烈的杀菌剂气味，城内杳无人迹，连鸟儿也不见踪影，完全变成了一座"死城"！

站在北川城前的山坡高处，一个幸存的文化局局长，满脸凄惨地指着远处一个山体滑坡处说："大地震那天，我们六位从事羌文化研究的文化馆馆员、四十多位诗人、数百件珍贵的羌文化文物，还有大量田野考察资料，全部被埋葬在里面，令人痛心疾首。真是无法弥补的损失呀！"

冯骥才听后心里一阵阵发紧，双眼噙着泪花，与同行的专家站成一排，朝着远方那个百米高的巨大"坟墓"肃立默哀，为死难者，也为消失的羌文化。

晚上，他回顾亲睹的种种震后惨象，心情沉痛，思绪难平：这儿的灾民世代居住在大山，如今山体垮塌，村寨震损，被称为"羌族第一寨"的萝卜寨已被夷为平地。治水英雄大禹的故乡禹里乡竟"葬身"冰冷的堰塞湖。这些羌族群众日后还会重返家园吗？想到震前灿烂迷人的羌族文化，他的心变得一片悲哀和茫然。恍惚中他好像看到一个穿着羌族服饰的老者正在远去的背影。如果朝他大呼一声，他会微笑着转过身来吗？对于这个失落的文明，也许我们抢救不出全部，但能抢救多少就要抢救多少。

第二天，他就与朱永新、罗扬、向云驹和四川同行一起，成立了"紧急抢救羌族文化工作基地"，并提出恢复重建羌文化的建议书，上报到国务院。与此同时，呼吁四川从事羌文化研究的学者，将他们长期搜集整理的民间文学资料贡献出来，汇集成书。于是，四大卷百万字的《羌族口头遗产集成》很快编辑出版了。

一年后，冯骥才在参加国务院参事室会议时，温家宝总理对他说："冯骥才，你不是关心北川地震遗址吗？已经留下来做博物馆了。"

他的一个美好心愿终于实现了。

## 2. "甜蜜的往返"

"水前进的方式，是每遇到一个坑洼都要灌满，再继续前行。"冯骥才在他的《灵性》中写道。

到 2008 年，冯骥才在天大从教已经三年。三年来，他一手抓教育，一手抓文化抢救，天大冯骥才文学艺术研究院已经成为文化抢救的工作室，师生成了他的得力助手。一边是深入田野进行"形而下"的原生态的文化调查，一边是在高等学府进行"形而上"的理论总结与学术研究。他把这种工作方式称作"甜蜜的往返"。

"它使我们的行动变成'有眼睛的行动'，使我们的头脑变成'有脚的大脑'。"他说得挺轻松、挺甜蜜。其实呢？

某种意义上，他就像一泓水，哪儿有坑洼，他就往哪儿流、往哪儿灌，灌满了再继续一路前行。

一天，他在河南开封参加文化普查经验交流会，其间河南民协秘书长夏挽群告诉他，他们在豫北滑县发现一种古版年画。他异常兴奋，当即决定到滑县"挖宝"。

不知为何，他一出动，天就下雨。汽车不能进村，只好徒步前往。于是，几年前武强探画的旧景重现，他又一次与烂泥展开大战，几次

在河南滑县，冯骥才发现了一个古画乡，便风雨兼程踏着泥泞前往考察

险些滑倒，多亏两个年轻人，一左一右奋力搀扶。那情景简直狼狈不堪，他却全然不顾，只为享受发现和抢救的快乐。到了画乡李方屯一看，当地人绘制的年画多为神像，造型肃穆，厚重大气，画面左右配有对联，横批多为"神之格思"，取自《诗经·大雅》，表示"神仙驾到"。滑县在黄河以北，朱仙镇在黄河以南，两地相隔不远，却没有任何关联。这使冯骥才颇为困惑。他将两地年画做了比对，发现它们无论造型还是技法都迥然不同，可以确定它们是彼此独立的年画产地，是隐身于中州腹地的失落的文明。鉴于河南找不到相关专家，他便从他的师生中组织起一个团队，到滑县进行逐门逐户的地毯式调查。结果极为丰厚，搜集到画作五百余幅，然后由他亲自编写文化档案，列入《中国木版年画集成·滑县卷》，并在冯研院北洋美术馆举办了一次大型年画展，使这一几近消亡的古老民间艺术得到复兴。

　　另外一个收获是，经过三年的口述史调查整理，师生们完成了十四卷本《中国木版年画传承人口述史丛书》的写作，中国民协遂将"中国木版年画研究中心"在天大冯骥才文学艺术研究院挂牌。不久，十卷本的《天津皇会文化遗产档案丛书》亦相继完成。一个新的概念——"传承人口述史"渐渐在冯骥才脑海中成形了。他在《为传承人口述史立论》一文中说——

> 物质文化遗产的传承载体是遗产本身，而非物质文化遗产主要保存在传承人的记忆和经验里，通过耳闻目睹和口传心授的方式代代相传，没有文字记录，没有确凿与完整的书面凭据。这样，在现代文明冲击的背景下，极易瓦解和消散。传承人口述史便应运而生。这个概念是我们在非遗抢救和保护中获得的学术发现，对于非遗的挖掘与存录有着不可替代的功能和意义。

在此基础上，他主持的一个科研课题"传承人口述史方法论"，得到国家社科基金的支持。在此基础上成立了"中国传承人口述史研究所"，与年画普查一起，并列为天大冯骥才文学艺术研究院的学科重点。

年画普查和编纂《中国木版年画集成》，是冯骥才亲自主抓的工程，计划十年完成。如今已过去七年，他要亲力亲为，深入各个年画产地，求助当地政府，调动社会力量，进行最后的冲刺。从湖南滩头高腊梅作坊到陕西凤翔邰立平画屋；从周庄的纸马店到潍坊杨洛书的同顺堂；从杨柳青的南乡到山东高密的北乡；从河北的武强到河南的滑县，到处都留下他深一脚、浅一脚的44号大脚印。他在山西新绛遇到大雪封路，在河南新乡住过冰冷的"大车店"……为使《中国木版年画集成》做到尽善尽美，他还特邀俄罗斯科学院院士、汉学家李福清和日本学者三山陵女士，对收藏中国年画最丰富的俄日两国做了一次境外普查，从而增强了年画集成的国际视野和文献价值。

十年辛苦不寻常。当这套二十二卷《中国木版年画集成》由"雅昌"印制完成，从北京运抵天大冯骥才文学艺术研究院时，那五彩缤纷、犹如一座小山般的大书呈现在冯骥才面前时，他神情恍惚地问自己——

它真的是中国年画千年史的全记录吗？

真的是中国年画第一部全信息的文化档案吗？

在它诞生之前，所有的一切都与我息息相关；在它诞生之后却好像与我无关了。因为它不是我的作品，我为它付出的努力远远超过几部长篇。谁肯用自己的几部长篇来换这套历史文化档案？

此刻，一种美梦成真的快感犹如一股热流涌上他的心头。他完成了一件历史性的大事，为他所热爱的民间文化遗产，也为自己耗时十年的文化工程，画上了一个完美的句号。

这天晚上，他睡了一个长达十小时的大觉，中间一次未醒过，一个梦也未做，仿佛从来没有睡得这么舒服、这么坦然。醒来后竟然不知自己身居何处，两眼直怔怔望着妻子，好像面前坐着个陌生人。把妻子都看得发毛了："老冯，你到底怎么了？神经了？"

可惜好景不长。他没能舒服多久，便从杨柳青老画乡传来一个令人震惊的消息：南乡三十六村要拆了！

他又像个救火队队长一样，披挂上阵了。

"这真逼得你喘不过来一口气！"他心想，却不知该向谁发泄这股怒气。

来到南乡，这里已是交通阻断，瓦砾遍地，满目苍凉。他设法进了村子，只见王学勤哭丧着脸，像见了救星似的一把攥住他的手："冯主席，您可来了！"

冯骥才走进他家，家里正往外搬破烂儿。

"你那头大黑骡子呢？"冯骥才问。

"嗐，别提了，昨天牵到市场上卖了。跟了我二十多年了，心疼啊！今天早上想它了，就跑到市场去找，早被人买走了！"

冯骥才最关心王学勤那不足八平方米的小画室。一半土炕，一张矮腿木桌，上边全是色罐和笔筒，满墙的年画，尤其是色彩艳丽、活蹦乱跳的"缸鱼"。这可能是农耕时代最后一个原生态的农民画室了。

难道它就要在我们眼前消失了吗？

他想把这个画室完整地搬到天大冯骥才文学艺术研究院的博物馆去。他请来一个装修工。

"这房子太破了，泥墙都酥了，没法搬了。"装修工为难地摇着脑袋。

"这溅满色彩的老墙皮也揭不下来吗？"

装修工的脑袋像个拨浪鼓，摇得更厉害了。

无奈，他只好率领研究院的团队下到村里，进行抢救性记录。他给这次行动取了个悲哀的称呼——"临终抢救"。

不久，他在写给古建保护专家阮仪三的诗中，将自己的悲壮心境尽情吐露出来——

　　　　年来忧心又重，村村欲变容。你我嘴硬有何用，人做耳旁风。
文人单弱如蚁，骨软更无力。只缘我辈心不死，相助且相惜。

## 3. 收拾好历史大鸟散落的羽毛

"我来晚了！"

冯骥才一踏上陕西的土地，便发出了这样的感慨。

作为中国民协主席，各地民协组织纷纷向他发出考察的邀请。

2008 年 11 月，六十六岁的他首次踏上三秦大地，在一般人看来确实有些匪夷所思。

为何迟来陕西？刚刚走出西安机场，便有媒体向他提出这个问题。

"这其中有些阴差阳错。对陕西，我神往已久，这一点毋庸置疑。但在我的文化保护工作中，最急迫的是抢救随着现代化进程而迅速消失的文明，包括大量古建筑和古村落。所以，这些年在山西、河北、山东、河南跑得较多，而文物保护相对完善的陕西反倒成了盲区。"

陕西，是华夏文明的重要发祥地，遗存了周、秦、汉、唐以来大量极其珍贵的文化遗产。这里，不仅有被称为世界第八大奇迹的秦始皇陵兵马俑、气势恢宏的帝王陵墓和古代城阙遗址；同时又有心灵手巧、爱美懂美的人民及其创造的古朴淳厚的民间艺术。几天来，他马不停蹄地在西安、咸阳、宝鸡等地参观考察了秦始皇陵兵马俑、西安碑林、骊山华清池、汉阳陵、茂陵、乾陵、大唐西市、西安关中民俗艺术博物院、法门寺、宝鸡青铜器博物院，以及华县皮影、凤翔年画、泥塑、马勺脸谱等民间艺术。时而紧蹙眉头凝神注视，时而屏息聆听相关讲解；当他发现一件美轮美奂的艺术品时，总会发出啧啧赞叹声；而对于文化保护中出现的一些问题，他也会提出自己的精辟分析和独到见解。

抵达西安的第二天，他便来到心仪已久的秦始皇陵兵马俑。兵马俑博物馆馆长破例请冯骥才夫妇"下坑"，与兵马俑零距离接触。

看着一尊尊近在咫尺、形态各异的陶俑，冯骥才对妻子说："你知道吗，这些陶俑本来是涂有矿物质颜料的，刚出土时色彩很鲜艳，可惜一见空气就被氧化，迅速脱落了。两千年前那些不知名的工匠们，用写实手法制作了这些陶俑——他们的形象、神态和装束各不相同，雕刻手法简练概括，细腻明快，表现出很强的艺术技巧和造型能力。"

"因为写实，才使我们看到了秦朝人是什么模样。"

"是啊，岁月无声，陶俑能言。在他们身上，可以解析出隐藏其中的历史密码。"

为了记录这个宝贵时刻，夫妇俩在兵马俑前合影留念。

在武则天乾陵"无字碑"前的 61 尊蕃臣石像前，冯骥才忆起画家韩美林说过的一句话："我要多做点佛头，把这些无头的石像都补上。"这表现出一个艺术家的情怀。中国的历史文化遗产一再遭到破坏，是每一位中华儿女都感到痛心疾首的。他向陪同的当地文物部门工作人员指出，目前所采用的清洗石雕污垢的方法是不够科学的，过度的清洗冲淡了历史文物的岁月痕迹和沧桑感。

在茂陵霍去病墓前的汉代石刻前，他还发现，石刻群中的马、虎、鱼可能不是同时期的作品：比如《马踏匈奴》中马的鼻孔、额骨、马

2009 年，本书作者杜仲华陪同冯骥才到陕西考察

蹄在夸张变形中，尚有写实的成分；而那些高度概括、简约的鱼，不过是在自然石上稍加雕琢，完全属于另外一种艺术语言了。

汉唐文化对他的震撼，从他为各大博物馆的题词中亦可略见一斑。看到汉阳陵博物馆中，汉景帝为自己修建的庞大地下宫殿和成群结队的陪葬俑时，他有感而发，挥毫写下"景帝何愁不永世，汉阳馆中获长生"；感叹西安碑林里中国书法艺术的浩瀚幽深，他写下"深不见底，浩无际涯"；惊异于宝鸡青铜博物院内钟鼎的精美博大，他写下"文明源头，气吞天下"。

"我们要收拾好历史大鸟散落的羽毛，让它们世世代代流传下去！"他在各个博物馆参观时，多次使用这个形象的比喻。

冯骥才此次考察的重点，是陕西的民间艺术。他认为，陕西民间艺术的传承力度大，风格浓烈、饱满，诸如秦腔、碗碗腔、皮影、泥塑、年画、马勺脸谱，内中承载的历史文化信息十分深邃，有"活化石"的因素在里边；而且这里的人民很爱美，创造了许多已列入非遗名录的高水平的民间艺术。

在"皮影之乡"华县考察时，他仔细询问了皮影的生产流程、市场销路和发展空间，并观看了由老艺人表演的皮影戏。"传统皮影的所有细节，选料、雕刻、色彩，都是为了'影'；离开皮影表演单纯追求画面的好看，'皮影'就变成了'画'，这是不利于皮影这种综合艺术的发展传承的。"他对华县有关领导说。随后，他和大家一起合影时，对准备拍摄的记者说："请等一等，今天我提个建议，请老艺人们坐在前排，我和各位领导站在后边如何？"说着，他带头站到老艺人身后，感动了在场的每一个人。

在素有"民间社火之乡"美誉的宝鸡市陈仓区周原镇，他走进一个阳光明媚的农家小院。但见东厢房的墙壁上，参差错落挂满当地特色民间艺术品"马勺脸谱"。其器形圆润饱满，色彩鲜艳夺目，风格古朴淳厚。作者张星，宝鸡市工艺美术大师，是个方面阔目、体魄雄健的中年汉子，他热情地拉住冯骥才的手，向他讲述马勺脸谱的历史传承情况。

"我是从小受乡土艺术熏陶和家庭影响，掌握了传统马勺脸谱的工艺技法，发掘整理出一千多种不同时期和流派的'社火脸谱'。我把中国戏曲脸谱画在马勺、木梭、梭瓢、四神斗、木桶等农家生活器具上，又采用立粉勾金的技法，使作品有了立体感。还请冯主席多多指导。"

"你画得很漂亮。我是从贾平凹的小说《秦腔》中知道马勺脸谱的，书中多次提到宝鸡的马勺脸谱。"

"对对，他来我们这儿参观，很喜欢马勺脸谱，当时就写了'花脸张'三个字。我们的马勺脸谱就火了。去年，我还应邀到北京奥运会奥运村中国民间艺术品展览现场进行社火马勺脸谱表演。"

马勺脸谱的生产通常是家庭作坊式的。冯骥才饶有兴致地参观了马勺脸谱的制作流程。在那里，他遇上张星的母亲和妻子，她们正用毛笔调着丙烯颜料，一笔一画地在马勺上描摹着。见到久仰的冯骥才，老妈妈笑容满面地请他为她刚刚画完、只留一双眼睛的脸谱"点睛"。冯骥才提笔轻轻一点，神气活现，老人也高兴得合不拢嘴。在众人簇拥下，冯骥才来到张星早已备好的书案前，染翰挥毫，飘飘洒洒写下"宝鸡文化浓似酒，张星马勺艳如花"，而其中的"艳"字，恰是张星妻子姓名中的一字，大家闻讯不禁拍掌称奇。

凤翔县六营村，是陕西民间艺术奇葩——凤翔泥塑的产地。它始自元末明初，是现今我国保留最古老、最具特色的手工艺制品。它以花、草、鱼、虫、祥鸟、瑞兽、神话人物为题材，造型生动古朴、憨态可掬，极富装饰意蕴。喜欢集邮的朋友熟知的中国生肖邮票中的"平安马""富贵羊""福寿猪"，皆出自凤翔泥塑。

在邮票设计者胡深家中，冯骥才与年近八旬的老艺人促膝谈心，并与他在挂满金黄玉米和鲜红辣椒的院落里合影留念。在为凤翔民间艺术家题词时，冯骥才以"宝鸡吉宝，凤翔祥凤"八字，表达了他对凤翔民间艺术精神内涵的由衷赞美。其中"鸡"、"翔"（地名）与"吉"、"祥"谐音又谐意，而且极为工整对仗，堪称奇思妙想。

在紧张劳累的考察中，冯骥才还抽出晚间时间，爬上五层宿舍楼看望凤翔年画的传承人邰立平，一起研究他保护的木版年画。

冯骥才认为，陕西的文化遗产保护工作做得好，令人放心，是因为在这里，不仅有政府提供支持的以现代科技手段展示的秦风汉韵、大唐盛景，也有民间力量开始加入文化遗产的收集和保护，其中最典型的是两位民营企业家以前瞻性的文化眼光，恢复昔日丝绸之路的起点大唐西市和建立西安关中民俗艺术博物院的创举。

大唐西市是一千多年前长安酒肆、胡姬乐坊、商贾云集之地，不仅是世界商贸中心，也是丝绸之路的起点。李白、杜甫都曾在诗中描绘大唐西市的繁华景象。不久前，考古发掘出土了大唐西市的遗址，包括一条完整的长安西市十字街口，从而引发了一位民营企业家的灵感——将大唐西市遗址用一道玻璃幕墙封闭起来，变成一座透明的地下博物馆，而地上部分则仿照唐代建筑风格，恢复大唐西市昔日的风光。这一大胆设想从一开始便得到冯骥才的支持和指导。

此次陕西之行的重要一站，就是到大唐西市工地考察，并专门召开专家论证会和"大唐西市论坛"，冯骥才在论坛上发表了精彩演讲。

> 目前中国的文化保护正处于一个瓶颈期，从二十世纪八十年代开始的文化保护工作做了十年，问题仍然非常大，根本原因就在于我们的眼睛常常只盯着GDP，却忽视了文化的DNA，原有的文化被解构，变成了'文化搭台，经济唱戏'。文化是一个国家和民族的灵魂。使一个人有钱容易，有文化视野和气质难。所以，我们的文化保护一定要从政府的、专家的保护发展为全民的保护，每个人都对自己的文化负有一份责任。

另一位民营企业家，耗时八年，将散落关中一带大户人家的经典宅院整体迁移，连同两万多件石雕、木雕、砖雕，四千多件秦汉以来民间日用品和八千多个拴马柱，建成了一座别具意蕴的西安关中民俗艺术博物院。冯骥才在此参观考察时十分动情地说："一个人承担起地域文化的抢救，把那些支离破碎的文化聚拢起来，形成一种气候，真是匪夷所思！一个道理说起来很容易，实践起来却很难。"他尤为赞赏雕刻着各种生动表情的人物和狮、猴等动物形象的拴马柱："这是最异彩纷呈的民间雕刻，让人们在雕刻时随心所欲，把自己的才华、性情赋予形象之中，非常精彩，非常具有创造性，我认为可以写进中国美术史；最早的汉代拴马柱，甚至可以作为博物馆的LOGO（标志）！"

## 4. 夜访"贾府"

抵达西安的当晚，冯骥才便得到贾平凹因长篇小说《秦腔》荣获第七届茅盾文学奖的消息，当即拨通了贾平凹的电话："我要先看你，再看兵马俑！"贾平凹的《秦腔》获奖成为当地文坛一件盛事，各大媒体追踪报道不惜版面，一时好不热闹。

中国人名字中取"凹"者十分罕见。贾平凹在城里生活多年仍乡

坐在贾平凹的书桌前，冯骥才感觉像是"掉进了他的小说里"。这天，他的《秦腔》刚刚获得茅盾文学奖，兴致极高

音不变、习性不改，骨子里淳朴憨厚；另一方面，他又出奇地"内秀"，不仅长篇小说一部接一部，文笔细腻质朴，思想振聋发聩且多才多艺，在书画和收藏领域均有涉猎，在历史文化积淀深厚的三秦大地，堪称首屈一指的大才子。获奖后的贾平凹可谓春风得意，一件深蓝色衬衣，外套一件浅灰色休闲西装，头发也细心打理了一番，质朴中平添了几分潇洒。《秦腔》获奖后，贾平凹的第一反应是拨开云雾见青天，天气好，心情也好，先是到父母遗像前焚香默告，又跑到街上吃了顿羊肉泡馍。

作为文坛挚友，冯骥才始终关注着贾平凹的文学创作轨迹。在他看来，贾平凹虽少言寡语，为人低调，思想却异常活跃、异常敏锐。一个作家，关键不在于熟悉生活的程度，而在于从生活中认识、发现和感觉到了什么。"改革开放带来人们价值观的变化，贾平凹敏锐地捕捉到当时社会生活的脉动，从《浮躁》到《秦腔》，贾平凹的作品不断寻找时代的'压痛点'，敢于刺痛社会的神经，远比那些玩弄文字和技巧

的作家，对时代关切得多，也有力量得多。而只有刺痛，才能使社会兴奋起来、活跃起来，才可能思考和改变现状。"

席间，两位文坛大家频频接受大家的欢迎祝贺、拍照采访，直到曲终人散，都感意犹未尽，于是连夜驱车直奔"贾府"而来。

"贾府"位于西安雁塔区的一个居民小区，虽然早知贾平凹能写会画，多才多艺，更有玩石雅好，但一踏入他的家门，还是被眼前的景象惊住了。在这套不足两百平方米的复式居室内，除了厨房还像厨房外，客厅、书房、卧室、阳台、楼梯，几乎每个角落都堆满神佛造像、陶器石雕、民间工艺品和奇石怪石，琳琅满目，密集得令人喘不过气来。

冯骥才一进这半是库房、半是博物馆的"贾府"，便拍拍挚友的肩膀打趣道："反正平凹说过，我要到他家来的话，不能多拿，只拿一件随便挑！"

贾平凹诚实而憨厚地点头微笑着，用浓重的陕西口音如数家珍般向客人介绍自己的"宝贝"。

眼尖的顾同昭一眼见到门厅里简直被青蛙"占领"了，不仅有挂在墙上的布蛙，趴在地上的石蛙，还有装在竹筐中的"金蛙"，个个造型生动，妙趣横生。一打听，原来蛙同"凹"音，应该算是贾平凹的"吉祥物"了。

一进他的书房，抬头可见壁上悬着一块匾额，上面是他亲笔题写的"上书房"三个大字。"上书房"是从康熙皇帝开始清廷中皇子皇孙上学读书的地方，贾平凹何以命名自己的书房？是因为他的"龙凤情结"，偏爱皇家排场，还是想"关起门来做皇帝"，统领他的堆积如山的书籍字画、文物古董，在他的艺术王国中纵横恣肆？

书房中最令人困惑不解的是一把硬木椅子，椅背上摆放着他的照片，椅垫是一块平滑的和田玉，椅腿处则是一块巨大的动物骨骼化石。

"这是我的座位。"贾平凹幽幽地说。谁会把自己的照片摆在椅子上，放在一个碍手碍脚的地方呢？

或许他的创作"灵感"就来源于此？

冯骥才说起贾平凹的画："文人画不必有很深的绘画基础，苏轼、米芾这些人的绘画并不强调技术性，而是抒发画家个人的性情，就跟平凹的画一样。文人画的特点有三：一是直抒胸臆；二是以形写神；三是诗书画印结合。我为此还写过一篇文章《平凹的画》发在《文汇报》上，平凹很满意，是不是平凹？"

贾平凹喜欢高古，喜欢元代以前的东西。从他的收藏中，可以看到某些历史和文化的信息，看到收藏者独到的审美情趣，感受到深厚的历史感和岁月的沧桑感，以及浓郁的乡土气息。谈起自己收藏的这些老古董，贾平凹如数家珍——这是马家窑的陶罐；这是甘肃天水的佛像；这是汉代的彩陶；这是北魏的石雕；这是唐代的菩萨；这是反映民间习俗的人像、石狮……每展示一件宝物时，贾平凹都紧盯着冯骥才的眼神和表情，渴望得到他的赞美和肯定。

在一尊无头石佛前，贾平凹请冯骥才帮他断代。

冯骥才端详片刻说："这尊佛像的衣褶飘逸，线条挺拔，与敦煌壁画中的释迦牟尼风格相似，应是盛唐时的作品。"而对一件贾平凹自认为是北魏时期的石雕，冯骥才仔细辨认看出若干破绽，认为其刻痕清晰可见，缺乏岁月沧桑感，有可能是今人仿造。

贾平凹的收藏中，还有不少民间民俗器物。其中有一对小石像，雕刻了两个造型十分朴拙可爱的小童：一个捂耳，一个捂眼。贾平凹说，这叫"非礼莫视，非礼莫听"，是陕西农村当作"家训"摆设在家门口的。

冯骥才联系到在陕西考察时，看到贾平凹为一些民间艺人的题词，深有感触地说："民间文化是民间的灵魂所在，一个作家与民间文化的联系，才是与生活更深入、更自觉的联系。平凹做到了这一点。他小说中对人物心理的细腻而准确的把握，是与他对民间文化的深刻认识和理解分不开的。作家里像平凹这样喜欢收藏艺术品的人寥寥无几，而且近乎痴迷，还能'解其中味'，从精英文化到民间文化都有涉猎，这样的作家才有深度和广度。因为他的'底盘'大呀！……"

临别，冯骥才、贾平凹互赠礼品。冯骥才在赠给贾平凹的那本在

结婚四十周年时为顾同昭出版的白描仕女画稿上写道："谨以此书为平凹获大奖贺喜！"

作为回赠，贾平凹将他的获奖小说《秦腔》送给冯骥才，题字是"大冯夫妇贾府一游留念"。

当然，他也履行诺言，送给顾同昭一件漂亮的彩陶。

## 5. 绵山护宝

2009 年清明前夕，"寒食清明之乡"山西介休境内的绵山，春寒料峭，雨雪飘洒，云烟氤氲。一派"人间仙境"中，身着盛装的山民载歌载舞，欢迎前来参加"第二届中国清明（寒食）文化论坛"的冯骥才一行。尽管头发和衣衫均已被淋湿，冯骥才却始终面带笑容，心中无比畅快。因为在清明节的故乡，他体验到了"清明时节雨纷纷"的诗境。

半年前，他刚从遭遇地震浩劫的北川抢救羌族文化归来，便初登绵山，用田野调查的方式，对当地发现的神佛造像进行搜集、整理、断代、编制数据库；又聘请摄影师入山拍摄，由他主编、中华书局出版的一部关于绵山神佛造像的大型精美图典得以问世。

4 月 3 日上午，冯骥才与来自全国各地的民俗专家一起，参加了隆重的清明祭祀（介子推）仪式，并在其后的"第二届中国清明（寒食）文化论坛"上作主题发言，阐述了中国传统节日淡化的原因及应对措施。当日，作为论坛活动之一的大型图典《绵山神佛造像上品》首发式隆重举行。4 日，冯骥才在山西省领导陪同下，考察了新发现的绵山大佛风景区。其后前往大同，5 日与雕塑界专家曾成钢、孙振华、景育民等一起，为将大同打造成"中国雕塑之都"出谋划策。

冯骥才与绵山仿佛有一种天然的缘分。

"一个作家出身的人，有一种特殊的愿望：与大地上的名山或江河产生某种联系，比如肖洛霍夫与顿河，马克·吐温与密西西比河，黄公望与富春山等。一个作家和艺术家对大地山河的情怀，其实就是一种缘分……"出乎他意料的是，在这片气候干燥的黄土地上，居然有绵山这样一个云烟缥缈、紫气蒸腾、绿树葱茏、清泉淙淙的妙境。更未料到山上还有诸多神佛造像，数量之大、造型之美、技艺之高，令他惊愕。不少造像即使放进中国美术史中，也堪称上品。尤其是云峰寺的明王殿内，不足三十平方米的狭小空间里，供奉着明代塑造的阿弥陀佛、观音菩萨、罗汉武士等彩塑68尊，展现了无限开阔的世界，充满瑰丽的想象和张力。

山西的煤老板中，有这样一位企业家，靠做焦炭生意起家，却没有走他人的老路，而是将目光投向绵山的旅游文化开发。当时，他并不知山中有"宝"，上山后才发现在废弃的古庙残垣断壁和荒草乱石间竟暴露出许多尚未完全损毁的神佛造像，顿生爱怜之意，于是邀请专家学者一起翻山越岭，寻踪觅源，归纳整理后集中保护起来。为此，他还成立了一个绵山文化研究院，历时十载，终见眉目。尤其遇上冯骥才之后，更是如鱼得水、如虎添翼。仅仅半年间，便将绵山之"宝"，一一收入典籍，相当于建立起一个绵山文化档案。

首发式上，一位老专家动情地说："这些神佛造像是古人留给后世的历史密码，如今破解任务落到冯骥才身上，既是机缘巧合，又是历史的必然。"

"这本画册可谓绵山文化保护的一个范本，同时又是一个民间企业家的范本。"冯骥才意味深长地说，"在文化界眼皮底下没被发现的，却被企业家发现了、保护了，700多尊精美造像啊！如果他不保护，岂不也换成钱了吗？那么，什么是我们企业家的价值观呢？可能我们对他们的认识有些错位。我们通常认为，他们是千万富翁、亿万富翁，这个说法今天已过时。我们的企业家还很有文化眼光、很有精神追求。我觉得世界上一定有一种东西比金钱更宝贵——凡是金钱买不到的东西，都比金钱更宝贵！"

他在表述这一观点时，全场爆发出一阵由衷的响亮的掌声，鼓掌人中不仅有专家学者、媒体记者，也有来自尼泊尔、斯里兰卡、越南等国的驻华使节。这是一种人类的普遍认同，值得每个人深长思之。

告别绵山，他又来到大同。大同，一千多年前曾是北魏的都城，积淀了丰富的历史文化遗产，最著名的是被列入世界文化遗产名录的云冈石窟，此外还有上华严寺、下华严寺、九龙壁等国家级重点文化保护单位22处。

"很少有一个城市有这么巨大的文化财富，这是大同的骄傲。"冯骥才说。其中，云冈石窟和一些寺庙、古墓随葬品中，布满各个时期不同风格的精美雕塑，总数多达十几万件，这或许也是他与该市领导拟将大同打造成"中国雕塑之都"的原因吧！

"一个城市最重要的特色是什么？"冯骥才自问自答道，"一个城市最深刻的特色，在于人们共同的文化心理和文化性格。比如，三大城市中，北京是精英文化、上海是商业文化、天津是市井文化。一方水土养一方人。北京的水土一定是养梅兰芳、齐白石、徐悲鸿、老舍这些文化精英的；上海的水土养张爱玲、周璇，养旗袍、养电影；天津的水土则创造了马三立、骆玉笙这样的文化代表。我还讲过小沈阳，他是东北民间艺术的代表……"

冯骥才认为，最深刻地进入大同文化集体性格的，离不开北魏的DNA（基因），而且已渗透到大同人的心里和血液中。北魏以来创造了大量的物质和非物质文化，其他地方无法匹敌的就是雕塑。他建议：第一，建立大同文化遗产数据库；第二，将大同的雕塑石刻搜集整理，编辑成系列图典，向世人尤其是年轻人展示；第三，将城市改造与文化保护和旅游开发有机结合起来。"将历史环境、文化遗存重新整理改造，把一个个陈旧的、蒙满历史尘埃的文化遗存，从几乎被遗忘、带有失落色彩的状态中解救出来；不是商业性地乔装打扮，而是真正重现千年的文明之光，使之薪火相传，这是我们神圣的历史使命和社会责任。"

在对山西的文化保护感到满意的同时，冯骥才也对山西本土文物的流失忧心忡忡。

他曾逛过山西人在北京附近的李家营和高碑店开办的古玩店铺，在一个市场上，摆了满地的烟袋、帽盒和油灯，令人眼花缭乱。他回顾说，从二十世纪八十年代中国产生古玩市场以来，最初是倒腾金银细软、官窑瓷器，然后是名人字画、红木家具，老房里零七碎八的生活用品，直到卖窗户、门和柱础石磴时，老房子也就快拆完了。由于我们很长时间没有严格的文物保护法，许多文物外流了，让外国人买走了。过去说，"地下文物在陕西，地上文物在山西"，但经过文物贩子地毯式的搜索，我们流失的文物远比保护下来的文物多，这是值得认真反思的。"所以我想在山西呼吁一下：多把老祖宗的东西留在我们自己的土地上吧！有心人、有钱人多为山西留点东西吧！不要一到山西看到的都是舶来品，把我们土地里的含金量、文化浓度表现出来！"

## 6. 潇湘大地探"山花"

2009年初夏，潇湘大地山奇、水秀、林深、谷幽，加上连绵的阴雨，更显得空蒙缥缈、如诗如画。在这个美好的季节里，冯骥才与罗扬、向云驹一行，应邀对湖南进行了为期一周的文化考察，先后到张家界、吉首、凤凰、隆回、花瑶古寨和滩头民间年画产地参观和指导工作，随后在长沙出席第九届中国民间艺术"山花奖"终评开幕式并发表了精彩演讲。

冯骥才与湖南神交已久。这里不仅有三湘四水，钟灵毓秀，还有深厚的历史和文化积淀，"唯楚有才，于斯为盛"，长沙岳麓书院门前的这副对联，正道出了湖南人的文化自信。

第一次到湖南，他说自己是来"报到"的："因为中国的文人与湖南这块土地的渊源太深了。文人不能不到湖南。我第一次来，不应是演讲，而是报到——到这块文化圣地报到来了！"

他不是一个书斋里的思想者。那种对历史与现实、东方与西方文化"形而上"的缜密研究和思考，只是他工作的一部分；他大量烦琐艰辛而又乐此不疲的工作，是"形而下"的——即迈开双脚，到田野去、到现实生活中去观察、体验、探索和发现。譬如来到一个古村落，他能触摸到它的心跳、脉搏，看到它血液的流淌和情感的宣泄；与此同时，又能听到它濒危时发出的痛苦呻吟。

他像年轻人一样攀爬雨后湿滑布满青苔的山路，用猎人般犀利的目光捕捉奇风异俗并摄入镜头；他饶有兴趣地倾听各方人士的倾诉并记住每一个有价值的细节；他精力过人，一日能当两日用，即使考察夜阑而归，翌日仍能气定神闲，毫无倦意……他机敏睿智的发现、深刻独到的见解、颇富语言魅力的表述和无私奉献的精神，总是强烈感染着周围的每一个人。

在他看来，文化遗产最重要的是它的精神价值、文化价值，而知识分子、文化人是为思想而活的，是注重精神的。他在长沙的演讲中再三强调，"知识分子就是要精神至上"。

抵达"中国最美小镇"凤凰时，已是午后时分。清澈的沱江穿城而过，两岸尽是湘西风情的亭台楼阁和悬河而筑的吊脚楼；偶尔，有渔翁的船桨划过、岸边妇女淘米洗衣荡起的涟漪，弄皱了水中一片如镜的倒影。现代文明的到来和游客的大量涌入打破了小镇的宁静，到处人声鼎沸，嬉笑声、歌厅酒吧的音乐声与小贩的叫卖声交织在一起，构成了古典美中的某些不和谐音符。

对作家冯骥才来说，凤凰最富魅力、最吸引他的，一处是文学大家沈从文故居，另一处是近代中国"第一文化贵族"陈宝箴世家的百年老宅。

沈从文故居是一所古老的南式四合院，瓦木结构，绛红门窗，家居陈设简朴。在当年沈从文写出《边城》的书桌前，冯骥才以一种崇敬的心情沉思良久。而在陈宝箴故居参观时，他则是一副被惊呆的表情：陈宝箴是清代著名维新派人物，曾任湖南巡抚，家居凤凰，他的儿子陈三立是著名诗人，孙子陈师曾是著名画家，陈寅恪更是学贯中西，通晓十国语言，被公认为当代国学大师。

当晚，凤凰镇领导接待了冯骥才一行。

镇领导问："冯主席，第一次来凤凰，有何观感呀？"

"最大的观感是，凤凰是个人文荟萃之地。你在中国还能找到陈家这样诞生了多位文化巨匠的家族吗？所以，博物馆才是凤凰的灵魂！"

"有灵魂，也有风景，所以我们这儿每天都很热闹！"

"但有一个问题需要注意：凤凰这地方商业习气不能太重，不能让出售旅游纪念品的摊贩把沿河的美丽风景覆盖。商业化的过程就是把文化解构的过程、粗鄙化的过程，灵魂消失，只存其形。所以一定要警惕这种倾向。"

在吉首，冯骥才发现一种"苗画"很漂亮，有保护和传承的价值。苗族的服饰精美而繁复，一种是银饰，如花冠、手镯，具有独特审美意趣；另一种是刺绣，分"剪绣"和"绘绣"两种方式。剪绣是将剪纸贴在绣片上按其图案刺绣；绘绣是直接用笔蘸色绘于绣片上。苗人的绘绣技巧很高，故被称作"苗画"。当晚，他便请来苗画传承人交谈，并教授当地官员如何开展"苗画"的普查保护工作，特别叮嘱他们将宝贵文化遗存留在手中，莫让文物贩子尤其是外国人"淘"走。

花瑶，是瑶族的一个分支，以其绚丽多彩的民族服饰而得名，目前只居住在湘西隆回的高山上。从隆回县城出发，沿途考察了荷香桥古镇和清代思想家魏源故居后，冯骥才一行于黄昏时分抵达海拔1400米的虎形山瑶族乡。

此时，天空中飘着蒙蒙细雨，等候已久的盛装男女在震耳欲聋的鞭炮、锣鼓声中唱起《呜哇山歌》，跳起花瑶风情舞。古寨入口，一队头戴斗笠檐上翻花帽、身穿鲜艳裙衫、腰系挑花布带的姑娘，手捧家乡自酿的米酒招待来宾，叫作"拦路酒"，一饮而尽方可入寨。晚宴上，更有花瑶姑娘边唱《敬酒歌》，边将大块腊肉塞入客人口中。

随后，一场火爆异常的"花瑶民俗篝火晚会"将气氛推向高潮。五里八乡的村民们，民间艺术传人们纷至沓来，将广场围得水泄不通。开场是花瑶的男儿亮出的《炭花舞》，把烧红的炭火抛向夜空，形成美丽耀眼的光带，须臾飘扬开来，似银花飞溅、玉珠散落。少男少女们跳起欢快、豪放的《瑶山米酒甜》《挑花裙》《咚咚歌》，尽显原生态舞风。

篝火晚会上，冯骥才应邀发表热情感言："花瑶是一个爱美的民族，有自己独特的服饰、民俗和婚俗，《呜哇山歌》和《花瑶挑花》双双入围非遗名录，是件了不起的事情。少数民族活在自己的文化中，它的传承是一种活态的传承，比如山歌，没人唱就会失传；比如服饰，没人穿就会消失。而文化的消失必然会导致民族灵魂的缺失。"

熊熊燃烧的篝火旁，一位端着相机不断拍照的小老头格外抢眼，他就是20年来170多次造访花瑶，用镜头记录其生存状态和民族风情的摄影家，大家亲切地称他"老后"。

"老后比我小两岁，是位民俗摄影家，也写东西。"冯骥才动情地说，"他们夫妇俩把所有积蓄都用到花瑶文化的抢救上了，我们的文化保护事业就需要像老后这样的无私奉献者！"

在隆回，有一位官员总是不离大冯左右，他便是当时的县领导。

2004年，冯骥才在山西榆次全国县长非遗论坛上发表演讲，当时的隆回县县领导听后大受启发和震撼，回到隆回便大施拳脚。他记住

湖南花瑶山寨有位老村支书，曾冒着生命危险保护了百株参天大树，被誉为"古树保护神"。冯骥才对他毕恭毕敬，说道："老爷子，我给您点烟，您是我的师傅！"

了冯骥才的一句话"政府是文化遗产的第一保护人"，明确意识到自己肩负的责任。尽管隆回尚未脱贫，他仍坚持每年拿出很多钱用于文化保护。此次，他又呼吁为文化保护立法、重视专家作用。冯骥才在长沙演讲那日，他率全县四十余人开车前往聆听，真心诚意，令冯骥才十分感动。

隆回有个叫荷香桥的古镇，镇上有一条 600 米老街，散布着一些老店铺和老作坊，打铁的、制秤的、造酒的、做手工布鞋的、加工金银器的、经销传统杂货的……冯骥才漫行其中，仿佛走进了"时光的隧道"。

在其后的座谈会上，冯骥才对邵阳和隆回的领导说，工业革命后，机器代替了手工，是一个历史的进步，但手工技艺有人的情感浸润其中，有民间艺术的味道，有亲切感。他建议在荷香桥搞一条手工艺保护一条街，对原有铺面进行采光、通气、排水、卫生等方面的改造，保护和恢复老街的文化内涵。"我们不能要求所有领导马上都明白文化保护的意义，不能离开中国的国情说话。知识分子要意识到自己的责任，文化保护也是我们的事，我们不干就没希望了。"

距离隆回县城 30 公里处，有一个滩头古镇，是入选全国首批非遗名录的滩头年画产地。滩头年画色彩鲜艳、造型古朴、工艺独特，名列中国四大民间年画之一。

一到滩头，主人先带冯骥才参观了削竹造纸工地。只见工人们将一根根青竹斜放于支架上，用锋利的刀刃削去竹皮，粉碎后做成纸浆，再到造纸作坊中制成一张张"竹纸"。哦，原来滩头年画从造纸到刻版印刷，已实现了"一条龙"生产！

冯骥才与滩头年画渊源颇深。作为中国木版年画普查负责人和成果集成的总主编，他亲自主持了《中国木版年画集成·滩头卷》的编纂，还为滩头年画传承人钟海仙颁过奖。钟老曾力邀冯骥才到滩头做客，他本想前往，可惜阴差阳错，未能成行，只派人为钟老做了一次口述史。此次成行，钟老已仙逝，令冯骥才不胜感伤，更觉民间艺术抢救的紧迫。所幸，钟夫人还健在，钟老的儿子、徒弟已继承了父辈未

竟的事业。冯骥才登上楼梯来到二楼年画作坊，认真观看并亲手尝试了木版年画的印刷过程，对钟老的艺术赞不绝口，称他画的眼睛，一笔点下去，又黑又亮，而且是活的、有生命的。兴之所至，他当即铺纸濡毫为滩头年画题词："隆回民艺浓似酒，滩头年画艳如花。"

第十一章

『四驾马车』来也

时光倒流七十年，一人驾驭四套车，我已成了不能停歇的思想的机器。

## 1. "天上掉下的林妹妹"

2010 年，五月的皖南，山清水碧，草木繁盛，更有粉墙黛瓦的徽派民居点缀其间，令人心旷神怡。

从"宣纸之乡"宣城市泾县向西驱车 40 公里，便来到西接九华、南临黄山、相连太平湖的桃花潭风景区。

桃花潭，成名于"诗仙"李白的一首七言绝句《赠汪伦》："李白乘舟将欲行，忽闻岸上踏歌声。桃花潭水深千尺，不及汪伦送我情。"

唐天宝十四年（755），李白从秋浦前往泾县游历桃花潭，当地士

画坛四友（图左起依次为何家英、韩美林、冯骥才、宋雨桂）

绅汪伦用家酿美酒款待他。临别，汪伦携村民边走边唱前来送行，给了李白一个意外的惊喜，遂以诗相赠。从此，"桃花潭"便成为后人讴歌友人别情的常用语，并留下许多优美的传说和供人抒发思古幽情的遗迹，如临潭而筑的"太白楼""怀仙阁""踏歌古岸"及古渡口等。

而今，桃花潭迎来一对文坛大家、丹青挚友——冯骥才和宋雨桂。二人一个久居津门，一个常住辽沈，从神交到相识、相知，惺惺相惜、亲如手足，已历二十余载。两年前，在冯骥才策划下，冯骥才戊子画展和宋雨桂山水画展双双在天大冯骥才文学艺术研究院展出，冯骥才还为宋雨桂的国画表演进行现场点评；而宋雨桂则在皖南山区的桃花潭购下一块土地，筹建"桃花潭文化园"，并在冯骥才安徽考察期间，邀他前往参观指导。

在怪石嶙峋、青藤缠绕、波光潋滟的"怀仙阁"上，两位大家接受了央视《大家》栏目的专访，畅谈了各自的艺术见解、追求和彼此的评价。中国自古以来便"文人相轻"，而他们的友情却堪为文坛一段佳话……

冯骥才与宋雨桂神交已久。大约二十年前，冯骥才初见宋雨桂的山水画，便颇感惊异：小小画幅中，险峰、奇峡、飞瀑、云烟，雄浑大气，蕴含着宋代山水画的精神，已很久不见如此佳作了。从那时起，他便开始关注宋雨桂的山水画艺术。十二年前，在全国"两会"期间，同为全国政协委员的冯骥才和宋雨桂不期而遇。

> 宋雨桂："在人民大会堂与国家领导人合影时，他那么大个子，我能看见他，他看不见我。拍完合影，他老远地就问：宋雨桂在哪儿？"
>
> 冯骥才："我想见他，是因为他是个难得的大家：有的画家适合放在画坛议论，有的适合放在绘画史上议论，宋雨桂属于后者。为什么？他开辟了风气之先、画法之先，是一位风格、个性独异的画家。他豪爽、率真、无拘无束，一任自己情怀的释放，他的作品是他性格和内心世界的真实流露。"

宋雨桂："他为什么喜欢我？因为他能看懂我的画，洞悉我的喜怒哀乐。无论哪个阶段，他都能把握我作品中反射出的生命感。而且，他的画与我风格相近，他看我的画有感觉。他的画，比我有长处的是理念与思维，他那种恣肆狂放和谋篇布局的能力在我之上；他什么不如我呢？实的东西，需画龙点睛之处——我老说他'不务正业'，如果他画画的时间再长点、下的功夫再大点，我根本不是他的个儿，绝对画不过他。毕竟，人的精力是有限的。"

接着，宋雨桂讲述了一个"献画"的故事，令人忍俊不禁。一次，宋雨桂得到一幅绢本辽代人物画，其木质卷轴轻得如纸一般，已有千年历史，弥足珍贵，便想献画给冯骥才。于是小心翼翼，将绢画夹在两块玻璃中间，外用棉被包裹。"我辛辛苦苦把画扛到北京，见到大冯，寻思你要说喜欢，我就顺势送你了。不料他好一通贬，他一贬，我也就张不开嘴了。当晚，何家英到我房间来，让他一看，他就喜欢上了：'哎呀老兄，太好了，这是辽代公主的画像，国宝哇！''你喜欢，那就送你吧！'第二天中午吃饭时，我告诉大冯，'昨天你贬的那幅辽画，我送给何家英了！''什么？你怎么能送人呢？''反正你也不喜欢！''谁说不喜欢了？跟你开玩笑呢！褒贬都是买主嘛！'他后悔了，可是晚了，姑娘嫁出去了，所有权归何家英了。幸亏何家英善解人意，当即表示：'原来还有这个过程，既然这样，还是放在大冯的画馆里更好！'"

不久，冯骥才为宋雨桂举办画展时，将宋雨桂送他的辽代公主图一起展出，不料最后撤展时，工作人员误将辽代公主图与宋雨桂的画混在一起，准备打包运回辽宁。宋雨桂在清点作品时发现，暗自好笑。

在送别宴会上，宋雨桂故意卖关子道："大冯，我送你的辽画呢？"

冯骥才略一沉吟，心想内中必然有事，便从容作答："我早就装裱好，放在我的画馆里了，是不是又被你偷走了？"

"什么偷走？是你又给我送回来了，是不是不想要了？"

"哪里，这么珍贵的古画，十幅宋雨桂的画我也不换！"

就这样，宋雨桂又第二次将辽画送给冯骥才。

宋雨桂，他的手非一般人想象中灵巧、纤细、瘦长的画家之手，而是又短又粗；从艺术传承来说，他既无家学渊源，学的又是版画，何以成为享誉海内外的书画大家呢？

对此，冯骥才的解释是："一个人的才华是不可解释的。如李白的诗，可以解释的是他的情感、他的文采，不可解释的是他的才华。挑战'哥德巴赫猜想'的陈景润，他的数学才能可以解释吗？马三立一开口别人就笑，他的喜剧细胞从何而来？还有许多政治家、军事家、科学家、发明家的才能，都是不可解释的。天才是一种秘密，是不可模仿和复制的。艺术家也是不能遗传的。迄今我们知道的只有法国作家大仲马和小仲马，这样的例子十分罕见。所有艺术家都有其特殊构造，几乎都是'天上掉下的林妹妹'。所以，宋雨桂绘画的一个贡献，便是贡献了一个有才华、有魅力的个性。"

在宋雨桂眼中，冯骥才是他的老师，每次与他在一起，他对艺术史和文化现象的宏观把握和独特思考，都会给自己许多启发和教益。"有的人，学识也够，技巧也够，也'读万卷书，行万里路'，但不同经历、不同才情的人，看同一样东西，画出、写出的都不一样。例如，大冯用笔的灵动，远远超过现在的一些大画家；他自身的修养、才气，从一条线中即可看出。中国水墨绝就绝在这儿。你有多大学问，是啥性格，你走一条线我就知道，我就能给你写个鉴定。"

创新，是许多艺术家经常挂在嘴边的话题，而宋雨桂却语出惊人："艺术最重要的不是创新，而是发现。"

"中国水墨画历经千年发展，老祖宗下大力气一代代传承下来，作为后代，想突破前人很困难。艺术最重要的不是创新，是发现。就像鉴赏文物一样，你必须了解国家各大历史博物馆珍藏着历代哪些瑰宝，必须对中国文化的老底了然于胸。但大冯太了解了。他看画时，能从好多方面去认知和诠释内中的奥妙。还有这百十年来，人们光在笔墨问题上纠缠不休，实际上，比笔墨更重要的是水，是水的运用。近百年来少有人在水上下功夫，我就突破了这个弱项，大量用水。大冯能感觉到我的画中有空气、有空间感。我们俩都在思考如何突破老祖宗还未干完的事情。比如这些年，我就特别注重研究大海。因为大海从宋代以后都是双勾，双勾以后，有些轮廓线被它'锁'住了。近百年中西合璧做得最好的是徐悲鸿等人，可他们画大海吗？没有。为何？难度太大。用何技巧能把物象转为心象，转为具象的山、水、云、雾，怎样把它提炼、升华为艺术，这是个大学问……"

冯骥才也充分肯定了"水"在宋雨桂山水画中的作用。他认为，古往今来的大画家，从隋代展子虔的《游春图》、五代董源的《寒林重汀图》、元代黄公望的《水阁清幽图》、清代石涛的《淮扬洁秋图》，到近现代李可染等国画大家，其绘画都有轮廓，最常用的技法便是勾、皴、点、染，这种传统技法往往使画面变得凝固、具象、有人为气息、缺少自然性。而宋雨桂则消灭了轮廓，将山水间的层次、虚实关系隐藏在水墨中。这样，他的绘画便充满了生机和变化，没有了人工斧凿的痕迹，一任自然，充分发挥了水墨的审美功能。在他这里，"墨分五色"还不够，还运用大量水分，分出浓、淡、干、湿；水又利用宣纸的特性形成烟云般变幻莫测的效果，一方面使笔墨充满丰富自然的变化，另一方面充满大自然可呼吸的生命感。

关于个性与技法，冯骥才进一步阐述说，画家只有技法是不够的，心灵的领悟、气质、个性和天性的东西，才是最重要的。技术只能产生一种新的视觉效果、技术效果（或肌理效果），却产生不了个性。个性只能从画家的身上找，找两个东西：一是自己的个性，或豪放，或豁达，或温婉，或伤感；二是自然的个性，例如宋雨桂很少画江南山水，因为那不能解放他的个性。只有画长河大川、苍茫大海和烟云飘动的崇山峻岭，才能抒发他的情怀。

中国自古以来就有"文人相轻"之说，而在冯骥才看来，与一位好的艺术家、大师生活在同一时代是幸福的。比如，我们时代里有一个梅兰芳，就会幸福得多：可将天籁般的声音天天传递到我们耳中；周围有很多好的画家，可以给我们很多视觉的感染和启发。事实也是如此。他在艺术界有一批心心相印、意趣相投的朋友，在天大冯骥才文学艺术研究院里，每每举办重大文化活动，都会有京津两地众多明星大腕前来捧场，他们中不仅有作家和画家，还有电影导演、演员、歌唱家、笑星等。他们喜欢在这样一种氛围中谈天说地、互叙友情。

此番安徽之行，宋雨桂称冯骥才"老师"，冯骥才称宋雨桂"大师"，二人相互嘲弄、调侃，一路笑声不绝；而到了听众和镜头面前，他们却彼此欣赏，高度评价且绝无世俗和功利的驱使。临别前夜，二人还染翰挥毫，合作完成了一幅气势磅礴的大画，其和谐默契的程度，令人艳羡不已。

## 2. "阿凡达"推着蛋糕车来了

2011 年 3 月 13 日上午，是全国政协闭幕的日子，这天适逢冯骥才的生日。

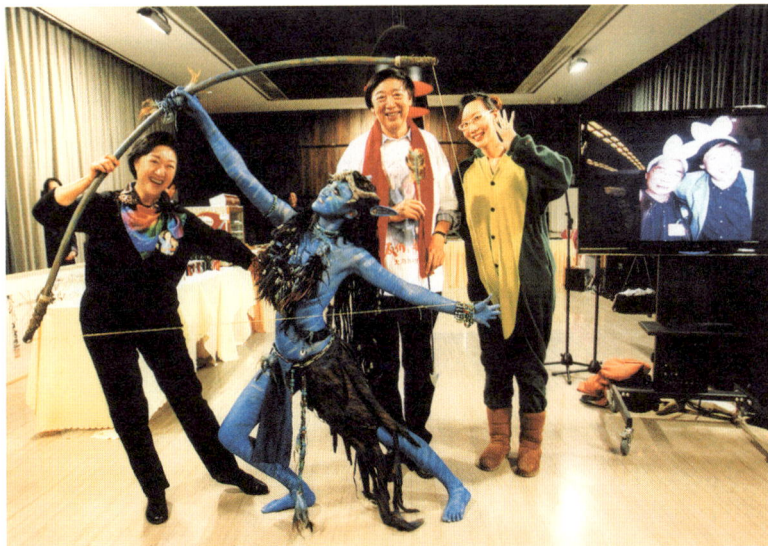

2011 年适逢冯骥才七十大寿，好友韩美林夫妇为他策划了一场别开生面的生日晚会，连"外星人"阿凡达也赶来助兴

会后，他给九十四岁高龄的母亲打电话说："妈妈，大会闭幕了，今天是我的生日，给您道个喜！"

母亲说："刚才生你的时间，我还在电视上找你呢，我看见你了……"

母亲的话使他感到格外幸福和温暖。

冯骥才的生日，一直是以最简单的形式度过的。他的生日是农历二月初九，公历三月五日左右，而这正是他在北京参加"两会"时。他从1983年担任全国政协委员，迄今已连任六届近三十年。最早的政协文艺组委员吴作人、萧军、冯牧、黄苗子、杨宪益、丁聪、张贤亮、谢晋等，都与大冯关系十分融洽，但他怎能为自己的生日麻烦别人？每年的这一天，他都悄悄到"两会"驻地的食堂要碗面条，自己给自己过个生日。有时也会忙得忘了自己的生日，是妻子和孩子打电话来祝他生日快乐，才提醒了他。

2011年"两会"期间，冯骥才与韩美林等人在一次会后聊天时，姜昆忽然跑来："大冯，听说你是这几天的生日？"

冯骥才笑道："姜昆，我的生日是3月13日，政协会的最后一天，上午参加完闭幕式，下午我就回天津了！"

"那不行，大冯，你今年六十九，你不是搞民俗的吗，过九不过十呀！"

这时在场者一齐呼应起来："过，过，给大冯过七十大寿！"

韩美林当即表示："就在我的艺术馆过！"

冯骥才盛情难却，又怕折腾太大，所以特别叮嘱姜昆：每个人都有一大堆事儿，千万别给大家添麻烦。后来才知，姜昆当即就给大家群发了短信，以后几天不断有接到短信的朋友向冯骥才道贺。他一看，赶紧问韩美林怎么办。韩美林说："你甭管了，你的生日聚会归我媳妇管，其中的细节，她对我都保密！"

3月13日傍晚，冯骥才伉俪如约来到位于北京通州的韩美林艺术馆。这是一个充满丰富想象和艺术灵性的巨大殿堂，馆中的每一座雕塑、每一幅书画和每一件陶瓷艺术品，无不美轮美奂，令人惊叹艺术家生机勃发、永不枯竭的创造力。本不想大过生日的冯骥才，正是被两位文坛挚友——姜昆和韩美林请到这里，策划和组织了一场别开生面的生日派对。这是一场别开生面的艺术家的派对，它与礼仪无关，与奢华无关，与一切世俗的应酬无关，所有受邀者不论年龄长幼、职位高低、名气大小，都沉浸在一种亲密、自然、温馨而忘情的快乐中。相聚的主题就是根据民间习俗，提前一年为他们共同的朋友冯骥才庆贺七十大寿。刚刚在"两会"上提出"文化要承担的责任是让人们精神幸福"的他，深深地被眼前的景象感动着、幸福着……

生日晚宴上，一连串新鲜有趣的创意令人耳目一新，不时赢来笑声、掌声一片。而这些创意都出自韩美林的妻子周建萍。

在韩美林艺术馆的前厅，每一位受邀前来的嘉宾都会得到一份印刷精美的十二生肖动物画片，高度概括、夸张变形的造型手法，一看即是韩大师的手笔。而每位嘉宾按自己姓名标签领到的画片，恰恰是自己属相中的动物形象！周建萍事先做了多少"调查摸底"工作，从中可见一斑。

当"寿星老儿"冯骥才步入前厅时，工作人员立即为他穿上一件特制的T恤衫。T恤衫的前面印着冯骥才和韩美林抹着红脸蛋的搞笑头像。周建萍请他停住脚步，让嘉宾们在他后背上签名、题写贺词。

晚七时，陆续进入宴会厅的嘉宾从两块电视屏幕上收看了与冯骥才有关的视频画面。视频中的主持人模仿央视《新闻联播》的方式，用诙谐幽默的语言，播报了全国政协文艺组委员举办冯骥才七十诞辰生日晚宴的新闻，以及介绍他艺术人生的图像资料。韩美林艺术馆的女孩们还现场表演了天津快板《说说冯骥才》，跳起活泼欢快的"小兔子舞"。

生日晚宴上的"吃"也设计得别具匠心，充满浓郁的地域特色和文化意蕴。其中有两个亮点尤其引人注目：一是将天津特色小吃"狗不理"总公司负责人和厨师请到晚宴现场，为大家现包现蒸正宗的狗不理包子，其中的三只包子馅中，分别放进大枣、核桃、花生，象征红红火火、和和美美、人生圆满，而有幸吃到者则可获得韩美林的书法作品；二是邀请到人民大会堂的国宴师傅，用南瓜、黄瓜、胡萝卜、菠菜、紫菜等七种蔬菜磨汁和面，做成3米长的一根"七彩面"，象征"七十大寿，长长久久"，并请"老寿星"当场表演"吃面条"。

生日宴主持人一上来就卖了个关子："朋友们，下面要有一个重要仪式——请'老寿星'切生日蛋糕。请大家猜一猜，推蛋糕车的会是谁呢？"

正当大家四处张望、翘首以待时，一位手持弓箭全身彩绘的女孩快步上场了。

"阿凡达！"人们一齐惊呼起来。

这位比好莱坞大片《阿凡达》中的外星人还要年轻漂亮的女孩，有一个温馨的名字：关欣。为了给"老寿星"和所有来宾一个意外的惊喜，她从早上九时开始化妆，直到下午四时才"变身"为外星人，如此尽心尽力，令冯骥才夫妇十分感动，双双走到关欣身旁表示慰问，而关欣也摆出一个拉弓的姿势，让摄影师们抢拍这一"人神共处"的美丽瞬间。随着冯骥才夫妇切蛋糕的动作，台下齐唱"祝你生日快乐"，将全场气氛推向高潮。

在空气中都弥漫着温情和友情的美好夜晚，恐怕没人会忘记这个精彩乐章中的尾声部分：所有在场嘉宾，无论年龄长幼、职位高低、名气大小，人人都戴上一只绒布制作的兔子耳朵，把自己的双手搭在别人肩上，组成一个蜿蜒的长蛇阵，围着30米长的餐桌忘情地跳起"兔子舞"。冯骥才认为，这种自由自在、无拘无束的状态，才是艺术家最本真的状态。

即席发表生日感言时，冯骥才首先夸赞了这次聚会的"东道主"、与他可以"掏心窝子"的韩美林，言谈中不乏深情与幽默："我和美林是文坛奇怪的一对，我是文坛个子最高的，他是最矮的，这是老天给的，没办法；我们站在一起时，我必须俯视他，但我心里对他是仰视的。别人快乐，他就快乐，这是韩美林最爱说的一句话，也是我们这次聚会的主题！"

冯骥才认为，在艺术家之间有一种东西特别美好，那就是能够欣赏别人的优点："欣赏别人的优点是一种幸福。我在政协、文坛接触过形形色色的人，不管他是什么脾气、什么个性，都没关系，艺术家愈有个性愈好，重要的是他们每个人身上都有一种特别的才气、灵性和闪光的作品，能与他们同时代是一种幸福。想想看，如果我们与达·芬奇、凡·高和鲁迅同处一个时代，甚至相识相知，该有多么幸福！所以我爱你们当中的每个人！"

## 3. 绘画是一种心灵方式

"我所有的激情都来源于爱。"

当有人问及，您已年届七旬，为何还像年轻人那样，精力充沛地在繁多的社会角色中游刃有余时，冯骥才笑答。

2011年11月5日，天大冯骥才文学艺术研究院。金风送爽，秋叶斑斓。一泓碧水中，大红的锦鲤游弋其间，摇头摆尾，煞是悠然自在。由中国民间文艺家协会、天大冯骥才文学艺术研究院主办的"硕果如花——十年中国木版年画普查成果展"，在此隆重开幕。

冯骥才笑了，在一个春华秋实的季节。经过近十年对年画产地的田野考察，他主持出版了22卷本《中国木版年画集成》、14卷本《中国木版年画传承人口述史丛书》，并推动中国年画申报世界非遗名录。那一刻，他感到背上的一块石头滚落下来，顿觉飘飘欲仙。

冯骥才美了，在一个"春画秋诗"的季节。他一手拿钢笔，一手拿毛笔，奇思佳构不断迸发，一篇篇才华横溢的诗文、一幅幅水墨淋漓的国画，释放着作者对艺术、自然与人生的深刻哲思和浪漫情怀，成为他生活中不可或缺的部分。

开幕式后，冯骥才与一位学画出身的记者进行了深度对谈。

记者：除了年画外，您主持的民间文化抢救还有哪些方面？

冯骥才：年画，从头到尾都是我抓的，此外还有古村落的保护、民间文学、民俗、民间剪纸、泥彩塑、皮影、唐卡等。以山西为例，我先后五次邀请雕塑家、摄影家一起到大同考察研究，从云冈石窟到华严寺、善化寺，先后拍了一万多张照片，出版了六大本《大同雕塑》，相当于为大同建立了一个文化档案。

记者：十年中，您主持的非遗抢救工作硕果累累，基本摸清了家底，建立了非遗名录，是否意味着万事大吉了呢？

冯骥才：当然不是。一块石头落下来，我身上还压着几大块呢！比如"中国口头文学数据库"。文学总是分为两种：一种是用文字创作和传播的文学，一种是民间流传的口头文学，包括民间故事、神话传说、歌谣谚语、俗语笑话等，千百年来，像缤纷的花朵覆盖山河大地，既容易绽放，也容易凋零。而在高科技时代，最可靠的保存口头文学的方式就是数字化。那阵子，我频繁进京，与罗扬、向云驹共同启动"中国口头文学数据库"，发动各地民协搜集整理口头文学作品，将它们分门别类、井然有序地保存在数据库中，相当于一部中国民间文学的《四库全书》。

从年画馆走出，听说楼上"大树画馆"还有冯骥才的书画新作展《春花秋诗》，记者心中好奇：他全身心投入非遗保护工作，每天公务缠身，居然还有画画的时间和雅兴！

步入"大树画馆"，果然耳目一新：但见画壁上云烟氤氲、水墨淋漓，呈现出一派萧疏、洒脱、深邃、大气的意境，而且画的多是秋景。有些作品在传统笔墨中糅入西画的光影效果，更是别有意趣。

冯骥才于"大树画馆"前留影

记者：当下，您几乎把所有精力都放在文化保护上了，却依旧迷恋丹青、佳作不断，绘画在您生活中究竟扮演了怎样的角色？

冯骥才：我一时一刻也未离开绘画与文学。我认为一个真正的文艺家，身上一定有一个"频道"，这个"频道"不仅要有播放系统，还要有接收系统。比如从事文学的，平日在生活中与人接触、交谈，经历各种场面，领略不同情境，随时随地接收各种信号——社会的、自然的、人性的、语言的，并不知不觉地储存于自己的大脑中，不知何时突然就释放出来了。画画亦然。作为一个画家，我会随时感受光线、色彩以及个中滋味。如初秋可能是轻盈、舒朗的，晚秋则是萧疏、伤感的，这些滋味随时会打动心灵。但这种接收不是观察，而是感悟。感悟是文艺家的一种天性。

记者：在您的近作中，既有中西融合的画法，又有传统的

"大泼墨"，有些还有"狂草"的味道，纵横恣肆，一气呵成。

冯骥才：你看这幅《雄风》，我在画的过程中，感到笔底生风，仿佛有一股"气"在托着我；画面上那只鹰好像不是在飞，而是被一股气流顶起来的。这幅画去年在中国美术馆展出时，一位先生想买走，我说多少钱也不会卖的，因为我以后再也画不出来了。我作画很少重复。泼墨根本不能重复。从宋代的梁楷到现代的张大千，无不擅长"泼墨"，用水分很大、速度很快的运笔，让水墨在宣纸上自然流动、渗透，产生丰富的不可预料的变化，再借势整理它。绘画性即偶然性，工艺性即必然性。绘画的快乐就在"偶然"之中。

记者：古代文人画讲究"诗中有画，画中有诗"，您的画好像更强调散文性？

冯骥才：你说得好。我个人认为，画画就是画散文。古人讲诗画结合，诗是点的凝聚，如"万绿丛中一点红""风雨归舟"等；但现代人更接近散文而不是诗。散文是叙述性的线型过程，可不断加深对景物的描写。例如这幅《夕阳明》：黄昏来了，太阳走出地平线，落日的余晖在野外的池塘和树丛中反射出耀眼的光芒；一群晚鸦鸣叫着归巢，栖身近处的树上，与逆光下的叶子混在一起，一片炫目的缭乱……这种情节性是很难用诗画的结合来表现的。它延伸了绘画的意境，可以从中读出情节。我没时间写散文时，就画画。画是可视的散文。

从"大树画馆"移师冯骥才的画室，落座后，他意犹未尽，又讲了这样一件事：一天晚上，他忽然产生了画画的灵感，一时激动，未及开灯便往楼上的画室跑，不知被什么绊了一下摔倒在楼梯上，把腰还扭伤了。

记者：您想到什么绝妙的题材了，激动成这样？

冯骥才：我的新作都是在我最忙时释放的。白天有大量事务性工作，教学、接待、会议，到夜里忽然有画画的灵感了。这种感觉非常美妙，稍纵即逝，必须马上抓住，所以就不顾一切直奔画室。那天夜里我睡不着觉，一个人偎在沙发上想事儿，忽然感到眼前出现了一片雨云，特别浓重，一束阳光透过云隙照射到天边的树林中，呈现出一线夺目的亮光，一瞬间又看见雨云的边缘有两只小鸟，一隐一现，令人感触到大自然的伟大生命力。我想我以前肯定不止一次赶上雨天，看过类似的景象，产生过类似的感受，一下迸发出来，形成一种绘画的意境，逼迫我马上拿起画笔表现出来。所以我说，最好的艺术感觉是"迸发"，就如同缘分，什么是缘分？缘分就是当你找它时，它也在找你呢！

记者：这就是说，在很多情况下，您画画不是受理智控制，不是事先计划好的，而是受情感或转瞬即逝的灵感驱使的？

冯骥才：对，艺术家一定要"听命于心"。你的心要发泄，你就让它发泄，由得它，由不得你。就像写小说，你构思的人物写到一半时，一旦他"活"起来，你打他一巴掌都能知道他有什么反应，即有了自己的性格了，你就要由着他、听命于他，任凭他的性格决定情节发展和命运走向了。你本来想安排他死的，写到最后，他却依然笑嘻嘻地活着。

记者：2011年新春，您将二十余载近百幅绘画作品精选后，出版了一本装帧精美印刷考究的《冯骥才画集》，并在北京举办了隆重的首发式。于是我们终于明白了：画画，不是您的"业余爱好"，而是您生活的一个重要组成部分。只有将您的画和您的小说、您的文化保护联系在一起，才是一个完整的冯骥才。

冯骥才：你不是去过我家吗，我楼上有几个书房，都不大，一间是写作的，一间是做民间文化研究的，还有两间是画室。写作的房间堆满了书和资料，摆放着许多中外文学家的雕像；研究民间文化的房间到处都是乡土气息浓郁的民间艺术品；画室里自然是充盈着纸香和墨香了。而做什么，有时要听命于心灵的驱动：一上楼，忽然有画画的冲动，就进画室；有写作的灵感，就进书

273

房。有时是写文章和画画交叉进行。

我一旦进入画室，就进入一种心灵生活。当我把画案上的笔洗换了清水，用镇纸将一张像被月光照得皎白的宣纸铺在桌上时，感到宣纸上仿佛布满了我的神经，每一笔触到纸上，都如同触到我心灵的深处。这时真的很享受。所以我觉得绘画是我生活中的一个重要部分。哪一部分？是我心灵生活的一部分。我说过一句话：写作更多的是我的责任方式，而绘画更多的是我的心灵方式。当我心中有一种感受，或被什么东西触动了自己的心灵时，我才会画画。

记者：记得您说过，绘画是艺术家心灵的闪电，而您的一些画作，就是直接表现心灵、思绪甚至思维的，如《思绪如烟》《枝乱我不乱，从容看万条》等，将思维变成了可视的形象。您为何喜欢表现这些思维层面的东西？

冯骥才：有一次我画了一片树枝，粗细深浅不一，相互穿插有序。有人问我：你这幅画画的是什么？我说："画的是思维。"他有些迷惑不解，我告诉他：有一次我自己坐在椅子上，喝着茶，半闭眼睛思考一些理性的问题。这些纯理性的东西像哲思一样，沿着一个思维线索和逻辑推理走下去；走到一定时候，又冒出一个新的灵感，仿佛出现了枝杈，新的线索又出现了。想着想着，横向里又切入一条线索，把原来的思维打断了。这时，远远地又见另外一个思维渐渐走近……我发现，理性的大脑也会呈现如此美丽的形象和状态。我喜欢这样的作画缘起与过程。我作画时还有一个"毛病"：必须有音乐相伴。比如我忽有激情，想画一深谷疾瀑，把纸按在墙上便开始放音乐。我选择李斯特的狂想曲，唯有他能焕发我此刻的创作激情。如果当时未画完，晚上继续再画时，如何把情绪连贯起来？一放李斯特的音乐，马上找到了当时的感觉。绘画是一种美好的心理享受，所以我认为绘画不是一种职业，甚至不是一种专业。

记者：您认为绘画不是一种职业或专业，这个观点我觉得很新鲜。这是否因为您身兼多职，客观上也不可能把绘画当成一种职业？

冯骥才：实际上，我做任何事情都会全身心地投入。绘画不是我写作的"业余"，写作也不是我文化保护的"业余"。我在北京《冯骥才画集》发布会上说过，我对文字有巨大兴趣，没有任何东西比文字更能精准地表达我们的思想和感受。我对文字的要求是苛刻的，所以我的文字稿一般是改七遍，而且最后两遍是修改文字（不是修饰，而是选择文字），以便更准确地表达我的想法。一个作家要不断用文字深化自己的思想和感受，表达得越精准越好。

一个画家在作画时，不断尝试各种新的可能性。因为绘画的必然性已被前人尝试过；凡是被人尝试过的成功的绘画，都是一种必然。如古代画家关仝、范宽，都把高山深谷、松林大壑表达出来了，变成了一种必然。另外的画家就要有另外的审美角度，如倪云林就表现了一种宋代画家没有表现过的东西，一种苍凉、荒寒却又优美的心境……绘画就是要不断表现这种可能性。这种努力有两个方面：一是横向的可能，大都是视觉上的；二是纵向的深度、心灵的深度。我更喜欢后者，即前人未表现过的东西，如人内心的一些感受。为什么？因为我是一个文人，文人的内心世界要非常丰富，他的人生经历、人生感受，包括那些亦苦亦甜、亦美亦丑的感觉、百感交集的感觉，都能在他笔下栩栩如生地描写出来。特别是小说家，对人的感受一定会更丰富。一个短篇写几个人物，中篇写十几个人物，长篇写几十个人物，每个人物的身份、地位、性格、命运、心境都千差万别，作家都需"钻"到他心里。所以作家对人物内心的体验比一般人要深刻得多、丰富得多、广阔得多。作家内心的丰富性，是我绘画中最重要的原点（资源）。

记者：在您的《文人画宣言》中，曾以王维的"诗中有画，画中有诗"和郑板桥的"一枝一叶总关情"为例，概括出文人画的两个重要属性：文学性和直抒胸臆。几年过去了，您对文人画有哪些新的认识和感悟？

冯骥才：什么是文人画？我觉得文人画首先应是一种张扬个性和直抒胸臆的绘画。我们研究一下中国绘画史，我认为可分三个时期：第一个时期是画工时期。敦煌壁画那个时期主要是为宗教作画，一直到唐代的吴道子、王维、周昉，是画工中的大师和高手，有很高的绘画造诣和技巧，但他们不是为自己画画。第二个时期是画院时期。从董源、范宽到马远、夏圭在画院任职，为皇帝和贵族作画。他们把中国画技术推到一个极致，但仍不是为自己作画、画自己的心灵。从宋代开始，出现了一批为自己画画的文人，他们是苏轼、米芾、关仝。他们的画没有多高的技巧，当时称之为"隶家画"，带有贬义。到元代，倪云林提出一个概念：画画是"抒发胸中之逸气耳"，这时才出现了文人画。文人画出现之后，绘画的一个新概念也应运而生，即"意境"。"意境"是什么？这两个字是要拆开来解的，"境"即空间的镜像，"意"即画家的主观意念、意味、诗意，"意境"即把绘画文学化。所以，绘画的文学化才是中国画的本质。

记者：听您这么一讲，真有一语中的、茅塞顿开的感觉。可是怎样才能使绘画作品有内涵、有意境呢？毕竟，绘画文学化的高度是一般画家难以企及的。

冯骥才：我认为当代中国画的最大问题是技术主义，即把技术的、视觉的因素放在第一位，忽视了对意境和内涵的追求。所以现在的中国画看起来彼此雷同，许多画家只是技术好，层次和境界却有局限。前些日子，一位美院老师对我讲，他们最爱看视觉性的绘本，我说，你们最大的问题是不能穿越绘本，就是杜牧说的"功夫在诗外"，"开口必言诗，定知非诗人"。搞艺术的人最重要的还是对世界、对人生、对人的看法。你的人生阅历越丰富，人生感悟越深刻，绘画的底蕴自然越深厚。在这一点上，我很欣赏何家英。因为工笔画要求很高的技术性，尤其工笔人物，第一受具象的限制，第二受技术的限制，如能将工笔人物画得有意境、有内心的呈现就太难了。但何家英做到了。这是他对人物画的贡献根本所在。

　　记者：又回到最初的话题：您身兼多种社会角色，工作非常繁忙，您如何挤出时间，让自己的心灵在绘画的世界里自由翱翔呢？

　　冯骥才：画画与我的其他事情，可能在时间上是有冲突的，但在总体上没有影响，甚至还有帮助。我还有一个理解：如果一个画家一天到晚画画的话，他绝对画不出好画来。道理是：如果他只埋头作画，会遇到两个问题：第一，一个画家最难突破的是自己创造的一整套创作习惯和审美形式，你的形式越成功就越难突破，艺术最难的就是突破自己；第二，画来画去就没感觉了，审美疲劳了。就像你用手抚摸一件东西，觉得那东西光滑、细腻，手感很舒服，如果把手一直放在那儿，那种美好的感觉就消失了；只有把手离开，待会儿再摸才有感觉。所以，一个画家不要死盯着自己的画，而应去观察世界，感受生活，学会思考。画家不要总去看画，而要看一些看似无关的非视觉的东西，比如各种书籍。牛之所以长牛肉，不是因为吃牛肉而是吃草。

## 4. "四驾马车" 进京城

　　一个充满人文气息的院子里，长着一棵大树，根深叶茂，虽经风雨侵袭，却岿然不动，历久弥坚。树下，七十初度的冯骥才神情专注地审视着每一片枝叶，每一颗果实，然后让助手搬来一个梯子，他径直攀上树冠，精心修剪着、选择着，将他认为最有代表性、最有价值的东西采摘下来，安置到他的"四驾马车"上。

　　无论从自然界的四季轮回，抑或是漫漫人生旅途的角度，冯骥才都迎来了一个满目金黄的收获季节。

　　2012年9月9日，他将满载着丰收的硕果，在北京画院举办一次前所未见的展览——"四驾马车——冯骥才绘画、文学、文化遗产保护与教育展"。

现在，马车上已经负载了80件冯骥才的"现代文人画"作品、160余种中外版本的文学作品、大量文化遗产保护和教学成果的出版物以及一些文学名篇的手稿等，只等9月9日策马扬鞭，把马车赶到北京画院，与主办方一起掀起"红盖头"，一一呈现在首都文化界和广大公众面前了。

"四驾马车"的创意，源于一个偶然的契机。有一年，北京画院院长王明明请冯骥才参观他们美术馆内常设的齐白石画展。北京画院收藏了几百幅齐白石的画作和大量手稿，还有齐白石的画室、画案、用过的笔筒等。那天，冯骥才在王明明陪同下从一楼看到四楼，感受颇深。看完后，王明明说："大冯，什么时候到这儿办个画展吧！"

"我还真想到这儿办个画展！"冯骥才回应说。

"你动心了？"

"对。但你不知道我为何动心。二十世纪五十年代我学画时，有一位老师叫惠孝同，就是北京画院的画师，家住王府井大街大甜水井胡同。他是民国时期湖社的名家，家学渊源，家藏很多珍贵的宋元名画，如王诜的《渔村小雪图》、郭熙的《寒林图》、吕纪的《四喜图》等。"

"老先生在二十世纪八十年代已经去世。"

"我在这儿办画展，就是向老师汇报、谢恩。我们从先人手中接过火炬，要让它熊熊燃烧。"

"嗯，饮水思源。这样一来，你的画展又增加了一层含义！"

"我虽然经过两次大灾难，几乎倾家荡产，但我手里还幸存两样东西：一件是老师1959年为我画的小青绿山水《湖山罨霭》，画册里还有张其翼、孙其峰、溥佐几位先生为我画的画页；另一件是老师在我1964年习作《山居图》上题写的勉励的话。有价值吧？这次画展，我准备把它们放在最前面，表示我对老师的敬重和对往事的怀念。"

9月9日，北京画院。一走进"四驾马车——冯骥才绘画、文学、文化遗产保护与教育展"开幕式现场，用一个最恰当的词儿来形容，便是"满坑满谷"。你的眼睛随便往人群里一扫，就会发现许多熟悉的面孔——周巍峙和王昆夫妇是从医院赶来的，两人还坐着轮椅；还有

2012 年，"四驾马车——冯骥才绘画、文学、文化保护与教育展"在北京画院隆重举行，王蒙先生主持开幕式并做了热情幽默的致辞。这天嘉宾云集，满坑满谷，京城名人几乎悉数到场

铁凝、王蒙、张抗抗……名人与嘉宾多达数百人，与其说"谁来了"，不如说"谁没来"。简直就是中国文化界的一次空前盛会。

"我喜欢这种好友相聚的温馨场面，生命就是要相互取暖。我已经七十岁了，很多辉煌已成往事。时光不会倒流，总有一种留恋、惋惜和珍爱的情绪，会慢慢涌上心头……"冯骥才面对一众好友，深情地说道。此刻，场内正回响着拉赫马尼诺夫的《时光倒流七十年》，仿佛在为他的这段话作背景音乐。

展览现场，人们还看到冯骥才的一部七八百页的重磅画传《生命经纬》，以一千多张照片、图片和十数万文字，首度全面披露了他曲折坎坷又精彩纷呈的人生经历，以及他同时在文学、绘画、文化保护和艺术教育方面所取得的非凡成就。展览中，有两个系列的画作尤为引人注目，一是"收藏四季"，一是"一时心境"。他为"收藏四季"题写的四句诗颇值玩味——

留春藏夏存秋冬，
雪月花晨一卷中。
莫叹光阴如影过，
挽住岁月惟丹青。

开幕式由张泽群主持。中国文联、原文化部有关领导分别致辞，充分肯定了冯骥才在文学、绘画、文化保护和艺术教育方面取得的非凡成就，赞扬了他作为中国文人所独具的良知、风骨和担当。

发言最风趣的是冯骥才的两位老友王蒙和韩美林。

王蒙回忆了若干年前，他与冯骥才的初次见面："我一看到他，就下意识地感觉他是个可交的朋友。当时他笑得很热情、很纯真，让人忍不住想搂住他好好亲一口。"在台下一片笑声后，他继续说道："他的成就，远远不止这'四驾马车'，我起码还能给他列出四驾来。一是他当了三十年政协委员，参政议政，呼吁将民族传统节日设为法定假日；二是开展国际文化交流，让中国文化在海外赢得声誉；三是他通过卖画支持文化机构和遗产保护；四是懂得欣赏别人，没有文人相轻的毛病。"

韩美林用他略带山东口音的话说："这次我就不谦虚了。我们这一代人跟共和国一起长大，到现在还在做学问，依然是国家的栋梁，非常了不起。我和大冯之间达成了一个共识——灵魂不能下跪。"

冯骥才的发言总是热情洋溢且充满哲理。他说："我曾为自己的一幅画题诗：'枝乱我不乱，从容看万条。'人到七十，该从容梳理一下我的'万条'了。我认为，留住岁月的最好方式，就是把那些转瞬即逝的东西，通过艺术变成永恒。我们这一代知识分子经历了太多曲折，但曲折的历史也告诉我们，责任是第一位的，爱好是第二位的。责任永远跟随着我们。

"很多人对我说：你干的事太多了，如果将所有精力集中干一件事，一定会干得更好。有人劝我专心写作，放弃绘画；有人希望我专心画画，放弃写作。可是我一样也放弃不了，放弃任何一样就不是冯骥才了。就像人的五官一样，缺一不可。'四驾马车'都是我热爱的、不可替代的。如文学中对社会对人的思考，以及文字的创造力，绘画代替不了；绘画中对美的想象与呈现，文学代替不了；不去做文化抢救，一个知识分子对社会文化的关切、责任和担当也就无从实现……它们之间的关系是相得益彰、相辅相成的。

"那么，如何有条不紊地做好这么多事情？从空间上说，正像一座大楼是一块块砖盖起来的，你烧每一块砖时用的都不会是炉中某一点火，而是整炉的火。你画画是用全部生命情感；写一篇文章时是用全部精神与心灵。每件东西都是充分的你。从时间上说，谢晋告诉过我一个充分利用时间的妙方：每天下班后回家先睡一觉，起床后所有疲劳一扫而空，就像迎来新的一天一样。慢慢变成一种习惯、一种生物钟，一天当两天过，自然就可以做更多事情。"

"又是什么原因使我精力充沛、思想活跃、保持创造的激情与活力呢？我有一点先天的因素，一是理性与感觉的东西都很旺盛，不论理性的思维、思辨、思考、推理、逻辑的能力，还是感觉、感触、感受以及悟性，我都比较强。我还要感谢父母给了我两种基因：一种是来自母亲的山东人粗犷的气质，另一种是来自父亲的江南人细腻的感觉。所以我五十岁和六十岁生日时，都跑到父亲的家乡宁波和母亲的家乡济南——这两个给我人文基因的地方办画展。我还有一个先天的优势，就是我的精力似乎比一般人旺盛。很少感觉疲惫难当或力不能支，也很少情绪低沉。我确实是一个充满激情的人！"

## 5. 欧洲"思想游记"

又一个春天到来了。春天最初是闻到的。但今年不是在故乡，不是在天大冯骥才文学艺术研究院，而是在遥远的欧洲——在浪漫之都巴黎，英国古都伦敦和巴斯，当年徐志摩吟诵过《再别康桥》的剑桥及牛津大学，他吸吮着春天的气息，用他那颇具磁性和感染力的嗓音，

讲述着中国文化遗产保护的成就、困境和应对方法，让关注着富裕起来的中国如何对待自己文明传统的西方人，知道中国当代知识分子是有责任、有担当、有文化自觉和先觉的。

这是2013年。从3月19日到4月16日，近一个月的出访时间里，他不仅应邀发表多场精彩演讲，进行文化考察，还为中国年画申报世界文化遗产亲自撰写电视脚本。与此同时，几乎每天晚上，他都要将沿途的所见所闻所思，用平板电脑记录下来，准备出一本文本独特、天马行空的"思想游记"。

在著名的伦敦塔桥前，他微笑着斜倚在一个卵圆形的现代雕塑上。夫人顾同昭在照片上配上这样一行说明文字："老冯在压力面前的做法是：尽量叫人看不出压力来。"

他第一次访问英国是在1981年。当时，中国作协派出一批作家出国访问，王蒙去德国、冯骥才去英国、蒋子龙去南斯拉夫。那次去英国，他写了一本《雾里看伦敦》，记述了他首访英国的见闻和感受。其后，他成为中国文坛一颗新星，作品被翻译成多种文字，在海内外产生了广泛影响。此番到牛津大学和剑桥大学演讲，正值西方的复活节，学生都放假了，但仍有大批他的粉丝留了下来，特别是中国学生。他们从小就在语文课本上读过他的散文《挑山工》《珍珠鸟》，近两年他的小说《高女人和她的矮丈夫》还进入了牛津大学的考试题。正是这种缘分，使他与学子们的交流十分融洽，在问答环节，他更是谈吐幽默、妙语连珠，令很多人文学科的博士生都在钦佩之余，表示希望学成回国做文化保护的"志愿者"。

在法国人文基金会组织的演讲中，他强调指出，中国的文化遗产保护面临的问题与西方不同：西方国家的历史传承多是线性发展的，我们是突然进入改革，一是没有遗产观，二是没有文化准备，三是急于快速发展，同时又面临城市改造与城镇化等一系列现实矛盾，"但伟大的中华文明必须保护和传承，在这方面，中国的知识分子并不落后，是有责任、有担当、有文化自觉和先觉的，世界非遗保护是从2003年开始的，而我们的地毯式文化抢救从2001年就开始了"。

特别令他吃惊的是，这些年他们在国内所做的事，海外学界竟然全都知道。演讲现场，一位法国学者告诉他，他主编的二十二卷本《中国木版年画集成》，就收藏在法国国家图书馆。这使冯骥才感到十分欣慰。

冯骥才还介绍了中国文化保护的做法。他说，十年中，我们对五十六个民族的民族民间文化进行了全面调查，基本摸清了家底，确定了保护措施，取得了丰硕成果。截至 2011 年，国家有了《中华人民

法国是冯骥才心中另一个文化"圣地"，在巴黎等地，他与法国文化保护人士进行了广泛交流，并将其宝贵经验引入国内

共和国非物质文化遗产法》，进入国家级非遗名录的有 1219 项，省级 8500 项，再加上市县一级，总体超过万项，这在世界上是绝无仅有的，充分证明了中国文化的丰富博大、历史悠久和多元特色。他同时也坦承，当前中国文化保护面临的最大问题，是古村落的消失和瓦解，其速度之快是我们想象不到的：2001 年全国有 361 万个村落，到 2010 年就锐减到 270 万个，十年中消失了 90 万个，平均每天消失近 100 个。

如何应对这一局面？他说，2000 年，他到法国进行考察交流，学到不少法国人保护文化遗产的经验，回国后倡导中国的非遗抢救；时隔十年，这次回来又要做的一件大事，就是古村落的调查、认定与保护。

"我上次来 60 岁，这次来已经 70 岁了。"

他的话吓了老外们一跳，说看不出来呀。

"我也经常忘了自己的年龄。忘了自己年龄的人永远年轻！"

从巴黎到诺曼底、从索姆河到加莱、从伦敦到爱丁堡，他每到一地，都要参观考察各种博物馆和名人故居，以及世界文化遗产的保护现状。《巴黎，艺术至上》《维也纳情感》《乐神的摇篮》《倾听俄罗斯》……几乎每次出国，他都会有相应的著作面世。

这次出国，他还做了一件过去从未做过的事——用平板电脑写作。每天晚上端着它，像写日记似的将所见、所闻、所思记录下来。它不同于一般触景生情式的游记，而是一种断想式的、随想录式的、不拘一格的文本与文字，范围涉及艺术史问题、民族心理问题、中西方文化差异问题和各种社会问题，所以被他称之为一本"自由自在的思想游记"。

探访法国印象派画家莫奈故居所在地吉维尼时，他发现这个地方的风景色彩丰富又独特，而且具有一种模糊性和朦胧美，十分契合莫奈绘画的气质。莫奈 1883 年定居于此，直至 1925 年在这里辞世，必定只有这块土地才能给他以特定和不竭的灵感。这便引出他关于艺术家与其生活地区关系的深层思索。甚至法国人的外貌特征，也是他饶有兴致的研究对象：法国人的脸正面窄，侧面宽，衣着与人一样松弛潇洒，注重颜色协调，不爱花里胡哨，很少穿名牌；当年流行烟囱一般细细缠在腿上的瘦裤子，多为墨黑，以及长筒靴；无论男女都喜欢单色长围巾，以保护他们的长脖子……

他的"四驾马车"展览后，不少人不知他是如何将四件事穿插在一起的，问他：你每天到底怎么个活法儿？他想通过这本书，通过这一个月，使读者知道他是怎么活着的，知道他的心灵和思想是自由的、不受约束的。

在他的欧洲之行中，还遇到一个节外生枝的难题，一个充满挑战意味的插曲。

在法国西部诺曼底二战遗址考察时，他突然接到国内一个电话：我国计划将中国木版年画申报世界非物质文化遗产，要求十天之内向联合国教科文组织报送材料，材料分为三部分：一是申报文本；二是中国木版年画代表作图片；三是一部介绍中国木版年画动态的纪录片。

接完电话他就上火了，因为他在万里之外，等于"隔山打牛"呀，一件事没法直接使上劲儿该怎么办？但作为中国民协主席、中国木版年画抢救和保护工作的组织者，这个额外的"官差"他责无旁贷。

于是，旅途中的他开始用电话、短信和电子邮件进行"遥控"：首先是邀请十年来一直与他共同做年画保护的向云驹、潘鲁生、赵屹等撰写文本，初稿完成后传来，由他审定；其次是根据他对中国木版年画的记忆和了解，列出一个图片清单，请天大冯骥才文学艺术研究院的工作人员和研究生搜集好从网上发给他，再一遍遍筛选，最后确定了最具代表性的十幅精华之作；第三件事是他要亲自撰写一个《中国木版年画》纪录片的脚本，然后请央视导演张子扬协助拍成中英文两个版本的电视片。

接到电话的当晚，他便写出了脚本初稿，翌日清晨睡醒后忽然想到脚本还有问题，又修改了一遍。脚本传给导演，导演做出样片发给他，他提出修改意见，导演再修改润色……就这样反反复复先后做了六版才定稿。最后一稿是他在从爱丁堡到伦敦的飞机上完成的。

还有一个难题：在国外只能用平板电脑无线上网，所以往来文件的传输很不方便，此外还有一个时差问题。于是当地的旅店里便经常

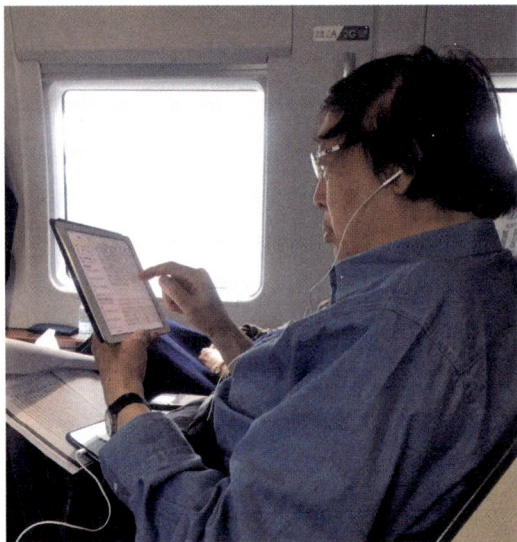

在驾驭"四驾马车"一路前行的日子里，冯骥才的写作只能见缝插针地在汽车里、旅店里和机舱中进行，而他的写作工具，也从传统的书写工具变为平板电脑

286

可以看到这样一幅画面：每当夜阑人静时，一位高个子的中国人手里抱着一台平板电脑，静静地坐在大堂的沙发上写作和发送文件，神情是那么专注，有时干到凌晨两三点钟。而天一亮，他又行色匆匆地踏上新的旅程。

冯骥才此行的目的之一，是考察世界文化遗产保护状况，以及西方现代博物馆近年来的发展变化。他从巴黎出发，先后参观了法国西部的诺曼底二战博物馆、索姆河一战博物馆、皮卡第艺术博物馆、里尔美术馆，以及加莱市政厅前著名的罗丹雕塑《加莱义民》，然后穿越英法海底隧道前往伦敦、爱丁堡和巴斯，沿途还探访了诸多名人故居博物馆，如莎士比亚故居、勃朗特姐妹故居、史蒂文生故居、奥斯汀故居等。其中，也发现了一些特别令他惊奇和感动的故事。

世界上文学博物馆的主角都是作家，但位于伦敦贝尔街21号的福尔摩斯博物馆的主角，却是英国作家柯南·道尔笔下一位虚构的人物。馆内完全按小说中的描写进行布置，有大侦探福尔摩斯的办公室、助手华生的工作室，所有实物细节都力求再现时代和生活的真实，使人恍如进入小说所营造的特定环境氛围中，从一个侧面反映出文学的魅力、人物的魅力。在冯骥才看来，建设这种博物馆堪称一种创举，在全世界都十分罕见。

还有一件事让他深受感动。1992年，温莎古堡着过一次大火。古堡内藏有大量稀世之珍，如达·芬奇、伦勃朗、荷尔拜因的名画，都有被火舌吞噬的危险。这时，周边很多居民自发驾车赶来，七手八脚将这些世界名画转移到安全的地方。等大火扑灭，最后清点归位时，馆藏艺术品一件未少。他想：这就是一个国家的软实力。软实力不是一个随便说说的名词，而是实实在在的国民素质的体现。

此次欧洲之行，除了收获和感动之外，也有让他气愤的时候。在法国，他看了两个以收藏中国和亚洲艺术品为主的博物馆——吉美博物馆和赛努齐博物馆。凭着他多年收藏古代艺术品的经验，他看出这两个博物馆中，有相当一部分藏品是近年来从国内走私出去的，包括青铜器、汉画像砖、汉唐彩陶和壁画以及历代佛造像等。西方博物馆中收藏的中国艺术品，一部分是八国联军入侵北京时被掠夺走的（如圆明园十二生肖兽首），一部分是旧时代从民间流失出去的。此外，从二十世纪八十年代以来，中国的文物走私活动较为猖獗，一些文物流失海外的情况也较为严重。他呼吁国内的有识之士，把流失海外的文物买回来捐给国家。他还身体力行，买了三件盛唐时期的彩陶，陈列在天大的博物馆里。

## 6. 两匹"老马"过一百五十岁生日

2013年6月23日下午，北京通州梨园主题公园，韩美林艺术馆南展区开馆仪式、五周年馆庆暨韩美林艺术基金会成立活动在此举行。

在文艺界，冯骥才与韩美林关系最"铁"，两个人的交往经历，可以写一本有趣的书。然而同过一个一百五十岁生日，却绝对是个新鲜创意。最令人瞠目的是，他们居然把两匹漂亮的马牵到了舞台上！

"我和美林是两匹马，奔腾不息，都很辛苦，所以要牵两匹马上来，为我们俩助威。"冯骥才用手抚摸着引爆了现场气氛的骏马说，"我和

美林，我属马、姓名中有马，美林平生最爱画马。今年我虚岁七十二，他七十八，加在一起正好一百五十岁，一块儿过个'整寿'吧！"

两匹"老马"到了一块儿，既有严肃的学术探讨，又有诙谐幽默的调侃和笑谈。来自四面八方的嘉宾们，先是徜徉于红墙绿瓦与现代理念相得益彰的艺术空间，观赏大师匠心独运、美不胜收的绘画、书法、雕塑、陶瓷作品，继而又出席隆重的开馆仪式、文化论坛和联欢晚会，堪为一场名流荟萃的超级大派对。

在人头攒动的活动现场，来了许多名人，不在北京的成龙、郎朗、姜昆等则通过 VCR 表示祝贺。当主持人请冯骥才谈谈与韩美林过一百五十岁生日的感想时，冯骥才又展开了他那奇幻的想象："我与美林上辈子就约好了，未必同年但要同月同日生；我很守信用，在约定的农历二月初九出生了，他却临时改变了主意，出生在 12 月 26 日。他欠我一笔账，所以想出一个一起过一百五十岁生日的主意。"

在冯骥才眼里，韩美林的艺术由三个元素构成：现代性、民间性和远古性。"我曾说过，人类文化史上，凡已定型的人文形态，都入不了美林的法眼。他的艺术是独一无二的。他是我认识的艺术家中作品体量最大的。他刚刚在国家博物馆用三千件作品装满四个展厅，我当时说没人能做到这一点，除非谭利华指挥的北京交响乐团，可以用声音装满四个大厅。"在韩美林的国家博物馆展览上，他曾发出这样的感慨：天才是什么？天才就是天上掉下的林妹妹，天才的秘密还是天才。这是他对韩美林的一个基本认知。

还有韩美林的身体也是一个奇迹。他动过几次大手术，却奇迹般地活过来了。其中一次，他血管里堵了一个像香烟过滤嘴那么大的栓塞，手术取出后竟未对他的大脑和心脏造成任何后遗症，并且还有这么大激情与活力。冯骥才认为，因为这两个奇迹，韩美林的艺术进入一种"化境"——比如他对平面的水墨和色彩复杂变化的感觉；对书法中线条的感觉；对雕塑的立体和物质的感觉；对各种工具材料运用的感觉，以及从岩画开始的远古艺术到当代艺术融会贯通的理解和驾驭，对古今中外文化的广采博收，都使他的艺术创作处于最好的、巅峰的状态。

在韩美林艺术馆南展区开馆仪式后，举办了以"民族复兴的文化担当"为主题的文化讲坛。

主持人在请冯骥才发表演讲前，以轻松诙谐的口吻，对比了自己与他的差异："第一，他喜欢篮球，我喜欢足球；第二，他会画画，我不会；第三，他写小说是虚构，我搞新闻必须真实。"

"我也给你讲个真实的故事：1986年，我家失窃，丢了一个双卡录音机，而它周围的很多古董一件未动。唯一损失的是放置在录音机架子上的五六块瓦当掉在地上摔碎了。"

"幸亏这个贼没文化，不懂得什么是真正有价值的东西。"

"如果一个人富得流油，除了钱什么也没有，则越有钱越糟糕。因为文明才是一个民族复兴的表现。"

几乎在所有公众场合，身高1.92米的冯骥才都有一种"鹤立鸡群"的气势，不料出席此次活动的篮球明星姚明则取代了他的位置。对此，韩美林取笑冯骥才说："你总说你个子高，跟我牛，我把姚明请来，看你还牛不牛！"

文化讲坛结束后，坐在冯骥才身后的姚明向他告辞说："冯先生，我一会儿有事，先走了。"冯骥才说："你先忙，以后有机会咱们再聊。"

冯骥才把手伸过去与他相握，姚明马上起身，还没完全站起时已经比冯骥才高了，就像一座大山一样："太不可思议了，我第一次产生了一种被压迫感！"

这真是一场充满创意、精彩纷呈的馆庆活动，活动现场不仅牵来了两匹真马，让两位全副武装的"古希腊女神"上场搏击，还设计了包包子大赛等互动环节，获奖者喜滋滋抱走的都是真金白银的韩美林书画作品。而活动的总体策划便是周建萍。

冯骥才又回忆起本月18日，他在接受万宝隆国际艺术赞助人大奖时，针对郎朗所说的一段话："在我看来，与一些杰出艺术家生活在一个时代是幸福的。我们看过去的艺术家是容易的，因为历史已经有了

定论；看一个明天才能成为艺术家的人是不容易的，因为这不仅需要艺术的眼光，也需要历史的眼光。历史的眼光是什么？是不仅要站在现在看过去，还要站在明天看现在。我们要有这样的慧眼发现他，认识他的价值，他在艺术史上的地位。有些艺术家在当代能站住脚，有些艺术家则可在艺术史上站住脚，郎朗、美林都属于后者。中国的艺术源远流长，发展到今天，能产生这样的艺术家是不容易的，我们的时代应当特别尊重和爱惜他们。"

## 7. 最后的"挑山工"

"在我的创作生涯中，有一种精神，一种力量，是与挑山工联系在一起的，它已注入我的血液和灵魂……"

三十年前，冯骥才的散文《挑山工》先后入选中小学语文课本。挑山工脚踏实地、坚韧不拔的攀登精神深深感染了一代代青少年，迄今已有将近三亿人读过这篇文章，冯骥才也被泰山市授予"荣誉市民"称号。

三十年，对散文《挑山工》来说，是一种纪念；对冯骥才来说，则是一种非物质文化的回望与升华。

"在泰山上，到处都可以碰到挑山工。他们肩上搭一根光溜溜的扁担，扁担两头的绳子挂着沉甸甸的货物……"

冯骥才的散文《挑山工》这样描述道。是怎样一种机缘促使他拿起笔，将挑山工的形象写进作品中呢？

那是二十世纪六十年代，他带学生到泰山写生，在山上住了半个月。临走时，他与同行者在山沟里捡了些泰山石，放在行李里，下山时搬不动，正巧遇到两位山里姑娘，其中一个二十多岁，生得浓眉大眼，脸颊红红的，手里提着一条扁担。

"姑娘，能帮我们把行李挑下山吗？"冯骥才上前打招呼说。

"可以呀！"姑娘爽快作答。

"多少钱？"

"一块二毛钱。"

条件谈妥后，姑娘当即将行李挑上肩头，沿着蜿蜒的山路轻盈而下，反将边下山边观景的冯骥才他们甩在了身后；姑娘还不时停下脚步，坐在山下的石凳上等候他们。后来，姑娘干脆没了踪影。冯骥才一直追到泰安火车站，才看到姑娘正伫立站前，不住地擦汗，朝他们招手呢！

《挑山工》中描写的挑山工，也是有生活原型的。他个子不高，皮肤黑黑的，长得很精神。与之前遇到的姑娘一样，他也是健步如飞，经常不知不觉便从你身边超过去了。冯骥才很奇怪，因为从泰山脚下到南天门，崎岖山路长达 20 公里，挑山工身负重物，不断换肩，走的是"之"字形，比游人要多走许多路，为何还能超过游人呢？挑山工回答，你们在山路上观景、游玩，而我们却一步不停地直奔山顶，当然要比你们快啦！这使冯骥才无意中悟出一个道理：人生在行走过程中，一定要心无旁骛，一步一个脚印，锲而不舍地往前走，才能到达光辉的顶点……等他到了南天门，远远见他已将货物运达，店主正给他点钱呢！只见他笑着回眸看了他一眼，露出一口洁白的牙齿，内中的潜台词是：看，我已经走到你前面了！

回津后，一个关于泰山挑山工的散文便酝酿成熟了。在这篇《挑山工》中，冯骥才写了三个部分：第一，泰山的自然风光；第二，泰山的风土人情；第三，泰山的挑山工。入选中小学语文课本的是《挑山工》的第三部分。《挑山工》歌颂了泰山挑山工坚韧不拔的攀登精神，不仅获得了首届全国优秀散文奖，还与姚鼐的《登泰山记》、李健吾的《雨中登泰山》、杨朔的《泰山极顶》一起，被誉为描写泰山的"四大著名散文"。一篇散文作品产生如此广泛的社会影响，在中国文学史上是罕见的。

在冯骥才看来，挑山工是泰山的一种精神，一个文化符号，应当世代传承下去。所以，当他听说挑山工只剩最后一代，再无年轻人加入时，便心急如焚，决心不论多忙，也要在年内重返泰山，寻访最后的挑山工。此次登泰山，他特意带来一位博士生，计划详细记录下他与挑山工座谈的内容，编写一部《泰山挑山工口述史》。

2013 年 11 月，身穿灰绿色休闲西装，围着一条红黑格围巾的冯骥才

冯骥才是以一个作家的身份和视角投入文化保护事业的，他的散文《挑山工》入选中小学语文课本，迄今已有数亿人读过这篇佳作

第五次登上"五岳之首"的泰山。冯骥才认为，"挑夫"这个行当在庐山、峨眉山等名山都有，唯在泰山被称为"挑山工"。"挑山"二字具有文学的意境，气魄宏大，象征着一个民族的脊梁，蕴含着一种奋发向上的精神。而作家要以强烈的人文关怀，关注人的心灵、人的生存状态、人的喜怒哀乐。

在泰山管理部门的安排下，冯骥才在泰山中天门一带，走进一间低矮的"挑山工"工棚。他注视和抚摸着被烟熏火燎得黑乎乎的墙壁、悬吊在房梁上用塑料袋盛装的馒头、咸菜和地面上胡乱堆放的简陋生活用品。他坐在用圆木自制的双层床的床头，询问着挑山工的生存现状，不时眉头紧锁，若有所思；当他看到里屋小桌上供奉的财神像和旁边张贴的女明星画片时，不禁又开心地笑了。是啊，就是从这里走出的质朴可爱的挑山工们，用他们黝黑而结实的肩膀，挑起了使泰山从原始搬运向现代运输方式转化的历史重担。走出挑山工的工棚后，他的心情有些沉重：这些挑山工为泰山建设做出如此巨大的贡献，却过着这样的苦日子，从内心深处为他们鸣不平。因此，他要求管理部门关心挑山工的生活，改善他们的生活和住宿条件。

当天下午，冯骥才在泰山脚下的一家宾馆里，见到了两位已退休的"挑山工"——七十岁的宋庆明和六十岁的金玉友。两人二十五岁就开始做"挑山工"，却未料到几十年后，会与将他们写入"教材"的人见面；但此刻与他们促膝谈心的，不是一位名满海内外的作家，而是一个与他们年龄相仿、同样有着山东男儿的形貌和性格，又是那样和蔼可亲的普通人。从为什么要当挑山工，"挑山"的路线是什么，哪段路最难走，什么季节最辛苦，负重时身体的哪个部位最吃力，如何换肩、如何落脚、如何掌控行走速度，吃什么、喝什么、穿什么，与游客有无交流……每一个方面、每一处细节，都要追根溯源、刨根问底，不厌其详。冯骥才还让身旁的宋庆明卷起裤腿，捏着他的小腿说："小腿的肌肉真结实！"

第二天，冯骥才又见到一个年轻的"挑山工"，这个长相有些像影视演员黄渤的小伙子，当场为他表演了"挑山"的姿势和技巧，其刚柔相济的肢体动作，令在场的冯夫人顾同昭直呼："像跳街舞！"更令人惊诧的是，小伙子虽只初中毕业，见识却不浅，不仅有自己的微博和网名，还拍过纪录片，上过当地电视台。他的一番"挑山"时因海拔不同、环境不同、风景不同，"心境"也不同的宏论，引来一片赞赏声，也让人看到了这一代"挑山工"的崭新精神风貌。

在从中天门"飞"往南天门的缆车里，冯骥才获悉，这条从奥地利引进的泰山索道，当年曾用直升机往山上吊运缆绳和部件，不料直升机遇风发生倾斜坠毁于山下，所幸无人伤亡，但人工搬运缆绳和零部件的重任，便落到了挑山工的肩上。

"泰山运输和游览方式由一个农耕的、原始的、人工的方式，转化为现代的、文明的、机械化的方式，恰恰是挑山工完成的，这一代人很了不起，功不可没！"他说这话时，眼睛中充满对挑山工的敬畏之情。

在泰山顶峰的接待室里，冯骥才特别注意到一组照片和锦旗，上

293

面记载的都是"挑山工"如何救助在山上遇险和伤病的游客，如何为他们搜寻坠落山崖的财物。最令人钦佩的是，"挑山工"的这些善行义举都是无偿的、分文不取的。更有许多父母偕同读过《挑山工》课文的孩子，专程前来泰山旅游，兴奋地与挑山工交谈、合影，伸出大拇指夸赞："好样的！你们是真爷们儿！"挑山工们因此感到无比骄傲和自豪，从而也更热爱自己的工作。

"我没有把挑山工当成一个陌生人，一个采访对象，而是与见到自己的亲人、老乡一样。作家与人民要保持一种真挚的情感，一种血肉的联系……"冯骥才如是说。与两批"挑山工"座谈后，依照中国人的传统习惯，冯骥才送给每位挑山工两瓶好酒。其中最年长的宋庆明不好意思收，又退回来。管委会负责人说，这是冯先生爱惜、尊重你们，没问题，您老就收下吧！结果，老爷子把自己挑了一辈子的扁担差人送来了，算是给冯骥才的"回赠"。

"这是我一生中见到的最重的一条扁担，你想，老人家用它挑东西挑了四十年，每次挑一百斤，累计起来得有多重啊！"

冯骥才也将他的一幅名为《泰山颂》的书法作品，赠给了泰山风景名胜区管委会——

"岱宗立天地，由来万古尊。称雄不称霸，乃我中华魂。"

他认为，泰山作为世界文化遗产，具有独特的山水形态、气质精神和深厚的人文内涵，从孔子的"登泰山而小天下"，杜甫的"会当凌绝顶，一览众山小"，到历代皇帝的巡幸、文人骚客的吟诵，积淀了异常丰富的历史遗迹、风土人情和民间信息，是山东人民的骄傲，应当得到充分挖掘和保护。而口述史就是一种珍贵的非遗档案。

"作为泰山文化的一部分，我们应当记住挑山工，为他们留下更多文字、图片和影像资料，留下他们整个生活的活态过程及其细节。"

他还建议在泰山建立一座"泰山挑山工博物馆"，让挑山工所代表的顽强拼搏、奋发向上的民族精神代代相传。

## 8. "三寸金莲"跷起了脚尖

昏暗朦胧的舞台上，一面由无数条布组成的大幕背后，不时有一只只精巧的"金莲"伸出，却无力摆脱束缚。

灯光骤然亮起，呈现在观众面前的，是清末民初一个封建大家族的宅邸，一群遗老遗少、纨绔子弟正轻佻地起舞嬉戏，等待一个欢乐时刻的到来——赛莲会。于是，观众看到了一个在许多西洋经典芭蕾中都能看到的场面，群舞、双人舞、独舞，各臻其妙；所不同的是，"赛莲会"上的舞者是一群身着长裙、优雅俏丽的东方女性，重点展示的也不是技艺高超的形体动作，而是裙下一双双精致纤巧的"金莲"。这是2014年5月9日晚，北京天桥剧场，中央芭蕾舞团"第五届芭蕾创意工作坊"晚会上，根据冯骥才小说《三寸金莲》编创的芭蕾舞《香莲·赛莲》，引来台下一片喝彩声，而小说作者冯骥才更是难掩激动心情，连称"很神奇，没想到这群年轻人通过舞蹈语汇，把我的小说演绎得这么好！"

《三寸金莲》是冯骥才创作于二十世纪八十年代的小说，发表后不仅引起广泛社会反响，而且被许多中外导演视为影视剧改编的范本，却大多未能如愿。所以，此次中央芭蕾舞团的大胆尝试给了他一个意外的惊喜。

"三寸金莲"，足尖是如何跷起来的？

冯骥才的小说《三寸金莲》不是写实的，而是魔幻的——虽然它不同于南美的马尔克斯、略萨；它有历史和生活的依据，看起来更像中国小说，甚至有章回小说的感觉。但从思维上和骨子里是魔幻的。他想创造一个别人从未有过的文本。

《三寸金莲》诞生的二十世纪八十年代，是中国文坛最活跃的年代，也是他文学创作的鼎盛期。当时文坛有两股潮流：一是以韩少功、贾平凹、陈忠实等为代表的寻根文学，以乡土生活为素材，追寻地域文化的根（集体性格）；二是受西方现代文学包括魔幻现实主义影响的作家，以马原、莫言、余华等为代表。而他介于两者之间：从小说的精神内涵来讲，是属于寻根文学的；从思维和方法上则吸收了很多魔幻现实主义手法。在对中国文化的思考中，有三个问题是他最感兴趣的，分别被他写入《神鞭》《三寸金莲》和《阴阳八卦》三部小说中，总题目就叫《怪世奇谈》。《神鞭》实际是写中国文化的劣根性的，辫子剪了，神还留着，他想通过"神鞭"鞭答国民劣根性的顽固，也是一种隐喻和嘲讽。中国文化中有一种负面的东西：把一种自然的天然的美，按照某种观念和意愿，变成一种畸形的病态的东西，并赋予它美的包装。"三寸金莲"就是如此。它束缚了中国妇女上千年，一旦放开还不习惯了。因为抛弃病态容易，抛弃带有魅力的病态是困难的。这部小说其实也是讲中国思想解放的深层困难。一个作家的思想和精神是隐藏在小说中的，真正读懂并非易事。相对而言，《神鞭》易懂，《三寸金莲》较难，《阴阳八卦》更难。车到京城时已近黄昏，在天桥剧场附近一家餐馆门前，迎候冯骥才的是他的研究生、央视主持人张泽群。

原来，将小说《三寸金莲》搬上芭蕾舞台的是张泽群。早在上大学时，张泽群就读过《三寸金莲》。一个偶然的机会，他结识了芭蕾创意工作坊青年编导张镇新。后者向他咨询有何中国古典题材可以改编成芭蕾舞剧。当时他们想了很多神话传说，总觉得一般，缺乏新意。"我头脑中突然闪现出一个灵感：芭蕾的最大特点是足尖，《三寸金莲》说的也是脚，这两种基因正好是一个契合点、一个巨大突破的可能性，即用天底下最丑的脚（芭蕾演员的脚和小脚女人的脚都是严重变形的），跳出世上最美的舞。我相信，这将是中国芭蕾继《红色娘子军》之后，走向世界的又一部以妇女解放为主题的芭蕾作品。"张泽群用他那富有磁性的男中音，向冯骥才介绍他对《三寸金莲》从小说到芭蕾改编的独到见解。"人说，小脚里头，藏着一部中国历史"，这是小说《三寸金莲》的开头。冯骥才的话题也是从中国妇女的缠足史开始的。"从历史上说，五代南唐后主观赏窈娘跳舞时，让舞者把脚用布缠起，显得曼妙轻盈，是为了艺术美；宫廷嫔妃们得知皇上喜欢裹足，便纷纷效仿，后来传到皇亲国戚乃至民间，渐渐变成一种自我扭曲、变形的病态美，也成为封建社会对妇女压迫和束缚的工具。"

《三寸金莲》问世后，曾有诸多中外导演找到冯骥才，希望将小说改编成电影、电视剧、话剧和京剧，其中包括香港名导李翰祥、内地电视剧名导高希希、话剧名导田沁鑫，以及一位法国导演和一位澳大利亚导演，有的已经购买了电影版权，终因一些技术性问题难以解决而遗憾放弃。迄今，只有武汉京剧团以传统的"踩跷功"（亦称"踩寸子"），将《三寸金莲》搬上京剧舞台。而用芭蕾的形式再现《三寸金莲》，却是冯骥才从未想到的。因此，他对即将开始的演出充满期待。

当晚七时，天桥剧场，中央芭蕾舞团"第五届芭蕾创意工作坊"晚会拉开帷幕。晚会由《偃师》《香莲·赛莲》和《哈姆雷特》三个芭蕾短剧构成。看完《香莲·赛莲》中场休息时，冯骥才很兴奋，当即回到贵宾室，与中央芭蕾舞团团长冯英、该剧编导张镇新畅谈了他的观后感。

冯骥才与中央芭蕾舞团三任团长白淑湘、赵汝衡、冯英都是好朋友，却从未想到他的小说《三寸金莲》能与芭蕾联姻；今天看到一群芭蕾新秀推出《香莲·赛莲》，感觉很神奇，所以十分欣赏他们敢于面对挑战的勇气、想象力和创造力，尤其是选择小说中"赛莲"这一片段构成芭蕾舞的主要情节——

在封建时代，一个女子要进入一个大家族，通常要举行赛莲比赛，比如山西就有"赛足会"，这一天，家家都把窗帘拉下来，女孩子不能露脸，只将小脚伸出窗外，供男人们观赏品评。我在小说中，把街头的"赛足会"挪到家庭里，让三个太太一较高下，用"美"在家里站住脚，我觉得这个片段特别适合芭蕾舞。芭蕾的足尖和"三寸金莲"，虽然都是"脚"，却有很大差异："三寸金莲"是一美丽又痛苦的脚，与千年来中国妇女的悲惨命运紧密相连；芭蕾的足尖对演员来说也忍受了很大痛苦，却是一种美的奉献。用芭蕾的美来表现一种被束缚的美、畸形和屈辱的美，确实

有相当的难度。一个年轻编导能用西方的舞蹈语汇诠释东方的独特文化，而且有铺垫、有起伏、有层次地表现出人物关系和人物性格，做到现在这样已经很不容易。

他建议编导进一步丰富形象，深入刻画人物，如二太太的霸气、张扬、好斗，三太太的温顺、含蓄、内敛，而当大太太出场时，则以其美艳绝世力压群芳。此外，还应为人物设计一些标志性动作，像《丝路花雨》中的"反弹琵琶"那样。

本以为看过《香莲·赛莲》后就打道回府了，不料冯骥才意犹未尽，坚持看完《哈姆雷特》。这个芭蕾短剧同样令他赞赏有加。

演出结束后，已是夜里十时左右，冯骥才回到贵宾室，继续与冯英、张镇新交谈。冯英告诉冯骥才，《香莲·赛莲》彩排时，一些境外演出机构便十分看好，认为现在即可拿到国际上演出。但冯骥才主张还是要精打细磨，甚至也可在现有基础上加以扩展，编成一部完整的大剧。"你们一定要从小说中跳出来。"他对冯英、张镇新道，"有些小说家希望改编后的影视作品与原作一模一样，这是不可能的。一种艺术形式转化为另一种艺术形式时，一定要对原作进行解构、重新创造，以适应这种艺术形式的特殊规律。不能要求一部100分钟的电影把几十万字的小说内容全部呈现出来，一定要抽出一些主要内容，抓住作品的内核和魂魄。芭蕾也是这样。根据我看芭蕾的经验，我认为它的故事要单纯、独特，给舞蹈留下足够的创作空间，通过肢体动作和服化道等舞台气氛的营造，来塑造人物、表现主题，这与小说通过语言、情节、细节描写塑造人物的方法是完全不同的。"

如何将文学形象转化为舞蹈语汇？他认为，从小说到芭蕾，不是"脚"的过渡，而是"人"的过渡；不是一只美丽的"三寸金莲"转化为一只美丽的足尖，因为"三寸金莲"外在的"美"中，包裹着无穷的痛苦。谁让她们痛苦的？是一千年来残酷而畸形的"缠足文化"。所以，舞台上出现的不应是那些裹布条子，而应是一个人物，一个妖魔化的人物——她像幽灵般缠绕着女孩子们，她一出现，她们就恐惧，就痛苦；她不在时，她们就相互比美。这个人物就是小说中的潘妈，家族中所有女孩的小脚都是她缠的，缠完后用尺子量。她是一千年中国缠足史中，一个黑暗势力的代表、封建束缚的化身。他建议这个人物身上应有些缠足带子飘起来，像个舞台上的黑色幽灵。他尤其赞赏编导的设想：全剧结尾处，一群兴高采烈的女孩子用解放了的"天足"跳舞，不跳古典，不跳芭蕾，而跳现代舞，充满新时代的青春活力。"表现芭蕾与中国独特的文化现象的结合，表现中国妇女由束缚走向解放的过程，这个戏就有了积极意义和时代精神，戏核也就找到了。"

## 9. "志摩"回到母校

驾驭着"四驾马车"一路狂奔，冯骥才渐渐失去了属于个人的生活空间：没有风花雪月，没有琴棋书画，没有七情六欲的生活感受，2013年之后甚至很少画画和写作了。他感觉自己已经变成"非人"了——满脑子都是非遗保护、古村落，大量需要编制的计划、程序、学术性工作标准和各类档案的审定，就像一架不能停摆的思考的机器。

一个朋友对他说："如果你现在撂下挑子，没人会指责你。因为你已经年过七十。"

"我做的事与年龄无关。"

他想起阿·托尔斯泰写过的一个故事——

一只落入奶罐里的小老鼠，拼命地挣扎，挣扎，挣扎，忽然奇迹出现了，由于他的挣扎和不停搅动，牛奶最终变成了奶酪。它获得了新生，还有香喷喷的奶酪吃。

我们能挣扎出奶酪来吗？还会是香喷喷的吗？

答案很快就有了。

2015年10月3日，是天大冯骥才文学艺术研究院建院十周年。"十年磨一剑"院史展和"志摩回到母校"诗歌朗诵会，轰轰烈烈拉开了帷幕。

一迈进天大冯骥才文学艺术研究院的大门，人们就看到，在一片绿色草坪上，新竖起一座雕像：他一袭长衫，身材消瘦，清癯的脸上戴着一副眼镜。他便是民国时期的诗人徐志摩。

为何要将徐志摩请到这里，他与天大有何关系？这里，还有一个并不简单的故事。

初到天大，冯骥才给自己一个使命：他要在这座理工科大学里，注入浓郁的人文内涵。其中，包括挖掘它自身的文脉。因而，他在建院后做的第一件事，便是请蜡像艺术家为天大的前身——北洋大学的创办人盛宣怀塑像。

三年前，他到山东考察时，曾顺访山东工艺美院在济南北郊的新校区。院长潘鲁生陪他在校园散步。冯骥才忽然发现校园里居然有一座小山。

"这就是当年徐志摩飞机失事的那座山！"潘鲁生说。

"想不到竟然就在你的校园里！"

"你知道吗，他还在北洋大学读过书呢！"

"真的？我可是第一次听说。"

"千真万确，我校有个年轻人，专门研究徐志摩的。"

返津后，冯骥才一查资料，确有其事。于是增添了对这位诗人的情感和关注。

2013年春，他在英国剑桥大学演讲后，特意探访了康桥，与学子们一起吟咏徐志摩的诗句——

> 我轻轻地走，
> 正如我轻轻地来，
> 我挥了挥衣袖，
> 不带走一片云彩。

在桥边的绿地上，竖立着一块表面平滑的石头，在剑桥大学留学的中国学生将这首诗镌刻在上面。

冯骥才不禁怦然心动，仿佛来了灵感。他站在桥上用手机打通了

为回望历史，面向未来，冯骥才先后将天津大学前身——北洋大学创办人盛宣怀的蜡像和北洋学子、诗人徐志摩的塑像立于院内

潘鲁生的电话："潘院长，我正在英国的剑桥大学，志摩写《再别康桥》的地方。我有个想法，你能不能请雕塑家造两尊志摩的雕像，分别放在我们两所大学的校园里，一座纪念他的生，一座纪念他的死。"

潘鲁生十分赞成他的想法，于是请他们学院一位有才华的青年雕塑家商长虹进行创作。

当年初冬，冯骥才到泰山做"挑山工"口述史时，看到了商长虹的雕像小样。

"我喜欢这件作品，在写实的基础上，对人物身材做了大胆夸张，喜欢雕像骨子里透出的诗人的清灵。它看似写实，实际上却是一种意象，一种气质，一种凝固的灵性。"

现在，他把"志摩"竖立在天大冯研院的一块草地上，不想让人看出是刻意放在这里的；而是穿越时空，回到一个世纪前，诗人散步经过这里，若有所思，步履稍停。这一停，便永远停在北洋的文化史中了。

现在，冯骥才与李家俊、王立平、余秋雨、刘诗昆、梁晓声、莫言、白岩松、冯远等，以及众多外籍人士一起，进入纪念活动现场。

天大校长李家俊感谢冯骥才为天大带来一股清新强劲的人文风气："今年恰逢天大一百二十周年校庆，最重要的内容就是回到教育本源。要建设一流大学，离不开精神和文化。我期待冯骥才文学艺术研究院在今后十年、百年中，给天大更多学术滋养。"

白岩松在主持活动时，对冯骥才的名字做了拆解："大冯名字里有两匹马，冯字有两点，是他脚踏实地的一面；骥呢，他首先知道'北'在哪儿，同时，还有广阔的天地任其驰骋。他是做着传统的事，带着浪漫的心。"

王立平回忆说，多年前，他和夫人到冯骥才家做客，看到他家徒四壁，把自己的画都捐了。当所有人都在向钱看时，他却尽其所能保护我们的文化遗产。这一点是十分难得和令人钦佩的。梁晓声表示，读完大学未必代表一个人有了文化，文化一定要到民间去。希望冯骥才文学艺术研究院像蒲公英一样，不断向社会扩散读书的种子。

这张照片很有趣，前边是冯骥才与王蒙，"藏"在他俩身后的是刘诗昆，墙上悬挂的是莫言题赠冯骥才的诗书

莫言在赠冯骥才的书法作品中写道："大冯如巨树，每见必仰望。做人真性情，交友热心肠。赤脚追天马，空手擒野狼。明知山有虎，三碗敢过冈。"

随后，嘉宾们在冯骥才的带领下，参观了冯骥才文学艺术研究院的"博物馆式"教学设施，这是他的一个重要办学理念。进入一楼大厅，迎门便是一块牌匾，上面镌刻着两行大字：挚爱真善美，关切天地人。是冯骥才亲笔题写的校训。上到二楼，一面"巨人墙"上，镶嵌着几十位中外文化巨擘的黑白照片，以及北洋大学创办人盛宣怀的蜡像。最令人惊叹的是分布在各处的"博物馆群"——"跳龙门"乡土艺术博物馆、雕塑厅、年画剪纸厅、民间画工厅、蓝印花布厅、木版活字厅、百花厅、敦煌画廊、大树画馆、北洋画馆、大树书屋等。

此外，他为天大带来中国木版年画研究中心等四个"国字号"学术研究中心。

他还组织了"意大利文艺复兴巨匠原作展"等多项文化艺术大展。

"艺术家一生都在追求真理和美。在任何地方，都要让美成为胜利者。"冯骥才说。

建院十年，他已成功地将美、将他的人文理想引进了天大。

无疑，他是个胜利者。

## 10. 祖居馆和"抱珠楼"

"欢迎冯先生出席祖居博物馆开馆仪式！"

一踏上慈城的土地，冯骥才夫妇便被一股扑面而来的热浪包围了。乡亲们用一张张笑脸、一声声问候，簇拥着他们来到位于慈城民主路159号的"冯骥才祖居博物馆"。

这一天，是2016年4月22日。十四年前，他来宁波举办"冯骥才甲子探亲画展"时，曾带着妻子、儿媳和小孙女到冯氏祖居"认祖归宗"，并用他卖画的钱，到附近家具古玩市场购置书柜、条案、八仙桌、太师椅，为即将恢复历史原貌的祖居配备全部家当，为乡亲们开辟一处文化休闲空间。如今，当地政府在 207 平方米面积的祖居原址上，又加以修缮、扩建，建成占地面积 1460 平方米的"冯骥才祖居博物馆"。

博物馆由祖居和新馆两部分组成，分为"怀先堂""南轩""我们的大冯"三个展区。穿过青石铺路的小巷，冯骥才夫妇来到冯家祖居那熟悉的院落。一眼便看到韩美林题写的"冯骥才祖居博物馆"的牌匾。进院门，入正房，抬头看，便是他亲笔题写的"怀先堂"了。"怀先堂"匾额下，是他绘制的《雨竹图》，两旁是一副对联："大树将军后，凌云学士家。"

"'怀先堂'，顾名思义，就是怀念先祖的地方。"冯骥才对周围的乡亲和媒体记者说，"当年，我的祖父和父亲都在这里生活。上次我来慈城时，曾寻觅到爷爷坐过的椅子、老井、古瓮，以及爬满青苔的高墙。我还在父亲儿时玩耍的院子里取了两杯泥土，其中一杯与父亲的骨灰合葬，一杯放置在我的书架上。"

"你们看，"他指着八仙桌两旁的椅子道，"这两把椅子，一把是爷爷生前坐过的，一把是父亲生前坐过的。它们身上，留存着先辈的温度，也寄托着我们对先辈的思念。"

从祖居后门出来，便来到了新建的 500 平方米的展厅，依次为文学厅、书画厅、文化遗产保护厅和"大冯与故乡"厅。展厅通过大量图片、视频和实物，展示了冯骥才驾驭"四驾马车"一路奔腾的生动景象。在这些展品中，共有 344 件是冯骥才捐赠的。"大地把一颗种子培育成植物，植物要结出一千颗种子回报大地。"冯骥才说，"我捐赠的图书 194 册，是我各个时期的小说、散文、随笔等；书画作品既有我的'新文化人画'代表作，也有早年临摹的《清明上河图》；实物部分有我的文房四宝、书桌、手稿等；音像资料则包括我的家庭生活和多次回祖籍探亲访友的珍贵视觉纪录。我的很多东西，比如我的文化思想，我的性格气质，都是我的生命之源——家乡赋予的。所以必须回报家乡的人民。"

博物馆后院，有一口冯氏祖辈使用过的古井和一片青翠欲滴的菜园。冯骥才与大家在此处小憩，气氛变得轻松惬意。这时，有媒体记者邀请与冯骥才夫妇合影留念。冯骥才欣然允诺。

"冯先生，能谈谈您对祖居博物馆的印象吗？"合影后，有记者问。

"一个祖居博物馆能做到这样，非常不容易。我很满意。应该说，宁波和慈城的决策者很有文化眼光，他们采用独特而多元的表现形式，将历史与现实、思古与爱乡有机融合在一起，态度很认真，制作很精致，相当有水平。"

"您对宁波的文化旅游事业有什么期待？"

"旅游是当代人的文化休闲需求，我也很喜欢旅游。但我们要对文化有敬畏之心，不能过于商业化，把一切都变成消费品。我特别欣赏我们宁波天一阁的创建人范先生，他有一句遗言，叫'代不分书'，就是说，父辈去世后，子女只分财产，不分书，让书籍作为历史文化精华，一代代流传下来。所以才有了天一阁这个亚洲最古老的私人藏书馆。这就是文化的魅力、文化的尊严。"

当天下午，冯骥才还视察了与祖居博物馆隔街相望的"抱珠楼"遗址。"抱珠楼"是清道光年间浙东著名的藏书楼，由冯骥才高祖的从弟冯本怀创办，是一座三进两层的木结构楼房，与冯云濠的"醉经阁"、冯汝霖的"寄月楼"先后告竣，足见"冯半城"之说并非虚妄之言。道光十九年（1839），冯本怀中举后，开始抄书、撰书、刻书，与社会贤达交往、收集各种善本珍本，使藏书愈来愈丰富，最高时达数万卷。由于历经百年沧桑、战乱失火，至今，除"抱珠楼"外，其他二楼均已湮灭在历史的烟云中。

呈现在冯骥才面前的"抱珠楼"，已是斑斑驳驳、残破不堪，仿佛在向他诉说着它的前世今生。

"'抱珠楼'湮灭百年，是怎么被发现的？"冯骥才问当地文保部门一位专家。

"是我们这里一个文史专家钱文华，他对慈城古建做了大量研究考证工作，发现这座破旧的古建就是当年的'藏珠楼'。他建议重建和恢复'藏珠楼'。"

"我觉得他的建议很好。重启'抱珠楼'，对保护和传承历史文化

遗产具有积极意义。它不仅是一个图书馆，也是一个百姓文化的共享空间。我希望社会各界读书人、爱书人都能积极参与到'抱珠楼'重启共建活动中，让学习、读书成为我们这个时代共同的风尚和习惯。"

2018 年，在当地政府和冯骥才支持和推动下，"抱珠楼"按下了重启键。新"抱珠楼"设计师王灏，将他的设计方案带到天津，向冯骥才做了专题汇报，得到了后者的高度认同。新"抱珠楼"不仅保留了清淡素雅的传统风格，还将现代建筑理念融入其中，庄严灵动，别具韵味。尤其是建筑穹顶的螺旋藻井四面亭，犹如一颗珍珠，在阳光照耀下熠熠生辉，蕴含着"河蚌含珠"的美好寓意。

第十二章 ——

# 第二次文学浪潮

我是用全部情感和生命的力量去写作的！

## 1. 一年出了八本书

在十年的文化保护行动中，冯骥才常常有写作的冲动。但他真的没有时间和精力去写小说了，这对一个作家来说无疑是残酷和痛苦的。起初，他还能利用春节长假时间，每年写一个短篇，第一年是《抬头老婆低头汉》，第二年是《胡子》，第三年是《楼顶上的歌手》，后来连这点儿时间也没有了，他就只能在想象中进行"文学创作"了。譬如，他去外地做田野调查时，往往在车上会对同行者说：请别说话了，我要休息一会儿！其实，他压根儿就没休息，而是闭着眼睛在过他的"小说瘾"！想人物，想故事，想冲突和细节……正想得美时，忽然有人告诉他：冯老师，到了！他只好把未完成的"小说"暂时存在脑子里，时间一长也就"丢"了。

为了记住灵光乍现时出现的思想火花和精彩句子，他借鉴俄罗斯作家契诃夫的办法，在他家的书桌、画案甚至卫生间里，放个小本子，随手把想到的东西记录下来。近日，他就记下一句忽然想到的话："圆的事物永远在动，方的事物停在那里，尖的事物等待向前。"

开会也是他观察人的绝好时机。有一次三个小时的会，他写了一篇《十七张面孔》，有肌沉肉重的，骨骼凸显的，满脸皱痕的，细肤油亮的，还有白眉如草的，突目似怒的，不停出汗的……形形色色，说不定哪个会出现在他未来的小说里。

虽然写不成小说，这些年他并未辍笔。鉴于我们的社会在商品经济背景下，问题很多，很纠结，他便用他敏锐而犀利的笔锋，写了大量文化思辨的文章。在他看来，能够最精确地解析生活和表达思想的是文字，而用文字来创造美与生命是文学的专长。

2014 年 1 月 9 日中午，北京国际展览中心，2014 北京图书订货会新闻中心，冯骥才的新书发布会正在火爆进行中。

作家首发新书，一般都是一本，而在他的新书发布会现场，却摆着八本书——《文化诘问》《春天最初是闻到的》《离我太远了》《凌汛——朝内大街 166 号（1977—1979）》《西欧思想游记》《文化先觉》《中国木版年画代表作》和修订版《一百个人的十年》。

当大家为他文学创作的"高产"感到惊奇时，他却说，这些书是"赶巧"碰在一起了，"我一年中出的书远不止这八本"！

八本之外，还有关于传统村落、唐卡、天津皇会的图录、工作手册和文化档案，以及他的再版书和散文集等。迄今，他出版的各类图书已达两百多种，一些作品还被翻译成英、法、俄、德、日、西班牙等文字在海外出版发行。

这位驾驭着"四套马车"一路狂奔的老马，是怎样在繁忙的工作中抽出时间写作的呢？

"我是用全部情感和生命的力量去写作的，"他说，"我就怕一个词儿：'绞尽脑汁。'一个作家如果脑汁都绞尽了，岂不太痛苦了？我觉得写作也好，画画也好，都是在最放松的状态下进行，才能产生好的作品。"

八本新书中，有三本是由文化艺术出版社出版的。发布会上，他在与该社副社长的对话中说——

"我这八本书实际上是各种各样的，题材、样式、思想和风格各不相同。《春天最初是闻到的》表达的是一个性情问题：写我对生活的感应。《离我太远了》想表现一种遥远的美，一种我在世界各地漫游时看到的美，它们令我印象深刻，时常怀念。《文化诘问》是一本文化批评性的文字，有点唇枪舌剑、针砭时弊的味道，是一个知识分子对当代文化现象的负责任的思考。《文化先觉》则是我的研究生帮我整理的我的文化理论和观点的辑录。此外，《中国木版年画代表作》是我们为申报世界非物质文化遗产名录而编辑的，想让联合国教科文组织的专家评委们充分认识这笔厚重的、辉煌的、能代表中华民族集体性格和精神的民间艺术的价值所在。"

谈到《西欧思想游记》时，他说，他特别欣赏俄罗斯作家巴别克

的写作手法，他用随笔的方式写小说，语言、人物、细节极富个性色彩；其小说《骑兵军》描写了 37 位哥萨克士兵在二战中英勇作战壮烈牺牲的故事，每个人的故事都是不完整的，而是撷取其中一个生活片段。他一直想用这种手法写散文。所以，2013 年春天他到欧洲访问时，便借鉴了这一手法，每天将他看到或想到的问题，一个人物，一个景观，一段对话，娓娓记述下来，处处闪烁着思想和智慧的火花。尤其令他得意的是，《西欧思想游记》是他第一本完全用平板电脑写的书——他在欧洲考察讲学二十多天，每天晚上回到饭店便依偎在床头，端起他的平板电脑写上一两千字；旅行结束时，一本深刻而有趣的"思想游记"也完成了。

《义和拳》(与李定兴合著)是他进入新时期文坛的"敲门砖"。这本书的书稿被人民文学出版社看中了，于是把他"借调"到社里改稿。

在那个乍暖还寒的季节里，他对"作家"这个职业还是一片茫然，虽说他读过不少中外名著，自己也开始尝试写小说。当年出版社的条件非常艰苦，几人合住的陋室里，每人只有一个脸盆、一张小桌、一本字典、一瓶墨水和一沓稿纸。编辑先教他们改稿的规范，然后一起讨论小说的人物、情节，将自己的经验毫无保留地传授给这些文学新人们。"当时，我家地震后房子倒塌了，爱人和孩子寄居在朋友家里。我的工资很低，大部分要补贴家用，所以吃饭只能吃最便宜的一毛钱两份的菠菜，才能把五两米饭就下去……"忆起当年的窘境，他仿佛苦中有乐。

他在人文社住了两年，亲历了中国文坛犹如早春的凌汛般扑面而来的春的气息。新华书店门前排起长龙，人们抢购《红楼梦》《三国演义》《战争与和平》《钢铁是怎样炼成的》，大批作家落实政策重返文坛，他在这里结识了茅盾、巴金、冰心、冯牧、陈荒煤、严文井、王蒙、秦牧、刘心武、谌容、张洁、张抗抗、陆文夫、蒋子龙等一批新老作家。他初涉文坛便受到了两位文学巨匠的垂青——他的《义和拳》有幸承蒙茅盾题写书名；他的首部"伤痕文学"小说《铺花的歧路》，在一次会上得到茅盾的肯定和支持；巴金主编的《收获》有关同志闻讯后，又将书稿拿到上海在《收获》上发表。可以说，北京朝内大街 166 号是他走上文坛的起点和发轫地。他以饱蘸激情的笔墨，生动描述了那个特殊的历史节点，中国作家雄姿勃发迎接文学春天的众生态。

从小说散文到文化批评、从形象思维到逻辑思维，他的文学创作之路经历了一个不断创新和嬗变的过程。

有记者问他，写小说、散文和文化批评，哪个更"过瘾"时，他坦然一笑道："都过瘾！就像吃东西，吃饺子有饺子的享受，吃冰激凌有冰激凌的享受，各有各的妙处。创造是什么？有一次我对李雪健说，你每演一个人，这世界上就多了一个人，这就是文学创作的快感；你让一个具有独特个性的人物'活'起来了，然后你会恍惚觉得生活中确有其人，我想读者也会有这样的感受。"

例如，他在《神鞭》中塑造的市井小混混"玻璃花"，其既有咋咋呼呼、欺软怕硬、虚张声势的一面，又在洋人面前低三下四特别"㞞"的一面。这个形象在他脑中活跃了很久，是他在生活中遇到的类似人物的一种提炼和化合。作家要有丰富的想象力，当你的想象力得到极大激发，脑海中就会不断出现许多形象、许多画面、许多绝妙的生活细节，有时简直清晰可见。所以，对他来说，写小说是一种享受。

写散文则是另一种享受：享受自己的心灵——有时是激情的，有时是温情的，有时是爆发式的，有时是含蓄的。

近些年来，由于投身文化保护工作，他不再拥有完整的写作时间，加之对中国文化现状的种种忧虑和思考，便将写作的重点放到文化批评上。在他眼中，文化批评是一种"思想的发现"，你找到这个时代文化发展的问题，把它挖掘出来，痛下针砭，准确地解析它，找到它的症结和根由。而批评的目的是为了推动现状的改变和文化的进步。这当然也是一种快感。"对我来讲，写作是一种创造性思维，能够最精确地解析生活和表达思想的是文字，而用文字来创造美与生命就是写作人最大的快感。"

近日，媒体上广泛传播他的一句话："保存葡萄的最好方式是把葡萄变成酒；保存岁月的最好方式是把岁月变成永存的诗篇或画卷。"

对此，他有些心得意满："作家艺术家是幸福的。2013 年新年我写过一首小诗：'岁月何其速，哎呀又一年。花叶全无迹，存世唯时间。'对一般人来说，时间过去就过去了，而作家艺术家却能将自己的生命留在时间里。我绝对不会用生命的下脚料写作，虽然我用更多的时间做文化抢救工作，但我每写一篇文章，哪怕只有一千字；每画一幅画，哪怕只是一个镜心、一个斗方，我都是用全部情感和全部生命的力量去写去画，绝不敷衍，绝不'戏说'。文学艺术创作在我心目中是纯粹的、真诚的、严肃的，我始终对它怀有一种敬畏之心！"

## 2. 用电脑写作，是被逼出来的

一手拿着钢笔，一手拿着毛笔，微笑的脸上洋溢着创造的自信与快感。这是若干年前，新华社记者杨飞为冯骥才拍摄的一张非常经典的黑白照片。如今的他，手中又多了一样东西——平板电脑。自从 2013 年春天，他在英法之行中首次尝试用它完成了新书《西欧思想游记》的写作后，便一发不可收，仅仅半年的时间里，又用平板电脑陆续写出了《凌汛——朝内大街 166 号（1977—1979）》《俗世奇人 2》，以及大量文化保护和文化思考方面的文章。

有趣的是，尽管对电脑的运用已相当熟练、游刃有余，他对传统的读写方式仍充满情感。因为在他看来，电脑只是一种工具，永远代替不了传统书写的"生命痕迹"和纸媒阅读的深层快感。

如今看到他在平板电脑上熟练自如地写作、浏览和传输文件，人们不禁慨叹网络时代对人的强大"异化"作用，因为就在几年前，他还是一个拒用电脑的"手写主义"者。

在他熟悉的作家中，最早使用电脑的是王蒙和张贤亮。

"王蒙刚用电脑时特别牛，我去他家做客时，他马上冲我炫耀，在电脑上打出一行字：'欢迎冯骥才同志到我家视察工作！'张贤亮也很得意，开政协会时我俩同住一室，他天天弄一台电脑在我眼前晃悠。我说你给老婆写信也用电脑吗？他说，当然，敲完信打印出来，再签上我的名字。但我是一个画画的人，对笔有一种特殊的感情，觉得它是一种生命的痕迹。例如，你写一个'爱'字，是有情感蕴含其中的，是电脑这种机械手段无法表达的。另外，打印的东西可以大量复制，而手写的东西是不能复制的。"

既然如此，他又是怎样用上电脑的呢？

"我用电脑，都是被工作逼出来的。"

原来，大约两年前，冯骥才学会了使用平板电脑，主要是用它浏览信息、查阅资料、储存图片和写些简单的备忘录之类的。2013年春天访欧时，他想写一本欧洲思想游记，每天一段，像写日记一样，记下当天的所见所闻所思。就这样，他越写越熟练，越写越上瘾，二十多天里，竟写了六万多字，回国后稍加修改整理，一本全部用平板电脑写作的《西欧思想游记》便脱稿了。

"多么令人激动的写作试验！"他在这本书的前言中感叹说。尝到电脑写作的甜头后，他便一发不可收。在他新出版的八本书中，《西欧思想游记》和《凌汛——朝内大街166号（1977—1979）》是用平板电脑写出的；尚未出版的《俗世奇人2》，则是他从2013年国庆长假开始动笔，用半个月时间写了18篇天津卫的"俗世奇人"文章。

他还朗读了存储在平板电脑中的另一本书《灵性》中的精彩句子：

"如果你站着，就一定有阴影；如果你害怕阴影，那就只有躺下去。"

"树叶织成一个奇特的筛子，把最美的光斑筛入自己的林间。"

"摆渡者反反复复选择彼岸，结果徘徊了一生。"

以前，他会把电光石火般闪进头脑的智慧的句子，随手记在身旁的纸片上或小本中，零零散散，很难凑齐，而现在，他有了平板电脑。"这样我就不会丢掉生活中任何一个思想的火花了。"他得意地说。

有人问："当下很多人都认为，传统的传播媒介，包括图书、报纸、杂志等都在走下坡路，很可能在不久的将来，被发展迅猛的新媒体所取代，对此，您有忧虑吗？"

只见他眉毛一扬，面露微笑，娓娓道来："我本人倒没有太大忧虑。

我觉得电脑、手机等新媒体代替不了传统媒体。不错，电脑对我帮助很大，第一是可以让我浏览新闻，获得大量有用的信息，甚至可以在电脑上写作；第二是可以在网上搜索资料，既方便又快捷；第三是可以在网上交流互动。但我始终认为，电脑仅仅是一种工具，我们既要使用电脑，又不能过分依赖电脑。因为很多东西是电脑不能给你的……"

他举例说，电脑上有很多美术网站，可以浏览很多绘画作品，但与你在博物馆和画廊看画有很大的不同：画家画在纸上或布上的画，是有生命痕迹的；你在绘画原作前获得的，是一个有肌理、有质感、有生命的东西，而在平光的电脑屏幕上是得不到这种感受的。还有，你在电脑上下载的音乐、电影和表演艺术的视频，与你在音乐厅、电影院和剧场里所获得的视听感受，也是有很大差异的。同样道理，纸质媒体也不会被电子读物所取代，延伸阅读、深度阅读，还需从图书和报纸中获取，真正的学术研究，还离不开图书馆。另外，我们从网上得到的信息多是常识性的、碎片式的、不系统的，缺乏内在联系的，且不说还存在大量虚假和错误的信息。

"所以电脑不会代替我们生活中的一切，不会代替传统的传播方式。我经常对我的研究生说，不要总抱着电脑不放，要与它保持一定距离，以免它把你变懒了、变浅了，要知道，电脑是不能完成一个人的修养的。"

他认为，未来很长一段时间，是纸媒与新媒体博弈的时代，也是并存的时代。"我目前是报纸和电脑都看。有时在报纸上看到一些好文章，拿着它在灯光下静静地阅读，分享着记者的观察与思考，产生一种思想和情感的共鸣，这是我在电脑中得不到的。当然，报纸也要不断创新，找到与新媒体竞争的优势，才能使自己立于不败之地。"

近日，一位德国学者造访天津大学冯骥才文学艺术研究院，参观"大树画馆"时他告诉陪同人员：多年前他见过冯骥才，与他有过文学交流。冯骥才闻讯来画馆看他，德国人一见大惊：

"你还活着？"

"是呀，我不是活得挺好的吗！"

"活着，怎么能用你的名字为学院命名呢？"

冯骥才这才明白：原来，在德国，一般是名人死后才以他的名字为一个学院或机构命名的。

所以，他特别爱惜这个学院。他现在要带五个博士生、两个硕士生，经常要为他们讲课，一起研究学术，还承担着许多科研项目，其中有国家社科基金项目——年画和皇会两个重点项目，还有唐卡研究、口述史方法论研究等。很多人都奇怪他是如何同时做好这些工作的？用他一首题画诗便可做出解答："大风入老柳，一如乱发飘。枝乱我不乱，从容看万条。"第一，他喜欢同时做几件事，而且计划缜密，按部就班，有条不紊；第二，工作和休息，时间分配合理，劳逸结合，张弛有度，一天当两天用；第三，从不串门、赴宴、娱乐和应酬，所有时间都用于工作和创作；第四，除去重要的必须参加的会议，他认为意义不大的会，能不参加尽量不参加……当然，他也承认自己有着超乎常人的旺盛精力，否则，是不可能一人驾驭"四驾马车"的。

作为作家和画家，他眼中的艺术是纯粹的，无功利目的的；对艺术，他始终怀着一种神圣感、敬畏感。他家有个夹子，装满他想写的东西，如《文藏雅记》，记述他的收藏故事和经验；《年画的发现》，记述他在年画考察中的发现与思考；《绘画杂记》，记述他对绘画艺术的独到见解，如笔墨与笔触、色彩与墨，国画中的时间性等；《九迁》，则记述他大半生中在天津的九次搬迁所折射出的社会变革……

"我认为，把'小我'融进'大我'，是一个人最高的境界，也是最大的幸福——忽然看到我们大地上的百姓有这么伟大的创造，以你不可想象的形式，创造出这么缤纷多样的美来！"

## 3.《俗世奇人》的奇迹

"一本复一本，一群更一群。民间奇士涌，我笔何以禁？张王李赵刘，众生非蚁民。定睛从中看，人人一尊神。"

这是冯骥才小说《俗世奇人》的卷首歌。

在谈到小说的写作初衷时，他这样写道——

晚清光绪年间，天津卫本是水陆码头，居民五方杂居，性格迥然相区别，然而，燕赵之地，血气刚烈；水咸土盐，风俗习惯强悍。近一百多年来，列举所有中华大灾大难，没有一个不首当其冲，于是产生出各种怪异人物，既在显赫上层，又在市井民间。作者听得很多，长记在心，所以，随想随记，描绘了新中国成立以前出现的社会风土人情；每人一篇，各不相关，最后写成一书，名为《俗世奇人》。

其实，这本书的写作从二十世纪九十年代就开始了。1994年，《收获》杂志在"市井人物"名下刊出了这个系列中的《苏七块》《酒婆》等7篇；2000年，冯骥才又完成了《刷子李》《泥人张》等11篇，当年的"市井人物"也随之变脸为"俗世奇人"，作家出版社即以此为名出版了单行本；到2015年，作者再续这个系列，一气又完成了《狗不理》《燕子李三》等18篇并亲自绘制插图，人民文学出版社出版了《俗世

冯骥才自画插图的《俗世奇人》，先后推出多个版本，累计发行上千万册，创造了一个出版奇迹

奇人》（足本）；2019 年，作者竟一气又写出《弹弓杨》《大关丁》等 18 篇，仍是自己绘制配图。至 2020 年，人民文学出版社即推出了《俗世奇人（手绘珍藏本）》，共收录这个系列作品总计 54 篇，插图 58 幅。

一般小说家，都是用文字描述作品中的人物——从外形外貌到精神气质，然后由读者发挥自己的想象，于是才有了"一千个读者，就有一千个哈姆雷特"。冯骥才则不同。他首先是一位画家，擅长绘画的形象思维；即便是他的文字，亦是追求"画面感"，力求使读者一眼便"看到"他笔下的人物，一下便"进入"他笔下的环境氛围中。而先将脑海中的人物"速写"在纸上，规定好人物的性格特征和命运走向，再构思小说，铺排情节，让人物形象在文学描写中一步步完善、鲜活起来，这样的创作方式，在中国作家中是绝无仅有的。

前面说到，在繁忙的文化保护工作中，他常常是在茶余饭后、旅行途中，貌似闭目养神，实则是在过"小说瘾"。现在，他脑海中不时冒出的，是一个个清末民初老天津的"俗世奇人"，他们的外貌特征、举止言谈、吃喝穿戴，一一呈现在眼前，有时甚至会调皮地朝他挤眉弄眼……于是，他随手拿起画笔，将这个可能稍纵即逝的人物用线条勾勒出来。之后，还要在人物旁边加上几句小注。渐渐地，这成了他的一种"另类"的创作方式，一种令他沉溺其中，写着写着，便忘乎所以、掷笔大笑，仿佛走火入魔一般。

是他使这些人物"活"了起来。可是一旦他们变得血肉丰满、有声有色，又死死纠缠住他，时刻不得安宁。他想暂时摆脱一下，于是随手拍两下桌子，仿佛这样便能压制涌动的心情；一手又推开窗子，似乎这样便可将缠绕心头的思绪像轻烟一样放走。当他做不到时，便摇摇头，自嘲般苦笑一声："由他去吧！"

"你在说谁？"妻子的声音闯进他梦幻般的想象世界里。

"我说的是我小说里的人物。"

"你好像每天都生活在你的小说里。"

"没错，我现在满脑子都是老天津卫那些形形色色的人物，不画出来，心里就不得安宁。"

他画笔下的"俗世奇人"，采用的是漫画风格。这固然与他小说的幽默诙谐的文风相互匹配；同时，也与他历来的一种生活习惯息息相关——"漫画是我家庭生活的内容之一。我经常把家庭中的笑料当作漫画的素材，画的对象多是我的老婆孩子、亲戚朋友，画出来逗大家一笑。也画自己，画自己时多是自嘲。由于常画，便熟能生巧，寥寥数笔之间，人物活灵活现。但这些漫画，基本是自娱自乐的，从来没有发表过"。

他用漫画为自己的文章做插图，始于二十世纪八十年代。当时，改革开放的大门刚刚打开，人们对外面的世界充满好奇。恰在这时，他出访欧美归来，写了70篇关于中西文化观念比较的随笔，并在每篇文章里配发了一幅漫画，取名"海外趣谈"，发表在《今晚报》副刊上，也曾风靡一时。这组随笔，文字诙谐幽默，插图生动传神，两者相得益彰，令人忍俊不禁。为自己的文章画插图，还因受到欧美和苏俄作家的影响。他的青少年时代，曾博览群书，尤其是苏俄和西方作家的作品。他看到，普希金和莱蒙托夫的手稿上，经常画着各种模样的小人儿；而雨果的素描、马雅可夫斯基的漫画，无不令人惊叹这些作家、诗人的美术功底。会画画的人，总要情不自禁地把心中的形象外化出来，作为对自己文学作品的补充和升华。

正因如此，他为自己准备了一个硬皮的大笔记本，每遇身边新奇有趣好玩好笑的人和事，便当场速记下来，其中就包括近年来，他为自己的小说《俗世奇人》所画的人物肖像。这些看似漫不经心、信手拈来，显得有些粗糙潦草的铅笔画，其实是作者灵感触发时的即兴创作，也可以说是他小说的"视觉草稿"。例如，他的"天津皇会考纪"，连续几大页，密密麻麻画满皇会会头、教练、陀头、渔夫、丑锣、俊鼓等十类角色的头像和头饰，还用文字记载了皇会出会日期、朝拜仪式、巡游路线、会规等，无不是经过严格考证后确定下来的。又如，他从《神鞭》中"搬"来一个"阴角色"，连画带写，规定了此人为"鼠耳、灰白脸、没胡子、眼神朝下"，活现出人物的阴险狡诈。此外，他画笔下的"泥人张""狗不理""酒婆""刷子李""白四爷""苏七块"

等，亦是神采飞扬，各臻其妙。

令人奇怪的是，他笔下的这些人物，个个有鼻子有眼儿、有情感有个性，连故事的发生地都有据可查。他家里放着一幅《天津城厢保甲全图》，图上清楚标注着他书中人物的生活空间——谁是老城的，谁是租界的，谁是码头的，莫非都有一定的生活原型吗？听到这样的问题，他神秘一笑答道："你知道，我在这座城市生活了七十多年，对天津的风土人情、市井文化、奇闻逸事，可以说耳濡目染、了如指掌。加上我从事过多种职业，见多识广，交友众多，正是这些丰富厚重的生活积累，不断牵动着我的文学神经。可以这样说，《俗世奇人》中的人物，一部分就是源自坊间议论、民间传说，通过我的再创作而成为文学形象的。我在这些人物身上，融入了天津百姓的荣辱好恶——他们豪爽、热情、义气、争强好胜又幽默风趣。这是天津人的集体性格，也是最深刻的地域文化。我对挖掘这种文化十分着迷，希望通过这些形象，把天津地方的文化精神保留下来！"

有评论家对《俗世奇人》的文学成就给予高度评价："小说中既有作家想要肯定的人物，比如刷子李、泥人张、张大力、狗不理等，他们具有时代的工匠精神，是每个行当里的能耐人，他们对手艺的讲究、对事业的执着、对生活的认真是值得当代人学习的。还有一部分则是作家讽刺批判的对象，比如'死鸟'贺道台、酒里掺水的酒店老板、靠卖嘴皮子生存的杨巴等，在他们身上读者看到了良知和道德的欠缺。作家用看似轻松的笔调，写出了对民族前途的忧思。作者以境写人，即以社会背景写人，包括地域风貌、风土人情、生活风尚、生活环境等，所写文字真实地刻画了天津卫在晚清光绪年间所特有的社会风貌，是当时经过长期社会选择而形成的强者生存、弱者淘汰受窘的规则加以佐证的作品。"

《俗世奇人》火了，它不仅荣获了第七届鲁迅文学奖，各种版本的《俗世奇人》——从首版到"增订版"、从普及本到"手绘珍藏本"，总发行量突破一千万册，在出版业并不景气的今天，堪称一个奇迹。不仅如此，《泥人张》《刷子李》《好嘴杨巴》等篇目还入选了中小学语文课本。在图书出版之外，《俗世奇人》还被改编为有声读物、动画片等形式，社会普及率极高。

在很多人看来，他又回归文学了。他在鲁迅文学奖颁奖会上的获奖感言，或许可以理解为他重归文学的"宣言"——

> 文学与我不仅仅是一种爱好，它仍然是我的一种纯粹的精神生活与精神事业。我对文学和文字始终是敬畏的，它不能亵渎，不能戏弄。它是一种苦苦的追求与探索，也是没有尽头的创造和再创造。文学既是孤独的，又不是孤独的。因为支撑文学的还有读者。因此，我会与文学、与读者相伴终生。

一部好的小说，总会有影视剧改编者一路追捧的。早在八年前，北京巨龙公司老总刘忠奎和著名话剧导演田沁鑫，便专程来津面见冯骥才，商议将他的小说《三寸金莲》搬上话剧舞台。其后几经周折，阴差阳错，《三寸金莲》未谈成，《俗世奇人》却被改编为话剧，于2022年9月在北京保利剧院成功首演。当时，因为疫情原因，冯骥才未能进京观看。直到2023年2月8日，《俗世奇人》开启南方巡演前，在天津举办了一次探班会，特邀冯骥才前往观看，他才得以一瞻话剧《俗世奇人》的"真容"。

与老舍先生的话剧《茶馆》一样，编导聪明地为小说中互不相干的人物设计了一个公共空间："炮打灯酒馆"，并增添了一个小说中并不存在的人物：关二姐。正是以关二姐为中心，串联起一个个"奇人"，走马灯似的穿梭往复于酒馆之中，你方唱罢我登场，上演了一出出精彩纷呈的好戏。探班会上，冯骥才饶有兴致地观看了话剧的三个精华片段，不时发出爽朗的笑声和赞叹声。

演出结束，他高兴地走上舞台，与话剧演员及现场观众亲切交流，畅谈感受。

"话剧或电影对文学作品的改编，是把一种生命变成另一种生命。这个过程中，非常重要的创造，是要看话剧改编赋予原作什么新东西。

话剧《俗世奇人》的一大创意，就是创造了小说中根本没有的人物'关二姐'。编剧黄维若等主创将他们认为埋在小说里的很多人物个性的闪光点，都集中在关二姐身上，用这个人物把整部戏串起，解决了戏剧结构的问题。我是否也可以要一个改编权，以后好把关二姐写到我的小说里？"

他充分肯定了该剧对形形色色人物性格的呈现。他说，所谓"俗世"，就是老百姓生活的民间；所谓"奇人"，就是老百姓崇尚的、口口相传的人。民间无奇不传，老百姓将自己的是非好恶放在这些"奇人"身上了。一个地方最深刻的文化，就体现在这个地方人的集体性格里。

"刚才你们的演出，让我看到演员们对人物的塑造，把小说里最重要最本质的东西都表现和提炼出来了。我向你们表示祝贺和感谢！"

《俗世奇人》，从人物画像到小说、再到话剧舞台，向人们展现了一幅近代天津人集体性格的风俗长卷，又何尝不是当代文化史上一个现象级事件呢！

## 4. 破解一位"天才"之谜

在当今画坛，能让冯骥才每次见面都感到吃惊的就是韩美林了。他在一篇影响广泛的散文《大话美林》中，这样概括了美林和他的艺术："一刻不停地改变自己，瞬息万变地创造自己，每一天都在和昨天告别，每一天都被不可思议地翻新"，"美林世界的一切都是他生命的化身"。

他与韩美林相识于1983年。韩美林给他的第一印象是个子不高，脸色灰暗，只有他的目光特别明亮、透彻，有一种特别纯真的东西，仿佛一直敞开着自己的心灵之门，让人直截了当地感受到他的率真天性。以后渐渐熟悉了，方知他曾经受过常人难以忍受的苦难。

有一次，韩美林将自己的右手伸给他，他惊异地看到，韩美林的右腕上，有一个凹陷下去的肉坑。

"你的腕子怎么了？"

"当年我挨斗时，被人用刀挑的，为了让我以后再也不能画画了。"

"用心何等险恶，伤的正是你的要害呀！你不恨他们吗？"

"恨有什么用，一切都过去了……"

冯骥才震惊了——如此屈辱，怎么从他脸上看不到一点晦暗与痛切，目光仍是那么纯真与坦诚？他的艺术也是这样，一片光明，至纯至美。是他天性使然，还是成功完成了一次精神的超脱？出于作家的习惯，他一直将韩美林的心灵史、他的天才背后隐藏的奥秘，作为深究和写作的对象。

接着，韩美林又对他讲了自己患难时，遇到的一个知己——一条小狗的故事。

冯骥才用这个素材，写出了中篇小说《感谢生活》。这是他的小说被翻译到海外最多的一部作品。遗憾的是，在国外，很多人不能理解，一个人遭受了这么多苦难，为什么还要"感谢生活"？

他们不理解，艺术家不同于凡人——他们是艺术的圣徒，是用生命来祭奠美的人。这个现象并非韩美林所独有。凡·高生前极度困苦，经常在饥肠辘辘中作画，而他画中的色彩却明亮而灿烂，充满生命的活力与魅力。莫扎特也是如此。他的美妙的音乐旋律中，人们找不到他生命中的任何痛苦与不幸。

2009年初，冯骥才看了韩美林的几本画稿。厚达几百页的集子上画满他奇思妙想的手稿，有一件东西特别让冯骥才感动，即韩美林为北京奥运创作的吉祥物福娃。他画了无数个不同模样、不同风格的福娃，千锤百炼，才留下我们今天看到的那五个可爱的福娃。还有，一匹马、一头牛，在他笔下也像变魔术一般，千变万化、无穷无尽：有的古典，有的现代，有的似远古的岩画，有的如抽象派艺术，有的像民间艺术品，有的干脆就是文字和符号！

"这些手稿，非常鲜明地、充分地反映了他的创作思维——一种旺盛的、绵延不绝的、充满灵性的创造力，有如喷泉一样，一个形象接着一个形象，永远不休止、不停顿……"他深情地归纳道。

　　"美林，我给你办个手稿展吧！"有一天，冯骥才忽然对韩美林说，"我认为，你的手稿比你的画更能体现你独到的艺术思维和创造力。别人十年磨一剑，可能磨得很好；而你一分钟磨十剑，却是别人做不到的。"

　　"好啊，太好了。"韩美林很高兴。

　　后来，原文化部也欲为韩美林举办一次画展，听说此事后，决定韩美林手稿展在天大冯骥才文学艺术研究院首展后，将其移师位于北京的中国美术馆。

　　冯骥才说，他太了解韩美林、太了解他这个人和他艺术的最珍贵之处了。真正的朋友是不会嫉妒对方的；相反，会为对方的每一个成就而高兴，而鼓舞。搞艺术的人有两种：一种是爱心中的艺术；另一种是爱艺术中的自己。韩美林属于前者，他喜欢这样的艺术家。

　　一次在北京开会，冯骥才听说韩美林明天要做一个大手术，心中一惊。他知道韩美林的病非同一般：他的动脉血管里有一处栓塞，堵了百分之九十以上，随时可能出现危险；血管一堵，人就痴呆了。

　　"无论如何不能让美林变成傻子！"冯骥才为了给术前的朋友"减压"，开玩笑说。

　　他还讲了好些笑话，尽量舒缓他紧张不安的情绪。一直聊到夜里十点多，该回天津了，韩美林忽然握紧冯骥才的手，声音有些颤抖地说："大冯，我总觉得我也许闯不过这一关了！"

　　冯骥才一听，断定不能走了。到十一点时，韩美林忽然接到姜昆的一个电话，他也听说韩美林要做手术，刚刚参加完央视春晚的节目审查，就携妻儿匆匆赶来探望韩美林。那晚，姜昆的相声《我有点晕》顺利过关，所以一到韩美林家，就抖起了这段相声的"包袱"，韩美林听罢哈哈大笑，脸上的表情也松弛下来。冯骥才这才起身告辞，姜昆送他出门——

　　"美林就交给你了！"

　　"放心吧！"

　　冯骥才至今仍保存着韩美林手术时，他爱人周建萍发来的手机短信，包括术前韩美林如何开玩笑，哪位医生主刀，一直到手术完成。术后取出一块手指大小的钙化物。医生在场宣布手术成功。不久，韩美林醒来了，医生问他感觉如何，一向乐观豁达的韩美林竟说："手术我还没过瘾呢！"

冯骥才认为，爱，是韩美林艺术激情勃发的原动力。他的爱是广角的，对爱人、对朋友，甚至对一切人，都慷慨相待，以至于看上去有些"挥金如土"。

"美林是我见过的最阳光的画家。"

韩美林与周建萍热恋期间，有一天，他接到周建萍从外地打来的电话，说当晚就能回到北京看他——从那一刻起，他充满爱意的心就开始歌唱。他边"唱"边画，各种美好奇异的画面源源不断从笔端流泻出来，直到恋人翩然而至，画笔方歇。不到一天，他竟画了179幅小画！这些画后来被烧制成精美的瓷盘，悬挂在他家的一面长墙上，成为艺术家爱情的见证。

与冯骥才对韩美林的评价一样，姜昆也认为，结识韩美林这样的朋友，是一辈子的幸福与缘分。他脑子里从来没有高低贵贱之分，对所有人都非常真诚。他是一个天才、一个不可多得的天才、一个国宝级的艺术家，心里又装着人民，太难能可贵了。

时间来到2016年。有一天冯骥才对韩美林说："我和你几乎是一生的朋友，可我一直欠着你一件事，就是为你写一本书。"

"一本什么书，传记吗？"

"不是传记，也不是评传。虽然你身上充满传奇色彩。"

"那是什么书？我有点糊涂了。"

"我要写的是一本揭示你的心灵史和独特艺术世界的书。因为对很多人来说，你是一团难以解开的谜，甚至是一个天才、一个奇迹。我就是要揭开你的天才之谜。"

"那好吧，你想知道什么，就问吧！"

"是的，我这本书的写作形式，就是口述史。我决定使用大卫·杜波的《梅纽因访谈录》的方式，进行第一手的、现场的、与本人一问一答的形式，直接呈现你的观念、你的心灵。"

"从哪儿说起呢？"

"当然要从头说起，从你被抓的那天说起。我知道你的苦难就像一座炼狱，你要到那里重新走一趟。因为没有这段历史，就没有你现在'天堂'般的美好艺术人生。"

于是，访谈开始了。韩美林言谈间表达了自己从未放弃对艺术的酷爱和追求。冯骥才得出一个结论：对韩美林而言，画画重于生命。继而，他探寻了韩美林的性格及其形成的原因，以及对他其后的艺术发展的影响。

全书分为两卷：上卷《炼狱》多为事件与经历，偏于感性；下卷《天堂》是他的精神天地，多为解析和认知，偏于理性。但这两部分是有内在联系的，属于韩美林生命的"因"与"果"。

在《天堂》里，两人的对话都是关于艺术创作的观念、规律、方法和技巧的，比如韩美林的"三原色"——远古、民间和现代；"四兄弟"——绘画、天书、雕刻和设计，以及"一个人的敦煌"。

他的空间究竟有多大？冯骥才觉得这是个谜。

"二十多年来，我关注的目光紧随着他。一路下来，我已经眼花缭乱，甚至找不到边际与方向。一会儿是一片粗犷而又厚重的青铜世界，一会儿是滑溜溜、流光溢彩的陶瓷天地；一会儿是十几米、几十米、上百米小山一般顶天立地的石雕，一会儿是轻盈得一口气就可吹起的邮票；一会儿是大片气势恢宏、变幻万千的水墨，一会儿是牵人神经的线条，或刚劲或粗野或跌宕或飞扬或飘逸或游丝一般的线条。一切物象，一切样式，一切手段，一切材料，都能被他随心所欲地使用乃至挥霍，他要的只是随心所欲。在这心灵的驰骋中，艺术的空间无边无际。地球可以承载整个人类，每个人的心灵却可以容纳宇宙。尤其是艺术家的心灵。他们用心灵想象，用心灵创造，因为他们的心灵是自由的。"

他破解了韩美林的"天才"之谜了吗？

"天才是与生俱来、特立独行和不可复制的。天才是世界有了他就会多一块，少了他就会少一块。天才，就是'天上掉下的林妹妹'。"

## 5. 一个世纪的家庭

2017年，是冯骥才与顾同昭结婚五十周年"金婚"。

也是这一年，冯骥才的母亲一百岁了。

一个家庭，同一个年份遇上这样两件大事，堪称"双喜临门"了。这是一个祥和而温馨的家庭，一个四世同堂的家庭，一个世纪的家庭。

2017年元旦。雪后初晴。天津五大道一幢西班牙地中海风格的建筑"润园"里，花香四溢，喜气洋洋。冯骥才与顾同昭的低调而温馨的"金婚"午宴正在这里举行。之所以选择在"润园"举行，是因为这所建筑是顾同昭的外祖父设计的，也是她的出生地。二十世纪五十年代变为公产。毛泽东视察天津时曾住过这里，毛泽东字为"润之"，故此地被称为"润园"。建筑的前院有泳池和观景台，后院是个很大的苹果园。

"金婚"庆祝宴上，冯骥才在向亲朋好友们祝酒时，深情回顾了他与顾同昭风雨同舟的五十年——

> 很久以前有人对我说："你见到的长辈们正在经历的事，最终一件件也会发生在你自己身上。"这话真的很对，一件件全应验了。结婚，生子，搬家，升迁，祸福；然后是儿子结婚生子。如今，我们也站在人生旅途的"金婚"驿站上，我的最深感受就是惊奇。我们相信缘分。缘分像生命一样，是用偶然方式呈现的一种美好的天意。我们在1960年相识。同昭，你还记得我们第一次见面的情形吗？

顾同昭笑而不语。在她眼中，丈夫永远是鲜花，她只是一片绿叶，在公众场合，从不显山露水。

冯骥才曾画过三幅漫画，描绘了他俩初恋时的情景。第一幅，是顾同昭摇着胳膊来到冯骥才家，睁着两只大眼睛问："请问，你是姓冯吗？"她的脑后，画着几根线条，表示光彩照人。第二幅，是冯骥才站得笔直，面带窘态答道："啊，是……"第三幅，是两人挎着胳膊，意气风发，大步走在路上。画上题字："如今常忆少年时。"

在冯骥才眼中，妻子是一个与世无争的人。她善良、单纯，从不与人攀比，从不妒忌别人，一点歪心眼儿也没有。她父母过世后，子女分配遗产时，她主动放弃继承权，不要家里一样东西。她追求精神的价值、精神的快乐，不穿名牌、不戴首饰，不时将友人赠她的价值数十万元的珍珠项链，以及名贵的女包慷慨地转送亲友。更可贵的是，多年以来，她一直保持着勤俭持家的优良传统。丈夫因体型特殊，市场上很难买到合适的衣服，她便亲手为他量身定制。还为他44号的大脚糊纸夹子、纳鞋底子、剪鞋样子，最后缝制成一双合脚的布鞋。丈夫和儿子的衣服破了，都是她用缝纫机修修补补的。冯骥才从二十世纪六十年代末开始，就从未进过理发馆。每当头发长了，他便让妻子打理。他管她叫"园林队"——"园林队，我的脑袋该修剪了！"

"我们无忧无虑过着一种理想主义的、唯美的、性情的生活，至今还怀念那时心灵的纯粹。但我们的婚姻也不是一帆风顺的。沉重的负荷、艰辛、痛苦、劫难，我们都经受了。而只有经受过，才懂得人生的意义、爱情的价值，才知道为什么五十年的婚姻叫作'金婚'。金婚是人生珍稀的果实。每个金婚都有一个奇特的故事。有人问我，会不会把它写下来？我说不会。人生有些事要讲出来，有些事还是放在心里好。"

另一件喜事是：母亲一百岁了。

"长命百岁，是很多人可望而不可即的人生理想。天下有多少人能活到一百岁？谁能将自己的生命装进去整整一个世纪的漫长岁月？我骄傲地说——我的母亲！"

冯骥才在一篇散文中写道。

过去，他不曾有过母亲百岁的奢望。但是在母亲过九十岁生日的时候，他忽然萌生了这种渴望。美好的愿望总是伴随着隐隐的担忧。他与家人们嘴上不说，却都分外用心照料她，心照不宣地为她的百岁目标使劲儿。他的兄弟姐妹多，大家各尽其心，又彼此合力，第三代的孙男娣女也加入进来。

近年来每当母亲生日，大家喜洋洋聚在一起时，发现彼此也都是满头华发——小弟已七十，大姐都八十了。可是在母亲面前，他们永远是孩子。人只有岁数大了，才会知道做孩子的感觉多珍贵多温馨。"谁能像我这样，七十五岁了还是儿子；还有身在一棵大树下的感觉，有故乡故土和家的感觉；还能闻到只有母亲身上才有的深挚的气息。人生很奇特。你小时候，母亲照料你保护你，每当有外人敲门，母亲便会起身去开门，决不会叫你去。可是等到你成长起来，母亲老了，再有外人敲门时，去开门的一定是你；该轮到你来呵护母亲了，人间的角色自然而然地发生转变，这就是美好的人伦与人伦的美好。"

母亲住在弟弟冯骥才的家。他每周二、周五下班之后一定要去看她，雷打不动。母亲知道儿子忙，怕他担心自己的身体，这一天她都会提前洗脸擦油，拢拢头发，提起精神来给儿子看。母亲兴趣多多，喜欢他带来的天南地北的消息。他笑她一百岁了，还"心怀天下"。她还是个微信老手，天天将亲友们发给她的图片和视频转发他人。有时他在外地开会时，会忽然收到她的微信："儿子，你累吗？"

"妈妈，我不累，您不用担心。您怎么样？有什么不舒服的地方，一定要马上告诉我。您的健康可是我们的头等大事呀！"

母亲九十九周岁时，身体很好，思想依然活跃。他开始设想来年如何为她庆寿时，她忽然说："我明年不过生日了，后年我过一百零一岁。"他先是不解，后来才明白，"百岁"这个日子确实太辉煌，她把它看成一道高高的门槛了，就像跳高运动员面对的横杆。他知道，这是她本能地对生命的一种畏惧，又是一种渴望。于是他与兄弟姐妹们说好，不再对她说百岁生日，不给她压力，等到了百岁那天自然要好好庆贺一下了。

然而，就在她生日前的两个月突然丹毒袭体，来势极猛，发冷发烧，小腿红肿得发亮。大家赶紧把她送进医院，打针输液，病情刚刚好转，旋又复发，再次入院，直到生日前三天才出院。虽然病魔从她身上被赶走，然而她一连五十天输液吃药，伤了胃口，变得体弱神衰，无法庆贺寿辰。于是大家商定：百岁这天轮流去向她祝贺生日，说说话，稍坐即离，不叫她劳累。午餐时，只由他和妻子、弟弟陪她吃寿面。

尽管在这百年难逢的日子里，这样做不能尽大喜之兴，不能让这人间盛事如花般盛开，但是今天，母亲已经站在生命旅途的一个至高点上了。她成了一个世纪老人。她真了不起，一步跨进了自己的新世纪。此时此刻，他却仍然觉得像是在一种神奇和发光的梦里。

没有华庭盛筵，没有四世同堂，只有一张小桌，几个适合母亲口味的家常小菜，一碗用木耳、面筋、鸡蛋和少许嫩肉烧成的拌卤，一点点红酒，无限温馨地为母亲举杯祝贺。母亲今天没有梳妆，不能拍照留念，他只能把眼前的珍贵画面永远地刻在脑海中。

## 6. "单筒望远镜"中的世界

继《炼狱·天堂》之后，冯骥才又陆续完成了他的"记述人生五十年"——《无路可逃——1966—1976自我口述史》、《凌汛——朝内大街166号（1977—1979）》、《激流中——1979—1988我与新时期文学》和《漩涡里——1990—2013我的文化遗产保护史》的写作。这是一系列非虚构、自传体、心灵史式的写作，详细记载了他一生中两次重要的"转型"：从绘画到文学，再从文学到文化遗产保护的艰难历程。他在《漩涡里——1990—2013我的文化遗产保护史》的序中这样写道：

> 我的不幸是，没把多少时间给了纯粹的自己；我幸运的是，我与这个时代深刻的变迁完完全全融为一体。我顽强地坚持自己的思想，不管成或败，我都没有在这个物欲的世界里迷失。

在虚构类作品中，他则从描写天津人集体性格和人物群像的小说《俗世奇人》，转向老天津的另一半——旧租界，也是他出生和成长的地方。这个转变是从2018年的长篇小说《单筒望远镜》开始的。

一次，他在一家古董店看到一只旧租界留下的单筒望远镜时，顿时产生了创作灵感：还有比这更能表现早期中西之间文化误读的媒介了吗？单筒望远镜是挤着一只眼看，有选择地看。从情爱来选择，就会选择美好；从文化上选择，就会选择不同和好奇；从人性来选择，就会选择交流；从对立上选择，就会选择仇恨与战争。于是他决定用"单筒望远镜"作为他构思了很久的一部小说的意象。

另一个原因是中西文化的差异与交融，是他一直高度关注的研究方向。而天津，便为他提供了最佳研究平台。因为这座城市有一种奇特的空间构成——一半是老城，一半是外国租界；一半是地道又深厚的本土文化，一半是纯粹的西方文化，这在世界上也是独一无二的。同一城市，两个世界，人种、语言、面孔、器物、生活方式以及城市形态迥然而异，蔚为奇观。在租界开辟的早期（殖民时代），这两个世界中间还隔着相当辽阔的旷野，彼此很少往来，相互充满好奇，还有各种猜疑与误解。种种匪夷所思的故事一直充斥在这个城市里。他耳闻目睹，了然于胸，包括这部小说的生活原型。

小说的主人公欧阳觉是从浙江慈溪来津开纸店的欧阳老爷的二儿子。慈溪是什么地方？正是冯骥才的老家。一定是当年一个家乡青年与法国女人之间的爱情故事传到他的耳朵里，才萌生了将这个故事写成小说的动因。只是因为他从文学转向文化保护，没有了写作长篇小说的时间。但他不写，人物却时时"纠缠"着他，一旦时机成熟，便会"横空出世"。这是一种创作的本能。

把他们的异国恋放到怎样一个时空环境中来写呢？冯骥才想到了庚子年（1900）的义和团运动和八国联军入侵天津，这个悲惨的历史大背景。

一对异国的、语言不通的男女之间发生一段离奇的情爱故事，必然会产生东西方文化撞击的火花。欧阳觉是在哥哥的纸店中邂逅莎娜的。当莎娜在欧阳觉陪同下逛娘娘宫时，立刻便对中国文化产生了极大的好奇心理——从街头游人的穿衣打扮到女人的小脚，从庙会的戏台到全身长满眼睛的神像；而欧阳觉也被莎娜随身携带的一只单筒望远镜迷住了。当他从望远镜中清晰看到宫南大街全景时，竟惊异地叫出声来，感觉自己变成了"千里眼"！

在本书的导语中，冯骥才用一段"绕口令"般的句子，总结了东西方文化的差异——

> 正如男人眼中的女人，不是女人眼中的女人；女人眼中的男人，也不是男人眼中的男人。
>
> 中国人眼中的西方人，不是西方人眼中的西方人；西方人眼中的中国人，也不是中国人眼中的中国人。

当这对异国青年的关系变得愈来愈亲密时，天津兴起了"扶清灭洋"的义和团运动，将他们推向了时代大潮的风口浪尖。欧阳觉想去租界找莎娜，却被误认为奸细落入义和团手中。他逃脱不成，却无意中获知了义和团的政治主张、组织成员、坛口生活、信仰法术、战斗方式和各色人等。故事的悲剧性就在于，他去租界找莎娜，莎娜也到老城去找他。最后的结局是，她不但没有找到他，反而被当成奸细受尽侮辱、生死不明。当欧阳觉被义和团裹挟进攻租界，大难不死回到老城时，见到的竟是八国联军屠城后，家破人亡的惨烈景象。

"只有一个单筒望远镜作为意象还不够，"冯骥才在谈到《单筒望远镜》的创作时说，"我还用了一些天津的特色景观，比如小白楼。我在做天津城市历史建筑调查时，发现早期的租界边缘有一种建筑很特别。它的窗子并不开在南边，而是开在东西两边，东边朝着租界，西边对着天津老城。我把它写到小说中，作为男女主人公相互欣赏对方的瞭望点，作为他们尽享情爱快乐的天堂。又如欧阳家那棵盘根错节的大槐树，就是天津老城文明的一种意象。我在开篇便写了一连串'吊死鬼'、乌鸦、火灾这些灾难性的暗示，与结尾的大悲剧遥相呼应。我认为意象可以无限深化小说的内蕴。这一点，我从《红楼梦》中得到了深刻启示。"

"画面感，是我写作欲望与快乐的源泉之一。小说的画面感能像电影定格一样，把一个个关键的细节清晰地传达给读者。写到小说最后几页时，我想尽快收尾，把这残酷又惨烈的结局塞给欧阳觉，猛烈地

撞击他的视觉，也撞击读者的视觉。我故意没有做细致的描述，更没有煽情，只把一个又一个酷烈的场景像电影蒙太奇那样展示出来。

"在这部小说中，我还用了一个中国绘画与戏剧艺术的独特手法：空白。比如小说中的许多人物，有意叫他们下落不明——大少爷欧阳尊和喜凤、义和团的朱三，包括莎娜和刘十九。这样处理一方面是在那种大劫难与时代变乱中，有的人就是擦肩而过，有的人就是不知去向或不知所终。空白处理的高明之处还在于：把空白留给读者去猜测和想象。作品的内容不能全由作家告诉读者，有一部分要留给读者发挥想象的空间。只有让读者参与到创作中来，作品才有更宽阔的空间，阅读才有更隐秘的快感。"

读过小说的人都知道，与冯骥才的《俗世奇人》相比，《单筒望远镜》是一部完全不同的小说。他在《俗世奇人》中追求地域性，人物对话语言全是地方土语，文本的叙述语言中也糅进一些天津话的元素，比如天津人的幽默、戏谑、好斗、义气，等等。但在《单筒望远镜》的审美上，却不追求地域性，叙述语言中也没有主动放进天津话的元素。比如，欧阳觉这个来自浙江的移民的身上，就基本没有天津本土人的气质。而义和团人物刘十九、三师兄、朱三等也不是用"市井奇人"的方式，而是用民间史诗与传说人物的手法。

《单筒望远镜》的意义不止于此，它同时又是一部警世之作。今天，还有人记得百年前发生在我们身边的八国联军屠城这段历史吗？还有人记得我们的前辈遭受的苦难和做出的牺牲吗？本来，不同国家、不同种族、不同文化是可以和平共处、文明互鉴的，但是，当西方殖民者用坚船利炮敲开中国的大门后，一切都发生了变化：交融变成了杀戮和毁灭，一场美好的异国恋情也随之灰飞烟灭。这既是故事，也是我们应该铭记的历史。

## 7. 一个被美照亮灵魂的人

"他外衣兜里揣着半本没有封面、缺张少页的小画集，却像得到一本天书那样，兴奋得好似浑身冒光。他使劲儿蹬着一辆老旧的匈牙利自行车，吱吱呀呀穿行在雨后漆黑的街道上。"

2020 年 10 月，首发在《收获》杂志的冯骥才的长篇小说《艺术家们》，开头便将读者带到了那个文化饥渴的时代。

这个"他"，就是小说主人公楚云天。他有两个家：一个是他与妻子隋意的二人世界；一个就是他与画友罗潜、洛夫，人称"三剑客"的小小文艺沙龙。得到了一本在当时被当作禁书的画集，他自然要与画友们分享。小画集里，他们看到了西方野兽派、印象派和立体派大师马蒂斯、凡·高、雷诺阿和毕加索作品，竟激动得惊叫起来。而罗潜的两张黑胶唱片——肖邦的《波兰舞曲》和"老柴第一"，也听得他们意醉神迷。

"三剑客"在精神匮乏的年代默默守护着共同的艺术理想，在唐山大地震中幸存下来，又一起迎来了改革开放的时代。但当精神解禁，生活变好，三人却在不经意间从志同道合走向了分道扬镳：洛夫被商业化浪潮吞噬，失去自我，患上抑郁症；罗潜苦心经营一个小画廊，怎奈百姓家里不挂油画，经济上入不敷出，只好远走广东"油画村"；只有楚云天，还在坚持理想主义、唯美主义和对艺术的赤子之心。

"我不回避，这部小说写的就是我们这一代人的生命史，包括心灵史，还有艺术追求史。在我的心里仍然有着非常纯粹的东西。"冯骥才在接受媒体采访时说。

他是怎么想起写作《艺术家们》的呢？

2022 年春天，《俗世奇人》出版了"手绘珍藏本"。他坦言："这样的一种语言，一种审美，一种地域性格，我已经把它写出来了，所以不再写了。我要写另外一半，那些故事发生在租界里边，有我熟悉的人，有我心中的事。"

在艺术界，他有很多熟悉的人，但最熟悉的无疑是他自己。看过《艺术家们》的朋友，都能从中找到他的影子。

在他看来，作家在作品中除了塑造许多生命外，还有一个生命，就是作家自己。于是，作家就把他的生命化作一本书，到了他生命完

2015 年 之 后，冯 骥 才 "重返文坛"，将积累了半个世纪的人生故事诉诸笔端，创作了长篇小说《艺术家们》

结的一天，他描写的那些跳动的心、流动的情感、燃烧的爱憎和散发着他独特气质的书，仍会像作家本人一样留在世上。

那么，《艺术家们》中的楚云天，是否就是冯骥才自己呢？

是，也不是。

说是，是因为他和楚云天一样，都出生在天津老租界，年轻时都酷爱宋画，都因为口才好、爱讲故事而受人追捧，也都为救助朋友或文化遗产而捐画。还有，楚云天在日本与平山郁夫会面，后者称他的画为"现代文人画"；楚云天大年三十偕友去北京参观现代画展，被那些光怪陆离的非理性的"行为艺术"搞得一头雾水；楚云天支持河南画家高宇奇的巨幅人物画《农民工》，在画家遭遇车祸身亡后，践行诺言，将他的生命之作搬到了位于北京的中国美术馆……所有这些，无不源于冯骥才的亲身经历；而小说中提到的《收藏四季》《心中的十二月》，亦是他自己画作的名称。

至于艺术观念，可以说，整部小说贯穿的，都是冯骥才始终坚持的一个信条："被美照亮灵魂的人，才是真正的富翁。"

说楚云天不是冯骥才，是因为熟悉冯骥才的朋友，都知道他的工作千头万绪，家庭生活美满和谐，哪有时间和心情去风花雪月、儿女情长，哪怕是被动的、身不由己的——

> 当年的雨霏好像一只小猫，渴望天天诗情画意一般依偎在他怀里。现在的白夜却像一只美丽的小鸟，在他身边跳来跳去，偶然飞来，忽又飞去，并不依赖他。他与她之间没有很深的感情，不像是爱情。爱情往往是不管对方的，是一厢情愿的。所以，爱比被爱更幸福。

"爱与死是永恒的主题"，一部小说中不能不写爱。人都是有七情六欲的，艺术家也不例外，甚至比常人感情更丰富，更容易招蜂引蝶。拿冯骥才来说，以他的知名度，他的社会影响力，他的男性魅力，有女人追求是十分正常的。熟悉他的朋友都知道，他住在南京路云峰楼时，曾有一个女孩近乎疯狂地缠上他，多次到他家楼下甚至上门找他。他却不为所动，不堪其扰。在爱情方面，他是专一的，有定力的。多少年来，从未有人听说过他的绯闻。因此，安排楚云天的两段婚外情，应是小说人物关系和情节发展的需要。正因为有了这两段若即若离没有结局的关系，才在楚云天与隋意平静的家庭生活中投入一颗石子，激起一片涟漪，使故事更起伏跌宕，也更有看点。同时，也通过这些描写，表达了作者的爱情观。

故事的最后，楚云天曾经的画友一个个离开，红颜故事也成了过眼云烟。冯骥才写到这里，顿觉苍凉。楚云天是一个理想主义者，理想主义者在今天这个时代，是很难立足的。他很想给楚云天一个抚慰，于是就有了妻子从国外回归这一"简·爱"式的结尾。

在《艺术家们》之后，他的视角又回到了自己的书房和画室。这便是他于2021年和2022年分别推出的散文集《书房一世界》和《画室一洞天》。

文人的书房大都有个名字，如蒲松龄的"聊斋"、刘禹锡的"陋

室"、陆游的"老学庵"、梁启超的"饮冰室"等。由于他们作品卓绝，书房之名随之远播，世人皆知。张大千总把"大风堂"写在画上，这堂号便威震天下。

冯骥才的书房虽有名号，最初却没有一间真正独立的书斋，写写画画一直与吃饭睡觉同在一间斗室里。他虽然也给这屋子取了斋号，却是故作风雅而已。

后来自己有了书房和画室，他才有了堂堂正正的斋号——画室名为"醒夜轩"，书斋名为"心居"。

这是由于此时的他已开始进行文化抢救，经常离家在外，各地奔波，似与写写画画绝缘。然而，每每回到家中，进入画室，便如野鸟回巢，无限温馨。偶有情致难耐，便挥毫作画。然此时此刻多在夜间，故称自己的画室为"醒夜轩"。至于去到书房写作，都是因为心言难抑，非写不可。他要钻进书房，用一支笔在心中苦苦探寻，所以取名"心居"。

他在《画室一洞天》的自序中，曾对他的书房和画室做了这样的描述——

> 我称书房一世界，是说书房之大、之宽广、之丰厚幽邃、之深藏历史之重重，有如一个世界；我写了一本书，远远未能将其穷尽。现在又说"画室一洞天"了。何谓"洞天"？洞天乃道家所说——神仙居住的地方也……而我的画室不正是有洞一样的私密，家一样的自由，神仙一样的快活？何况里边还隐含着我个人数十年的艺术生涯、人生的轨迹及过往的思考。只有自己闻得出画室里历史的气息，感受到自己活生生的一触即发的精神生命。

他有一个非常好的习惯：喜欢把生活中的细节留下。所以，他的书房里珍藏着他各个时期的各种图文资料，光是二十世纪八十年代他与作家巴金、冰心、王蒙、邓友梅、徐迟、刘心武、张洁、谌容、张抗抗、李陀等人相互往来的信札、照片以及那个时代文学的各种资料等，就有好几箱。一个承载着特殊信息的小纸片他都当成有文献价值的东西珍藏至今。如他的小说《神鞭》的获奖证书，是用油印机印的，十分简陋，很像当年人民公社食堂的饭票。还有他的文学作品手稿，如《三寸金莲》的一、二、三稿和完成稿；他的小说《铺花的歧路》《啊！》《高女人和她的矮丈夫》的稿费通知单，零零散散，多夹在书本中，带着那个时代特有的气息完好地保存下来。甚至他从火堆中抢出的残破的外国名著，回家后加以修复、加装硬皮封面并题写书名的"宝贝"，也被珍藏在他的书房里。

二十世纪八十年代，文坛很热，作家们经常打头碰面，频繁往来，而他更是其中的活跃分子。他与文坛巨擘冰心、巴金等过从密切，与他们聊天，总是既快乐又受益。他把与冰心多次见面聊天的感受，写在长文《致大海》中。冰心去世的消息传来时，他悲痛万分，面对北京的方向向老人叩拜致哀。

他与天津老艺术家的关系也很亲密。骆玉笙是他的老邻居，个子

冯骥才素来敬重骆玉笙，两人是邻居，站在一起一高一矮差两头。冯骥才逗趣道："老太太，咱俩是抬头不见低头见呀！"

比他矮两头，所以他便风趣地对她说："老太太，咱俩是抬头不见低头见啊！"遇到马三立，他劝老人好好保养身体，马三立却来了个"现挂"："你的'冯'字比我多一匹马，你更累，更要注意休息！"

## 8. "八十个春天"，没有说完的故事

2022年是农历壬寅虎年。虎是兽中之王，威风八面，虎虎有生气。这一年春天，也是冯骥才的伞寿——八十大寿。

在他人生的第八十个年头，在他"生命的节日"的清晨，他在自己出生的这个城市中自然醒来。春天的阳光透过窗子照进卧室，将一片婆娑树影投射到纱帘和床对面的一只衣柜上。他喜欢生活的朴素、单纯、自然和平静。唯有这样的日子，才是生活的本色。

他不喜欢奢靡铺张的世俗化的拜寿场面。但他一生的交往太多，挡不住亲朋好友各种方式的祝贺。好在，现代人的交流大多可以通过手机解决。

他只给自己一个特殊安排，便是在生日的当天中午，与母亲一起吃个生日面条。

母亲长他二十五岁，2022年，她奇迹般地跨越了人生的极限——一百零五岁。他要感谢母亲的生养之恩，感谢母亲与他相伴相依，自己八十岁了还能叫声"妈"，还能感受到做儿子的幸福；还能在江行千里之外，回首望见自己生命的源头。

没有玉馔珍馐，只有寻常百姓的生日寿面——三鲜打卤、松花蛋、五香花生、脆炸面筋丝，还有天津人爱吃的肉末炸酱和素菜码：白菜丝、芹菜丝、胡萝卜丝、豆芽菜等。今天母亲的保姆把菜丝切得特别精细。饭菜上了桌，冯骥才为母亲和自己倒上两杯贺兰山红酒，然后起身举杯，深情告白母亲："今天不光是我的日子，是我和您共同的日子。"母亲会意，笑着举起酒杯，轻轻地与他碰了一下。没有人为的隆重仪式，没有刻意制造的欢乐氛围，装了一个世纪的生命岁月里，有多少真挚的话语，多少深情的母爱，多少喜乐悲欢的往事，都在这轻

冯骥才与一百零五岁的母亲共享生日午餐，母子情深，感人肺腑

轻的一碰之间，得到了最简朴也最完美的诠释。

到了晚上，儿子冯宽为父亲邀来十几位老友，在五大道一处幽静的宾馆里，举行了一个小型生日晚宴。这些老友与他结识几十年，彼此以诚相待，关系十分默契。生日宴上，大家以一曲《生日歌》，共祝老寿星"福如东海，寿比南山"。随后，便是觥筹交错、畅叙友情，以及"切蛋糕"仪式了。他很享受这样的生日。老母、妻子、孩子、老友、天大师生，全都聚拢在身边；过去、现在与未来欢聚一堂，人生的最高境界，莫过于此。

正在这时，好戏还未收场。他的手机上忽然传来一个视频。视频画面上，身在北京的韩美林和妻子周建萍在画室里商议——

周建萍："今天是大冯的生日，我们送他什么礼物呀？"

韩美林："大冯属马，给他画马吧！大冯八十岁，我画八十匹马给他！"

说画就画。韩美林是个性情中人，当即抱来一大摞各色卡纸，手起笔落，转瞬间，一匹匹骏马跃然纸上，多姿多彩，神情各异——有的雄健，有的骁勇，有的刚烈，有的俊逸，有的肥硕，有的轻盈，生龙活虎，蔚为壮观。一个小时过去，八十神骏成群结队，整装待发。

韩美林一声令下："快请'顺丰'送去，今晚务必送达天津！"

当天下午，京津高速上，众马奔腾，蹄声嘹亮。

晚上，冯骥才一家正在分吃生日蛋糕，门铃忽响，门一开，八十匹骏马挟着一股春风向他报到来了。

"美林这是叫我仍像骏马一样奔腾向前啊！"

春去秋来。

11月5日，天大冯骥才文学艺术研究院，又迎来一个中外嘉宾云集的盛大节日："八十个春天——'冯骥才与天津'国际学术研讨会。"

春天，他曾许下两个愿望：一是生日当天，与一百零五岁的母亲吃一碗寿面；二是下半年再开一个国际学术研讨会，以他与天津的关系为切入点，研讨作家与城市的血脉关系。

又到了收获的季节。这是天大冯骥才文学艺术研究院这座别有洞天的小院色彩最斑斓绚烂的时候。每年，他都要在这里举办"红叶节"，广邀校内外嘉宾和学子们观赏红叶，吟咏诗篇，将一处处金秋美景摄入镜头，展示在众人面前。蓝天、红叶、碧水及游弋其中的五彩锦鲤，使人如入仙境，赞叹流连。

在这样的季节、这样的环境氛围中举办研讨会，确是充满诗情画意的。还有音乐。他喜爱音乐，不仅写作时离不开音乐，活动中更离不开音乐。果然，研讨会开幕式的第一项议程，便是请嘉宾们欣赏了一曲贝多芬的小提琴和钢琴奏鸣曲《春天》，这也正好契合了本次活动的主题——"八十个春天"。继而，天大北洋合唱团深情演唱了专为冯骥才八十寿辰创作的歌曲《大树无言》和《春天的颜色》。天大冯骥才文学艺术研究院的师生们，则为自己的院长和导师送上一副对联——

天河箕斗灿，众星云从，明昭四车大业共青史。

津地才人高，双管日下，更唤八十人生发华滋。

横批：春光付秋时。

开幕式上，王蒙、韩美林、莫言、刘诗昆等近四十位海内外文化界好友，纷纷为他送上"云祝福"。现场播放的祝贺视频中，王蒙的语言最生动风趣："想不到，大冯也八十了。他可不止八十个春天呀，起码八百个春天！因为他的文学创作像春花一样不断开放；他的绘画像春天的风景一样不断展现；他的非遗保护活动也一再取得成就。在他面前，还有八百个春天等着他去缔造，去美化。祝他永远健康快乐！"

冯骥才特别感谢朋友们给他的友爱和温暖："我跟他们可不是普通的名流交往，我认识王蒙时，我的第一篇小说还未发表；我认识王立平时，他的《红楼梦》歌曲还未诞生；我与韩美林的故事，可以写一本书；谭利华知道八十岁的我需要博爱，需要力量，需要辽阔的视野和激情，所以让我又听了一遍贝多芬的《第九交响曲》……俞伯牙摔琴谢知音的故事告诉我们：最高境界的朋友是知音！"

从一进场时，嘉宾们就发现，"八十个春天"背景板前的小桌上，摆着冯骥才的两部新书，一部是精装十卷本的《冯骥才文化遗产保护文库》，另一部是《俗世奇人（手绘珍藏本）》。这两部新书的发布环节，令冯骥才感到了"一种收获的充实"。他说，学苑出版社出版的《冯骥才文化遗产保护文库》，这部重得他已经"抱不动"的大书里，放着他二十多年的光阴，而且是他人生中最好的二十年。"这部书的意义在于：它留下的不仅是我个人的足迹，而是我们这一代人的足迹，我们的思考，我们的先觉，我们的困难，我们的追求，我们的价值观。如果再给我二十年，我仍然会把这些时光放进去。"

谈到《俗世奇人（手绘珍藏本）》，他称这是他一种独特的写作，即把脑子里冒出的人物先在手稿本里勾画出来，"这种即兴画出的人物有灵感、有快感，而且有助于我文学（文字）形象的完成。没想到它渐渐形成了我的一种独有的创作方式，一种很少被人采用的写作，结果被人文社发现并编辑出版了。我很佩服这两家出版社的文化眼光

和魄力"。

当八十初度的冯骥才，一身合体的蓝色西装，白衬衣上系着一条印花领带，健步走上讲台时，几乎无人认为，他已是位八旬老者；他的形象，他的神情，他的声音，他挺直的身板，特别是他的思绪和头脑，更像一个精力旺盛的中年汉子！

> 生我养我地，
> 未了不了情。
> 世上千般好，
> 最美是天津。

这首冯骥才即兴作成的《沽上歌》，被印在一枚活字拼版印刷的藏书票上，寄托了他对天津这座城市的一片深情，也是他在致辞中重点表达的一种情愫——"天津给了我生命的一切，人生的一切，我不会只使用它，做它的过客。"的确，几十年里，他为这座城市做了太多太多的事情。比如写作，他的四部长篇小说写的都是天津；他的一百部中、短篇小说写的也是天津。还有大量与天津有关的散文、随笔、电视文学剧本等。他的文化遗产保护工作也是从天津开始的。他保护了天津很多历史建筑、历史街区，从估衣街到五大道，从老城厢到鼓楼十字街……他带领他的团队，为天津众多非遗立了档案、留下画册，做了传承人口述史，还将一件件天津的文化遗产推荐到国家级非遗名录。他还长期担任天津文联主席、天大冯骥才文学艺术研究院院长等职。

"只要你热爱自己的城市，就不需要别人告诉你怎么做，你自然会想到要为它做些什么。其中有很多有滋味、有意思的话题，比如一个知识分子跟自己土地的关系；与故人、家园之间的一种情怀、责任；等等，都可以通过这次研讨会相互启发。最好的思想都是被启发出来的。"

当有人问他，八十岁了，有什么特别的感受时，他爽朗笑答："我八十岁的最大感受就是没有年龄感。我不知道我怎么一下子就八十岁了？时间过得真快呀！虽然我没有年龄感，但紧迫感已经有了。我现在最重要的事，就是选择今后做什么。有两种事是我必须要做的：一是继续美的创造，无论文学还是绘画，因为这是我的天职、天性。还有一个就是遗产学的学理研究。为了让中华民族的文化能永久地、完好地传承下来、保存下来，我们要替国家、替社会、替文化，尽到一个知识分子应尽的责任与义务！"

2020 年 9 月 22 日，习近平总书记在北京主持召开教育文化卫生体育领域专家代表座谈会并发表重要讲话，就"十四五"时期经济社会发展听取意见和建议。座谈会上，冯骥才做了"建议尽快建立国家非遗保护的科学体系"的专题汇报，提出"科学保护"的理念，以及在高等教育中建立非遗学学科的建议，受到中央的高度重视。2021 年 10 月，国务院学位办批准天津大学设立我国首个非遗学交叉学科硕士学

2022 年，是冯骥才八十大寿。春天，天大师生和他的亲朋好友，分别以不同形式祝贺了他生命的节日；秋天，又在冯骥才文学艺术研究院举办了盛大的"八十个春天——冯骥才与天津国际学术研讨会"

位授权点。2022 年 9 月天津大学冯骥才文学艺术研究院开始招收硕士研究生……

当冯骥才文学艺术研究院沐浴在暮秋的一片金红色的曼妙光影中时，那些闪着美丽鳞片的锦鲤还在水中游荡嬉戏，两只优雅的黑天鹅依然故我地优哉游哉。冯骥才真羡慕这些自由的精灵们。如果给自己多留一点自由的时光，他将无比珍惜，一定会放飞自我。可惜他没有这个福气。他觉得自己身上的担子并未随着年龄的增长而减轻；相反，等着他做的事情仿佛愈来愈多，多得永远也做不完。

难道，这就是我的宿命吗？

他在心里问自己。

他想起自己做过的一首诗：

### 蜀道在人间

少年常吟蜀道难，畏似天梯不可攀。

如今霜雪驻双鬓，始知蜀道在人间。

登阶步步皆心力，面前依旧百重山。

人间真谛君若解，应如挑夫默不言。

一个人生命的年轮到了黄昏时，往往会心事重重、多愁善感。想到少年时代最好的朋友，离他而去了；青年时代的朋友，越来越少了；同时代的作家，也纷纷与他挥手告别了……最近的是张洁和谌容。1979 年，他写了六七十万字的东西，身心俱疲，大病一场，谌容、张洁、郑万隆到天津探视，挤在他的小阁楼里谈笑风生，当时的细节还历历在目。如今，郑万隆已二十年未见，那个时代最优秀、与他私交甚好的两位女作家先后作古，令他不禁忆起李叔同《送别》中的悲叹："天之涯，地之角，知交半零落。一壶浊酒尽余欢，今宵别梦寒。"

他的一生，其实就是一部小说、一部传奇。一个人如果文学素质好，就会有发现细节、记住细节的能力。因为文学是靠细节支撑的，没有细节便没有文学。十年前，人民文学出版社约他写 1977 年至 1979 年在该社改稿的往事。那是一个乍暖还寒的年代，让人伤感又充满希望的年代。他在这里遇到了他的"伯乐"，结识了诸多文学大家，完成了他与李定兴合作的处女作《义和拳》。松花江冬去春来，冰河开裂时的壮观景象给了他灵感，于是他便将这本书定名为"凌汛"。《凌汛——朝内大街 166 号（1977—1979）》出版后，很多人鼓励他接着写。于是，他又一鼓作气，写了记录十年"文化大革命"的《无路可逃——1966—1976 自我口述史》、记录新时期文学的《激流中——1979—1988 我与新时期文学》和他的文化遗产保护史《漩涡里——1990—2013 我的文化遗产保护史》。在文学与文化保护之间，还有一个转型期：美术创作和全国巡展，他要将这个时期的思考和行动写入《搁浅》一书中。由此形成"冯骥才记述文化五十年"系列。现在，他从《漩涡里——1990—2013 我的文化遗产保护史》里走出来了，还有一"头"一"尾"没有写："头"是他的童年、少年时代，书名为《清流》；"尾"是他晚年的生活方式和思考，书名为《深流》。这样，一部记录他一生波澜壮阔的非凡经历的自传便可宣告完成了。

现在，摆在他面前最大、也是前人没有做过的一件事，是非遗学学科的创立。对他而言，这是一件不能放弃的历史使命。他从二十世纪九十年代初意识到，在中国现代化进程中文化遗产保护的重要性和紧迫性，于是一次次写文章、在全国"两会"上提提案，大声疾呼，身体力行，以一个知识分子的文化自觉，唤起全民族的文化自觉。正是在他的呼吁和推动下，祖国大地上许多历史文化遗产和古村落得到了有效保护；国家正式确定了"文化遗产日"；将清明、端午、中秋三个传统节日作为法定假日，以及鼓励除夕放假，等等，做完这些事之后，他认识到，只有保护还不够，还要有科学的理论指导，还要培养相应的人才，建立起非遗学学科体系。这在国际上都属于前沿。一年前，他在《光明日报》上发表过一篇长文《非遗学原理》。该报对这篇文章十分重视，认为它具有独创性和指导性，破例用两个整版篇幅予以刊载。他想将自己做了二十年的文化保护的理解和认知，提升到学术的、理论的高度，以此为基础建立起非遗学学科。然后把它放到大学里，建

立起一整套教学方法，一整套前人没有做过的理论与实践、现实与未来紧密结合的教学模式。与此同时，还将建立一支科研教学队伍，由一批人来共同做好这件事。

摆在他面前的另一件大事，是在天津大学建立一个博物馆，将他一生做过的事情、他的收藏、他的绘画和文学作品、包括他对非遗博物馆的理想全部装进去，做一个面积达一万多平方米、由十一条展线组成的博物馆。计划在2025年天大冯骥才文学艺术研究院建立二十周年、天津大学建院一百三十周年时落成。

对于一个八十岁的人来说，这个担子实在是太沉重、太艰巨了。

不仅如此。他的文化触角遍及文学、绘画、文化保护和艺术教育。能在其中一个领域取得成功，便足以告慰平生了，而他，却在四个领域都取得了非凡成就。有人曾希望他将精力集中在其中一个领域。如果真是那样，就不是冯骥才了。

在某种意义上说，恰恰由于他驱使着"四驾马车"，四股力量凝心聚力、相辅相成，才使其跨越坎坷沟壑时能化险为夷、如履平地。例如，他不是从学者的角度，而是从作家的角度来从事文化保护工作的——作家更多了一些文化情怀和对百姓生活的关切、对民俗文化及其心理的研究，所以才会对那些在城市改造中被毁坏的文化遗产痛彻心扉，才有胆量站在推土机旁试图阻止它们。在文化抢救中，当需要修葺的古建缺乏资金时，他会画画，可以通过卖画筹集资金，无偿捐献给社会。他写文化保护的文章，阅读率很高，这也与他的文学名气关系很大。最典型的事例是他的散文《挑山工》自入选中学语文课本以来，已有近七亿人读过。在艺术教育中，他用自己的大量文化保护经验、文学和绘画创作经验来教育和影响学生，无不带有一种前沿、独到而新鲜的气息。迄今，他带出的硕士、博士研究生已达上百人，他们分散在全国各地，已成为一股令人刮目的新生力量。

他没有上过美术学院，却成了"现代文人画"的代表人物；没有上过中文系，却成了誉满海内外的作家；没有进过大学的大门，却成了天大冯骥才文学艺术研究院院长、终身教授。

他的文坛挚友王蒙说：他可不只八十个春天，起码八百个春天！话虽夸张，却道出了他已经和即将做的事情，远远超出了人们的想象空间。

因为，他的思想是独立的，他的心灵是自由的，他的天地是广阔的。

他犹如站在高山之巅，俯瞰着浩瀚无垠的大地，守护着人类共同的文化家园。

他像一架无比灵活的、高效运转的、永不停歇的机器，不断制造出一件件品格独异的精神产品。

他所涉猎的艺术范畴，又远远超过"四驾马车"。

他的文学作品，不只有小说，还有散文、诗歌、画论、访谈录，以及大量文化随笔、艺术评论等，既是著作等身的创作者，又是具有真知灼见的评论家。他是画家，又是书法家。他的书法潇洒劲健，自成一格。无论书、画，都随着他年龄和阅历的增长而臻于炉火纯青的境界。

他担任过三十六年全国政协委员，参政议政，与政治家们有过诸多接触和交往。如果把他与政治人物的交往故事整理出来，就是一本高价值的书。

他与诸多作家、艺术家过从甚密，与他们中的很多人，都有一段交往故事，如果整理出来，就是若干本有趣的书。

此外，还有他的收藏故事、家庭故事、交友故事，包括他与情趣相投的异性朋友的故事，都是他不能割舍的人生的一部分。

人们不禁要问：他究竟还有多少构思精妙、意境深邃的作品会破土而出，还有多少充满人生哲理的精彩故事有待落笔，还有多少人生奥秘有待揭晓？

他本身就是一个奇迹，一个难解之谜——他哪儿来的那些独创性的思维、新鲜的观念和精辟的见解？他的精力为何如此旺盛？他的创造力为何永不枯竭？他对美的追求为何乐此不疲？他对千百年来劳动人民创造的非物质文化遗产为何一往情深？他的动力和源泉来自何方？是天赋异禀，还是时势造英雄？

347

他是时代的产物。时代塑造了他，他又在某些方面影响和改变了时代。

他的人生故事不仅属于他自己，也属于他的同时代人。

人生到了这个时候，面临着两种选择：一种是按照自己的人生规划继续走下去；一种是"躺平"不干，颐养天年。他也渴望更舒适自由、无忧无虑的生活。但人生不能两全，他只能舍弃自己的享受，去做那些比个人享受更重要的事情。

担当，是无比壮美的人生感受。

他对"幸福"的理解是，一个人的幸福，最根本的是三件事：第一是为生你养你的这片土地做事；第二是为子孙后代做事；第三是做自己喜欢的事。

"天生我材必有用。"每个人的一生，都在诠释一种生命的可能。生命是灵魂的载体。我们要完成的不是生命本身，而是一个因使命而闪光的灵魂。这个灵魂的伟大之处，就在于它为自己生存的世界做了一些别人不想做、不敢做也做不成的事情。

历史记住的，永远是为它付出的人。